ENSAIOS POR UMA ORGANIZAÇÃO CONSCIENTE

UM GUIA (IN)COMPLETO PARA
LÍDERES E DESIGNERS ORGANIZACIONAIS

CURADORIA E ORGANIZAÇÃO
MARCO ORNELLAS

jandaíra
São Paulo | 2022

Copyright © Marco Ornellas, 2022

Todos os direitos reservados à Editora Jandaíra e protegidos pela Lei 9.610, de 19.2.1998. É proibida a reprodução total ou parcial sem a expressa anuência da editora.

Este livro foi revisado segundo o Novo Acordo Ortográfico da Língua Portuguesa.

DIREÇÃO EDITORIAL
Lizandra Magon de Almeida

PREPARAÇÃO DE TEXTO
Tatiane Lima

REVISÃO
Equipe Jandaíra

CAPA E PROJETO GRÁFICO
Liliana Loureiro

DIAGRAMAÇÃO
Daniel Mantovani

Maria Helena Ferreira Xavier da Silva/ Bibliotecária – CRB-7/5688

E59	Ensaios por uma organização consciente : um guia (in)completo para líderes e designers organizacionais / organização [de] Marco Ornellas. – São Paulo : Jandaíra, 2022. 336 p. ; 22,5 cm

ISBN: 978-65-87113-90-6

1. Planejamento estratégico. 2. Inovações tecnológicas. 3. Negros na literatura. 6. Gestão organizacional. I. Ornellas, Marco, org. II. Título.

CDD 658.4012

Número de Controle: 00045

jandaíra

Rua Vergueiro, 2087 cj. 306 . 04101-000 . São Paulo, SP
11 3062-7909   editorajandaira.com.br
Editora Jandaíra   @editorajandaira

Dedicamos este livro a

Humberto Maturana, neurobiólogo chileno, crítico do realismo matemático, um dos estudiosos do pensamento sistêmico, criador da teoria da autopoiese e da biologia do conhecer, com Francisco Varela (1946-2001), cuja parceria ficou conhecida como Escola de Santiago (1928-2021). Meu mestre, orientador e presença constante. Muito obrigado pelas longas horas de convivência e inspiração.

Aos mais de 800 designers organizacionais que confiaram na proposta e no propósito, e se entregaram a esta jornada de Formação em Design Organizacional. Estão nos ajudando a mudar o mundo, ao tornarem suas organizações mais conscientes.

E às novas gerações de designers, que têm um papel importantíssimo na reconstrução de um mundo melhor.

À medida que o século 21 se desdobra, torna-se cada vez mais evidente que os principais problemas do nosso tempo — energia, meio ambiente, mudanças climáticas, segurança alimentar e financeira — não podem ser compreendidos isoladamente. São problemas sistêmicos, e isso significa que todos eles estão interconectados e são interdependentes. Em última análise, esses problemas precisam ser considerados como facetas diferentes de uma única crise, que é, em grande medida, uma crise de percepção. Ela deriva do fato de que a maioria das pessoas em nossa sociedade moderna, em especial nossas grandes instituições sociais, apoia os conceitos de uma visão de mundo obsoleta, uma percepção inadequada da realidade para lidar com o nosso mundo superpovoado e globalmente interconectado.

/ Fritjof Capra

/ APRESENTAÇÃO E AGRADECIMENTOS

LUZ, AR E CONSCIÊNCIA NOS NEGÓCIOS

Este livro trata dos principais problemas do nosso tempo, que, como fala o físico e escritor Fritjof Capra, não podem ser compreendidos de forma isolada e desconectada.[1] É preciso olhar todas as facetas, todos os lados da história, reconhecer diferentes perspectivas e, principalmente, colocar luz, ar e consciência, como forma de construirmos ambientes livres de doenças e das patologias presentes no mundo corporativo.

Evidente que há vários caminhos para isso, várias portas, todas diferentes, mas que dão no mesmo lugar. Como sugere a música Portas, de Marisa Monte, Arnaldo Antunes e Dadi, precisamos "ventilar esse corredor".[2]

Precisamos ventilar os corredores para livrar nossas empresas do forte exercício do poder, da gestão baseada no medo, do foco no curto prazo e dos sistemas que prosperam e enriquecem no caos, convidando-as a seguir pelo caminho da autogestão, da integralidade e da evolução. Em outras palavras, para se tornarem organizações mais humanas e conscientes.

Foi assim a nossa jornada, nascida em setembro de 2021, em um acaso mágico em que Ian, Piazza e Gilberto fomentaram a produção de ideias e ensaios na direção do que tratamos na Formação em Design Organizacional. Da ideia, fomos às conversas. Com a aceitação e o envolvimento, o projeto começou a tomar forma e se constituiu no Ensaios para uma organização consciente, com novos parceiros se juntando a essa lista.

---

1 | CAPRA, Fritjof; LUISI, Pier Luigi. A visão sistêmica da vida: uma concepção unificada e suas implicações filosóficas, políticas, sociais e econômicas. São Paulo: Cultrix, 1ª ed., 2014.

2 | Marisa Monte – Portas (Clipe Oficial). YouTube: https://www.youtube.com/watch?v=n_b0v9cjAQw. Último acesso: 28/04/2022.

Consciência tem a ver com o conceito do Tao, porque tudo está impregnado de vida em oposição às patologias, à burocracia, ao estresse, à exaustão, ao ressentimento, à competição e à rivalidade.

Foi assim essa experiência de juntar pensadores em ensaios, em uma construção coletiva – os aprendizados e os insights, a dificuldade de síntese e de fechar algo que é dinâmico estiveram sempre presentes. A obra está viva, de setembro de 2021 aos dias de hoje – abril de 2022. Transforma-se a cada dia. Novas ideias surgem na perspectiva de integrar diferentes visões e trazer para você um universo mais amplo, composto pelo design organizacional e o mundo das organizações.

Nessa direção, eu, Marco Ornellas, como coordenador e curador, começo a agradecer esse enorme grupo de pessoas, amigos que iluminaram e ajudaram a tornar esta obra realidade.

Muito obrigado, Ana Luiza Chiabi, Andy Barbosa, Carlos Piazza, Davi Gabriel, Debora Gaudencio, Denise Eler, Fabiana Dutra, Gilberto Shinyashiki, Graziela Merlina, Gui Rangel, Ian Macdonald, Jose Marcos da Silva, JP Coutinho, Liliana Loureiro, Olavo Pereira Oliveira, Patrick Schneider, Pedro Paro, Ravi Resck, Rosa Alegria e Simone Souza.

Meus agradecimentos, também, aos designers Camila Dantas, Daniella Bonança e Luciana Lessa, que se permitiram compartilhar suas histórias pessoais de como o design entrou e segue em suas vidas.

Quero agradecer a José Netho, Luiz Fernando Coelho e Fábio Brandi Torres, e a todos que, direta ou indiretamente, participaram e contribuíram para esta obra, e a você que adquiriu este livro antecipadamente, confiando na gente e apoiando nosso esforço para viabilizar esta produção. Fizemos um trabalho colaborativo em todas as suas etapas. Vivemos o que ensaiamos.

Um agradecimento especial à Tatiane R. Lima, por mais essa parceria, me ajudando a dar ordem aos ensaios, na articulação das ideias e na revisão do material.

Obrigado, Liliana Loureiro, por seu apoio incondicional e sua contribuição, não só com o lindo ensaio que escreveu, mas por todo o design gráfico. Cada toque e ideia sua tornaram este livro mais lindo, mais impactante e mais acessível ao leitor.

Obrigado, Lizandra Magon de Almeida e todo time da Editora Jandaíra por dar forma, viabilizar este projeto e colocar esta obra em pé.

Agradecimento carinhoso a Daniela Garcia, diretora geral do Instituto Capitalismo Consciente Brasil (ICCB), que nos presenteou com o lindo texto do prefácio e, de maneira muito generosa, carinhosa e desprendida, fez a ponte com Raj Sisodia.

E, finalmente, nosso agradecimento especial, em nome de todos os autores, a Raj Sisodia, pela disponibilidade e generosidade que nos brindou, com uma conversa deliciosa, rica de ideias e cheia de inspiração.

/ **Sumário**

Prefácio | Empresas conscientes e o mindset da colaboração 12
/ Daniela Garcia

Entrevista | Conversas para o amanhã 16
/ Raj Sisodia

Introdução | "E se?" É o que move os designers 36
/ Marco Ornellas

DESIGN CENTRADO NO HUMANO

Sensemaking: O que ainda faz sentido? / Denise Eler 49

O design como recurso nas relações / Liliana Loureiro 58

A abordagem na solução dos desafios complexos / Simone Souza 69

O FUTURO DO PRESENTE

Foresight estratégico: O futuro em ação / Rosa Alegria 81

O mundo high tech e high touch / Carlos Piazza 91

Metaverso e a reinvenção das organizações / Gui Rangel 101

NAVEGANDO POR SISTEMAS COMPLEXOS

Sistemas complexos adaptativos / Ravi Resck 115

Agilidade emaranhada / Ian Macdonald 125

POR DENTRO DAS ORGANIZAÇÕES

A visão complexa das organizações / Marco Ornellas 141

Mergulhando na cultura organizacional / Gilberto Shinyashiki 152

Design de estruturas / Fabiana Dutra 162

Reflexões sobre futuro: liderança e trabalho / Patrick Schneider 172

NOVOS MODELOS PARA NOVOS HUMANOS

Degeneração e regeneração / Carlos Piazza... 187

Um novo capitalismo / Graziela Merlina 201

O papel dos negócios para o futuro / Pedro Paro.................................. 209

Novos modelos de gestão / Davi Gabriel 221

A CONSTRUÇÃO DO NOVO JUNTOS

O olhar humano nas mudanças organizacionais / Ana Luiza Chiabi..........235

Implementando a gestão ágil / Andy Barbosa..248

O RH ágil / JP Coutinho... 257

DESIGN NAS RELAÇÕES

Colaboração para a reconexão humana / Debora Gaudencio........... 271

Pluralidade nas relações / José Marcos da Silva 282

Autenticidade e narrativas digitais / Olavo Pereira Oliveira................ 294

Anexo | A jornada do Design Organizacional

Aprendiz de design organizacional / Camila Dantas 304
O design organizacional centrado no humano / Daniella Bonança 308
Nós todos deveríamos ser designers / Luciana Lessa 313

Conclusão | Para mudar o rumo dessa prosa 320
/ Marco Ornellas

/ PREFÁCIO

EMPRESAS CONSCIENTES E O MINDSET DA COLABORAÇÃO

Cresci entre profissionais que decidiram dedicar suas vidas ao desenvolvimento humano. Eram executivos e, num determinado momento, deixaram seus postos e decidiram mudar de lado. Passaram a olhar de fora dos limites da empresa o humano dentro dela.

Naquela ocasião, os territórios empresariais eram bem definidos: ou você estava dentro ou estava fora. Não havia meio termo. A empresa era um feudo fechado, limitado e complexo, orientado por regras próprias. Assim como no passado, as relações com o mundo externo aconteciam apenas no entorno dos seus muros, considerando apenas comércio, poucas trocas e entregas de matérias-primas.

Quem estava dentro tinha o privilégio do emprego, mas seguia regras rígidas: de conduta, de comportamento, de hierarquia. Tudo era vertical. Eram as empresas que cuidavam das carreiras de seus colaboradores (na época, chamávamos de funcionários) e determinavam padrões de benefícios, acesso e flexibilidade. Treinamento e desenvolvimento começavam a ser as tendências do momento.

Quem tinha emprego tinha tudo – incluindo sonhos e futuro.

A tecnologia acelerou as mudanças e fez os muros caírem. Dentro e fora da empresa.

Tecnologia acelera mudanças de comunicação, que, por sua vez, aceleram mudanças de comportamento, que mudam cultura e sociedade.

Os departamentos internos das organizações precisaram se adaptar à tecnologia. Colaboradores passaram a se relacionar de forma diferente com a informação e com os processos e, se comportamento muda, a cultura muda.

Do lado de fora dos muros, consumidores passam a falar com suas marcas e sobre as suas marcas. Se a tecnologia muda a sociedade, muda as empresas. E elas entraram numa nova era em que reputação, influência e autoridade exigiam um novo tom e uma nova narrativa.

Mudanças de comportamento acontecem depois de momentos de reflexão e consciência.

Vivemos um momento de transição geral. Todos e todas querem transacionar. Tudo está em absoluta mudança e somos levados a desejar a mesma transição. Transição que não é só passagem, que não é só mudança, que pressupõe transformação.

Hoje as empresas não são mais feudos responsáveis pela vida de seus colaboradores; são (e precisam ser) ambientes seguros de crescimento e acolhimento, onde as pessoas decidem aportar seu capital intelectual. O corpo de colaboradores é tão fluido quanto as decisões humanas pautadas por valores e amor. A empresa é tão sólida quanto a profundidade das relações que gera com seus stakeholders.

As exigências da vida tecnológica são incrivelmente mais próximas da humanidade do que percebemos.

Na era da tecnologia, somos nós quem decidimos que informações procurar, que dados avaliar, que decisões tomar, que rumos focar. Planejamos, criamos, executamos, avaliamos e decidimos. Escolhemos o que estudar, quais conteúdos absorver, que decisões tomar. Reavaliamos nossa vida profissional entre estar junto a uma marca ou empreender; e se formos empreender, por qual canal desejamos iniciar. Tudo depende de nós. Tudo é decisão humana, escolha, ação e reação. No mundo do antes, a empresa fazia as reflexões por nós e nós executávamos.

Quando fui convidada a escrever este prefácio, além de me sentir honrada com a missão, me desafiei a revisitar muitos conteúdos sobre a nova sociedade, as novas relações humanas, para entender como percebi (e vivi) a mudança da cultura nas últimas três décadas. Por isso comecei o texto falando daqueles profissionais que saíram do mundo corporativo e fizeram do desenvolvimento humano seu foco, há mais de 35 anos.

Em meio a esse mundo de transições, novas escolhas e muita tecnologia, a sociedade mudando e as empresas acelerando suas transformações, os profissionais ligados ao desenvolvimento humano sempre foram um porto seguro a quem recorrer. Eram eles que conseguiam furar o cerco das empresas e, de alguma forma, orientar quem estava dentro dos muros. Foram eles que introduziram as primeiras tendências em treinamento e desenvolvimento, que passaram a falar de comportamentos e cultura organizacional. Eles foram pioneiros e incentivadores. Luz.

O corpo de escritores deste livro é, da mesma forma, um conjunto de olhares atentos e orientados para o futuro. Pessoas que nos trazem novos ingredientes e conteúdo para mergulharmos de cabeça num novo olhar para as organizações e para o nosso próprio desenvolvimento. E nada mais encantador do que conhecermos a nós mesmos para nos prepararmos para mudar o nosso entorno.

Quando mudamos de patamar de consciência, acessamos uma parte de nós incrivelmente cheia de entusiasmo e de energia, capaz de mudar tudo. E mudamos vida, trabalho, carreira e empresas, claro.

É quando o ser humano toma consciência de seu poder de tração, tornando-se a própria luz que ilumina o seu caminho.

A vida é um eterno ciclo de estar atento – observar – conscientizar – escolher um novo objetivo – criar o caminho – executar – medir e, de novo, estar atento. Somos o tempo circulando, somos sistema, coletivo e colaboração. Somos informação, dados e a inteligência da seleção dos dados. Somos grupo, cultura, sociedade. Somos o próprio tempo.

Enquanto nos propusermos a olhar o novo com curiosidade, abrir nossos corações para a chegada de mais luz e entregar novo conhecimento ao grupo, estaremos circulando e transicionando neste mundo. E essa circulação de pensamentos só pode gerar mais abundância, mais prosperidade e mais riqueza.

Convido a todos a lerem cada um dos ensaios, que trazem, acima de tudo, muita luz ao novo, ao humano e à geração de um novo mindset de colaboração.

Com carinho,

Daniela Garcia
CEO do Instituto Capitalismo Consciente Brasil, maio de 2022

/ ENTREVISTA COM RAJ SISODIA

CONVERSAS
PARA O AMANHÃ

ENTREVISTA COM RAJ SISODIA /

    O nome de Raj Sisodia surgiu no fim de março, quando a produção deste livro já entrava em fase final. Tê-lo em nossas páginas era um sonho – afinal, sendo um dos fundadores do movimento Capitalismo Consciente, suas ideias convergem com muito do que apresentamos neste livro.

    Sisodia nasceu na Índia, mas cresceu entre Barbados, Estados Unidos e Canadá. Formado em engenharia elétrica, enveredou pelo marketing e se tornou mestre em política de mercado e negócios pela Universidade de Columbia. A vida acadêmica o colocou em uma perspectiva privilegiada para identificar as mazelas e as virtudes do mundo dos negócios. Sua curiosidade o fez questionar a existência de presentes diferentes na esperança de identificar futuros (mais) desejáveis.

    O convite foi seguido por uma breve troca de e-mails: Sisodia não tinha tempo para escrever um ensaio, mas logo se disponibilizou a uma entrevista, cujo conteúdo poderia ser aproveitado da forma como achássemos mais conveniente. O desafio foi levado a cabo no dia 3 de maio, às 11 horas, horário de Brasil.

    Ingressei nessa conversa crente de que o que ouviria era precioso demais para editá-lo em um texto. Expor a íntegra desse bate-papo torna possível captar a essência do entrevistado, bem como de suas percepções, ideias e ideais.

    Sisodia faz uma grande fotografia do que acontece hoje, dentro e fora do mundo dos negócios. Anuncia, que apesar das tempestades, há diferentes caminhos possíveis para um futuro que já se faz presente.

Participaram do papo, além de mim, meu colega Gilberto Shinyashiki e a editora Lizandra Magon de Almeida. E, assim, aquela manhã ficou mais ensolarada.

Já se passaram quase 15 anos desde que você começou a estudar o que hoje é conhecido como Capitalismo Consciente. Como percebe a evolução do movimento e quais mudanças ainda são necessárias?
Nosso movimento teve início em 2008, sendo que três anos antes eu iniciei a minha pesquisa. Quando tivemos nossa primeira conferência, uma crise financeira estava acontecendo.[3] De lá para cá, eu diria que o mundo mudou bastante. O pensamento em torno do capitalismo, incluindo o seu papel na sociedade, evoluiu para o nosso paradigma, aquilo de que falávamos quando começamos. Naquela época, a motivação financeira era o único propósito. Pensar em todas as partes interessadas também não era algo amplamente praticado, assim como a liderança consciente e a cultura não eram tão enfatizadas. Eu diria que, se você olhar para onde estamos hoje no mundo, houve muitos, muitos movimentos que trouxeram o pensamento nessa direção.

Você enxerga um ponto de virada?
Sim, em 2019, nós começamos a ver um ponto de inflexão, com a Business Roundtable, nos EUA, mudando sua declaração.[4] Tenho certeza de que a redefinição de propósito tem criação de valor de longo prazo para todos os stakeholders e para cada empresa. Eles estão adotando a nossa língua. Se você olhar para a declaração de Davos, em janeiro de 2020,[5] pouco antes da pandemia; ou se você olhar para os maiores gestores de dinheiro do mundo, especialmente a BlackRock, liderada por Larry Fink... Nos últimos cin-

---

3 | Ele se refere à crise financeira global, iniciada em 15 de setembro de 2008, com a falência do banco de investimentos Lehman Brothers. As bolsas despencaram e, com o estouro da bolha imobiliária, vários bancos e empresas quebraram, provocando desemprego e recessão.

4 | Business Roundtable é uma associação formada por CEOs das principais companhias americanas, com foco em zelar pelos princípios da governança corporativa. No encontro mencionado, ocorrido em 19 de agosto de 2019, segundo anúncio oficial, 181 CEOs assinaram um documento que rompe com o "Capitalismo de acionista", predominante desde a primeira declaração, datada de 1997, para defender o "Capitalismo de stakeholders", alinhados aos melhores e mais modernos princípios de responsabilidade corporativa. Confira o compromisso: https://opportunity.businessroundtable.org/ourcommitment/. Último acesso: 11/05/2022.

5 | Manifesto de Davos 2020: O propósito universal de uma empresa na Quarta Revolução Industrial. Disponível em: https://www.weforum.org/agenda/2019/12/davos-manifesto-2020-the-universal-purpose-of-a-company-in-the-fourth-industrial-revolution/. Último acesso: 11/05/2022.

co anos, ele tem se dirigido muitas vezes aos CEOs de empresas de capital aberto nos Estados Unidos com a linguagem do Capitalismo Consciente, basicamente adotando esses princípios.[6] Então, se você olhar para o rápido crescimento do conceito de ESG,[7] também no Brasil, tenho certeza de que são questões que se tornaram muito proeminentes na agenda das empresas. Isso também faz parte do Capitalismo Consciente. Esses são alguns dos elementos-chave, alguns dos principais stakeholders. Logo, eu diria que o paradigma está definitivamente mudando. Essas ideias soavam como radicais há 15, 14 anos, enquanto hoje, cada vez mais, elas fazem parte do dia a dia, pois mais e mais pessoas estão se voltando para isso – e não estamos sozinhos, há outros movimentos, como o Sistema B, indo nessa mesma direção. Sinto que estamos chegando a esse ponto de inflexão.

É possível demarcar na história quando o Capitalismo se desviou e exacerbou o valor do acionista em detrimento de todos os outros stakeholders?

Acho que estamos chegando ao fim desse capítulo, que começou em 1970 e realmente decolou na década seguinte, quando Jack Welch se tornou o CEO da General Electric. Ele colocou o valor dos acionistas acima de tudo, usando táticas muito agressivas, incluindo redução, demissão, muitas aquisições e alto volume de negócios. Ele fez mil aquisições em 20 anos, e tudo se resumia a finanças. A GE Capital estava no comando de tudo. Ele foi bem-sucedido por um período, tornando-se o paradigma. Todos começaram a dizer "Oh, meu Deus, Jack Welch encontrou a fórmula!". E, então, as empresas americanas começaram a seguir esse manual, especialmente nos anos 1980 e 90, que foram os 20 anos em que ele foi CEO. Jack Welch tornou-se o herói, todos realmente queriam imitá-lo[8].

---

6 | A BlackRock é uma das principais gestoras de investimentos do mundo. Em cartas anuais a acionistas e ao mercado, o CEO Larry Fink vem derrubando tabus do sistema financeiro ao demonstrar preocupação e adotar práticas voltadas ao resultado de longo prazo, ao senso de propósito e à economia do baixo carbono, por exemplo. Esses documentos estão disponíveis para consulta no site da BlackRock: https://www.blackrock.com/br/larry-fink-ceo-letter. Último acesso: 11/05/2022.

7 | A sigla ESG refere-se à Environmental, Social, and Corporate Governance, isto é, às práticas e políticas voltadas ao meio ambiente, responsabilidade social e governança corporativa.

8 | No rastro deste sucesso, Welch tornou-se autor best-seller e colunista de revistas de negócios no mundo todo, inclusive no Brasil.

Esse modelo trouxe muito lucro para os acionistas por um tempo, causando imenso sofrimento, com a demissão de centenas de milhares de pessoas, a devastação de muitas comunidades e muitos prejuízos ao meio ambiente. Números foram manipulados, de alguma forma, a partir da ação da GE Capital. Quando ele se aposentou, a holding já tinha se tornado a empresa mais valiosa do mundo.[9] Mas, ao longo dos anos seguintes, ela desmoronou, porque não era uma criação de valor real, não havia inovação. Ele tirou todo o investimento de inovação, focando apenas nos números – ações, ações, preço, aumento, lucro trimestral etc.. Os seus protegidos, pessoas que trabalharam com ele, tornaram-se CEOs de talvez 20 ou 30 outras grandes empresas americanas, como Boeing, 3M, McDonnell Douglas, Home Depot e muitas outras. E todos aplicaram exatamente a mesma fórmula: usando dinheiro para comprar de volta as ações, inflando artificialmente o preço delas, sem criar nenhum valor adicional, o que só beneficia seus acionistas e executivos, que se tornaram muito ricos por isso. Eles destruíram a empresa ao não investir no futuro de uma empresa que era conhecida pela inovação.[10] Esse foi o paradigma e acho que está começando a chegar ao fim.

É uma boa notícia, já que, como disse, houve uma evolução desde a criação do Capitalismo Consciente em 2008.
Naquela época, tivemos uma crise financeira; temos, agora, um conjunto catastrófico de crises globais – não apenas pandemia, mas as mudanças climáticas, a desigualdade de renda, a ascensão de movimentos populistas, a agitação social. Tudo isso deixa muito claro que, a menos que os negócios mudem urgentemente, não teremos futuro neste planeta. Há um senso de urgência muito maior, mas já sabemos que caminho tomar, sabemos o que temos que fazer. Para isso, é preciso adotar uma mentalidade de stakeholder. Temos que ter um propósito além do lucro. Temos que incluir o meio ambiente e a sociedade como partes interessadas. Temos que ter líderes apaixonados por esses temas, não apenas focados em ficar ricos e acumular poder. E, como eu disse, eu uso a GE

---

9 | O valor de mercado da GE, durante os 20 anos de Welch como CEO da empresa, saltou de US$ 12 bilhões para US$ 410 bilhões, segundo a Reuters. Disponível em: https://www.reuters.com/article/people-jackwelch-idUSL4N2AV3ZI. Último acesso: 11/05/2022.

10 | É impossível esquecer que a empresa centenária tem no seu DNA a Edison General Electric Company, fundada em 1878 por Thomas Alva Edison, o inventor da lâmpada incandescente e de outros produtos.

Capital como um exemplo da corrupção do sistema, sei o que vivemos nos últimos 40 a 50 anos, mas acho que estamos saindo dessa.

No começo do século passado, as teorias sociais de Elton Mayo e McGregor enfatizavam a importância das pessoas nas organizações. Como essas teorias influenciaram o seu trabalho?
Se você voltar aos anos 40, 50 e 60, nos EUA, houve de alguma forma uma era de ouro do Capitalismo, com empresas aplicando algumas dessas teorias que você fala. Eram mais orientadas às partes interessadas. Elas se importavam com os empregados e eles eram bem pagos, bem tratados. Eram comunidades que investiram no futuro, na inovação. Acho que perdemos isso de vista. Houve um período em que isso realmente começou a mudar. Com Milton Friedman, em 1970, com o seu ensaio;[11] e Michael Jensen e William Meckling, com Agency Theory, em 1976.[12] Foi criada uma base conceitual e teórica para justificar um foco muito estreito nos negócios, apenas sobre lucros e acionistas, o que é muito, muito, limitado. Isso foi, então, legitimado por Jack Welch, que colocou em prática essa mentalidade. O resto é história. Não afirmamos que o Capitalismo Consciente é uma coisa nova no planeta. Tivemos empresas assim, ainda no século 19, como a Tata, na Índia.[13] Desde o primeiro dia, eles já tinham uma mentalidade de que existimos para servir a sociedade, que temos que ser bons cidadãos e criar valor para todos. E esse é realmente o nosso papel: sermos administradores desse capital que é a vida das pessoas.

Então já houve outro momento em que as empresas atendiam a valores relacionados ao que hoje chamamos de Capitalismo Consciente?
Acho que houve bolsões desse pensamento. Definitivamente, tivemos pensadores que foram pioneiros em sua época, e havia empresas, incluin-

---

11 | Em 13 de setembro de 1970, o economista Milton Friedman publicou um ensaio na *The New York Times Magazine* sob o título traduzido livremente como "A responsabilidade social das empresas é aumentar seus lucros". Disponível em: https://www.nytimes.com/1970/09/13/archives/a-friedman-doctrine-the-social-responsibility-of-business-is-to.html. Último acesso: 11/05/2022.

12 | "Teoria da empresa: comportamento gerencial, custos de agência e estrutura de propriedade" (em tradução livre) foi publicado no *Journal of Financial Economics* em 1976. Disponível em: https://ideas.repec.org/a/eee/jfinec/v3y1976i4p305-360.html. Último acesso: 11/05/2022.

13 | O Grupo Tata é formado por 30 empresas em 10 diferentes verticais de negócios. Site oficial: https://www.tata.com/investors/companies. Último acesso: 11/05/2022.

do a General Electric e muitas outras grandes empresas americanas, que realmente se orgulhavam do que faziam pelas pessoas e pela sociedade. A mentalidade de stakeholder já existiu por um tempo, em alguns lugares, como a que criou a grande classe média dos Estados Unidos e também enormes avanços tecnológicos. Então, nós precisamos ter uma versão disso, mas atualizada, com um senso maior de propósito, algo de que não se falava, e uma ênfase maior em um tipo diferente de liderança, não mais de comando e controle, com uma abordagem paternalista.

O que despertou sua atenção para isso ao longo da sua trajetória?
Eu entrei no programa de doutorado em 1981, o mesmo ano em que Jack Welch se tornou CEO, ou um pouco antes de ele se tornar tão famoso. Esse foi o início do que viria a ser conhecido como a década da ganância. No filme Wall Street – Poder e cobiça, de 1987, há esse famoso discurso, de que a ganância é boa, é a ganância que faz o mundo girar. E houve uma celebração de tudo isso. Ao entrar em um programa de doutorado naquela época, eu, pela minha natureza, não achei nada disso inspirador; achei deprimente, porque nos ensinavam basicamente a focar em uma única coisa, a ganhar o máximo de dinheiro possível. As pessoas no marketing, que é o meu campo, trabalhavam para fazer todos comprarem o máximo possível. Não se falava muito sobre o impacto na vida e na saúde; na sociedade; no planeta. Nada disso realmente importava; era tudo sobre maximizar o lucro e a participação de mercado. Eu vi toda a loucura que acompanhava isso: a quantidade de marketing, o barulho, o hype, a excitação, os cupons, o lixo eletrônico, os anúncios em todos os lugares. O americano médio estava sendo exposto a 2 mil anúncios por dia e 99% disso não era sequer percebido. As cartas chegavam à sua caixa de correio e iam direto para o lixo. Era um desperdício! Eu estava frustrado, não me sentia inspirado, mas envergonhado de ser professor de marketing, porque achava que não estava agregando valor ao mundo. Não sabia mais o que fazer.

E como encontrou uma solução?
Por causa dessa infelicidade e frustração, eu fiz perguntas. Primeiro, pesquisei o problema e escrevi muito sobre problemas éticos, desperdício, ineficiência; impacto negativo na vida das pessoas e na sociedade, como obe-

sidade, diabetes, o uso dos corpos das mulheres para vender produtos e o que isso faz com a psicologia de meninas jovens, o que traz de distúrbios alimentares e depressão, além de muitas outras consequências negativas. Isso me fez parar para pensar se não havia outra forma, se tínhamos que gastar todo esse dinheiro e fazer todas essas coisas, usando as pessoas, empregados ou clientes, apenas para ganhar dinheiro, com tantos efeitos negativos. E isso me levou a buscar soluções. Minha intenção era pensar em excelência no marketing sob um novo ponto de vista, e essa pesquisa se tornou o livro Firms of Endearment [publicado no Brasil como Empresas Humanizadas]. Eu estava investigando companhias amadas por seus clientes, aquelas pelas quais as pessoas se sentiam tão conectadas que não era necessário fazer um investimento enorme de marketing. Você não precisa de anúncios e cupons para fazer com que os clientes te amem. Que empresas são essas e o que podemos aprender com elas? Foi o que me levou a descobrir uma mentalidade diferente, com organizações que se importam com seus clientes, funcionários, comunidades, fornecedores e, por isso, todos se tornam stakeholders. O que as fez funcionar foi o senso de propósito e valores alinhados a todos. Todos estão do mesmo lado da mesa e todos querem ver essa empresa ter sucesso. Por outro lado, se a mentalidade é quanto posso ganhar?, todos os lados querem maximizar o lucro. Funcionário quer maximizar salário e minimizar quantidade de trabalho; cliente quer o menor preço; investidor quer a maior margem; e a sociedade quer os impostos mais altos. Quando você tem propósito e valores, todo mundo quer contribuir e se tornar parte da mesma equipe, estar do mesmo lado. Foi o que me levou a descobrir esse modelo, algo que se alinhava com a minha natureza.

É uma mudança de mentalidade e tanto.
O mundo é muito militarista: pensamos em destruir a concorrência, os negócios são desenhados a partir de uma perspectiva de guerra. Mesmo que a minha mentalidade fosse muito mais pacífica e buscasse harmonia, achava que as empresas que tentassem ser assim seriam destruídas. Afinal, era um mundo onde o homem é o lobo do homem; onde, diziam, só os paranoicos poderiam sobreviver. E eu acreditei nisso por muito tempo. Somente quando eu estudei essas empresas, as que têm a afeição de todos, e fiz a análise financeira delas, é que percebi que esses bons líderes, essas

boas companhias, estavam pagando bem, investindo no meio ambiente e em suas comunidades, pagando impostos. Eu esperava que não estivessem lucrando muito, já que estavam gastando em todas essas outras áreas, mas descobri que eles tinham bons resultados no mercado. Esse foi o primeiro grande sinal de que uma empresa amorosa ou humanizada, que se preocupa com as pessoas e o planeta, tem, na verdade, uma tremenda vantagem competitiva. Algumas delas são mais fortes, mais resistentes, duram muito mais tempo porque as pessoas amam essas empresas. E, se estão em dificuldades, elas são ajudadas nesses momentos. Isso se tornou para mim quase como uma validação pessoal de que a minha maneira de pensar não era impraticável ou irreal, que, de fato, isso não só é possível, mas também é algo realmente desejável para muitas, muitas pessoas.

Você se realizou com essa descoberta.
Eu sabia que isso importava para mim, porque, enquanto eu estava escrevendo algumas das histórias dessas empresas, eu passei pela experiência de chorar de alegria. Muitas vezes, no meu trabalho, eu tinha me sentido frustrado e infeliz, às vezes desapontado. Chorar lágrimas de alegria, por causa do seu trabalho, lhe diz algo sobre a sua própria alma, pois ela está se conectando ao que você faz. Naquele momento, eu descobri o meu propósito – e era isso queria e quero fazer para o resto da minha vida.

Qual é o seu propósito?
O meu propósito é trazer coração, cura, alma e coragem para os negócios e a liderança, para que possamos construir um mundo melhor para todos – tem que funcionar para todos, não apenas para algumas pessoas. O nosso sistema atual é bom para alguns bilionários, mas precisa ser bom para bilhões de pessoas. E eu tive uma percepção interessante, em um trabalho com coach, em 2018. Após contar a minha história de trabalho e, depois, com os livros Empresas Humanizadas e Capitalismo Consciente, falei também sobre a minha formação e a minha cultura; da relação com o meu pai, que é uma figura paterna muito dura, patriarcal, e com o meu avô, que era ainda mais rigoroso. Apesar da cultura de guerreiros feudais, a minha natureza era mais como a de minha mãe, não como a de meu pai. Ele esteve ausente por sete anos da minha vida, então foi realmente ela quem me moldou e me criou. Quando comecei a trabalhar, inicialmente

era tudo sobre ganhar dinheiro e poder, que é a energia do meu pai. Em 2018, quando fiz 60 anos, essa pessoa (coach) me disse: Você percebe que passou 45 anos da sua vida tentando impressionar o seu pai? E que agora passou os últimos 15 anos honrando a sua mãe com o seu trabalho?

A energia do feminino e do masculino presente e reverberando em nossas vidas, nas nossas organizações e sistemas.
E isso não significa que não precisamos de energia paterna. Precisamos de força nos sistemas estruturais, mas também precisamos de compaixão, empatia e amor, assim como inclusão, carinho e perdão. Porque, sem isso, o mundo torna-se cruel, é matar ou morrer. Acho que essa foi a minha jornada nesta vida – foi trazer esse equilíbrio. E eu tive que experimentar muitas dessas coisas mais difíceis, para que 30 ou 40 anos depois, eu pudesse escrever um livro sobre esse lado feminino.[14] Eu sinto que cada um de nós é um instrumento de algo que está procurando emergir no mundo. E, se observarmos nossa própria essência e conectá-la à nossa alma, então, em última análise, podemos encontrar aquilo que deve vir através de nós. Cada um de nós é como um receptor de rádio.

Uma sociedade de cultura feminina é mais efetiva para o crescimento do Capitalismo Consciente?
Sempre tivemos um mundo, com todas as suas instituições, governos, negócios, famílias e a sociedade em geral dominados pela energia masculina e pelos homens. O fato é que os humanos são igualmente compostos pelo feminino e pelo masculino. Mesmo dentro de cada pessoa, seja você um homem ou uma mulher, você tem tanto um lado, como o outro. Como Carl Jung disse, todo homem tem uma mulher interior e toda mulher tem um homem interior.[15] Agora, na sociedade, suprimi-

---

14 | Raj Sisodia escreveu com Nilima Bhat *Liderança Shakti: O equilíbrio do poder feminino e masculino nos negócios* (Rio de Janeiro: Alta Books, 1ª Edição, 2019).

15 | Na psicologia analítica de Carl Jung, *Anima* refere-se à alma feminina inconsciente do homem, enquanto *Animus* é a alma masculina inconsciente da mulher. "As coisas do mundo interior influenciam-nos subjetiva e poderosamente, por serem inconscientes. Assim, pois, quem quiser incrementar o progresso em seu próprio ambiente cultural (pois toda cultura começa com o indivíduo), deverá tentar objetivar as atuações da anima [ou do animus, caso se trate de uma consciência feminina – acréscimo meu], cujos conteúdos subjazem a essas atuações. Nesse sentido, o homem [a mulher] se adaptará e ao mesmo tempo se protegerá contra o invisível. Toda adaptação consiste de concessões aos dois mundos. Da consideração das exigências do mundo interno e do mundo externo, ou melhor, do conflito entre ambos, procederá o possível e o necessário", alertou em *O Eu e o Inconsciente*. (Petrópolis: Vozes. 1987)

mos a energia feminina, assim como suprimimos as mulheres. O que eu estou defendendo é um equilíbrio e a integração necessária para nos tornarmos completos. Somos seres humanos pela metade, mesmo as mulheres. Quando elas entram nos negócios e se tornam líderes, são forçadas, de certa forma, a agirem como homens. Elas não podem mostrar suas emoções ou suas vulnerabilidades para não serem consideradas fracas. Acho que o que estamos descobrindo agora é que essa é uma falsa narrativa, somos capazes de compaixão e empatia muito mais do que qualquer outra espécie. Como Martin Luther King disse: temos que ser duros e ter bom coração,[16] mas nós achamos que é preciso escolher entre essas alternativas. Essa é a polarização. Achamos que temos que ser de uma forma ou de outra, mas não – é um pouco disso e um pouco daquilo.

Ou seja, não precisamos mudar radicalmente.
Seria, também, um erro terrível dizer que tivemos um mundo dominado por homens e pela energia masculina e, agora, precisamos mudar para um mundo exclusivamente de energia feminina. Isso seria terrível. Eu me lembro de um livro da escritora americana Hanna Rosin, The end of men: and the rise of women[17] (em tradução literal, O fim dos homens – E a ascensão das mulheres), em que a minha pergunta foi: em primeiro lugar, por que é preciso o fim dos homens para que só então as mulheres se levantem? É a mensagem errada, porque isso cria uma energia conflitante e o sentimento de medo. E você está vendo isso em alguns lugares, como a Coreia do Sul, onde há um movimento antifeminista porque os homens dizem que estão com medo. Não queremos cometer esse erro. Queremos nos integrar e nos tornar completos. É sobre a totalidade. Temos que ficar inteiros, não fragmentados. E temos que honrar e respeitar o feminino dentro de nós, na nossa sociedade. O que fazemos quando queremos humilhar um garoto? Nós o comparamos a uma garota, usamos isso como

---

16 | Martin Luther King Jr, além de ativista, foi pastor batista. Durante um sermão em Atlanta, no início da década de 1960, ele comentou um trecho da Bíblia: "We must combine the toughness of the serpent with the softness of the dove. In other words, Jesus is saying that individual life at its best requires the possession of a tough mind and a tender heart". Em tradução literal, "Devemos combinar a dureza da serpente com a suavidade da pomba. Em outras palavras, Jesus está dizendo que a vida individual no seu melhor requer a posse de uma mente dura e um coração terno". Disponível em: https://kinginstitute.stanford.edu/king-papers/documents/draft-chapter-i-tough-mind-and-tender-heart. Último acesso: 12/05/2022.

17 | ROSIN, Hanna. End of Men: And The Rise of Women. Riverhead, 1ª edição, 2012.

um insulto. E isso é profundamente prejudicial, porque esses meninos se desligam das suas emoções e se tornam quase como robôs. Isso fica represado e, finalmente, sai como raiva, fúria e violência.

E esse sentimento represado no ser humano tem implicações profundas – em casa, na organização, na comunidade.
Acho que essa é uma das maiores causas de toda a dor e sofrimento do mundo. A história humana é uma sucessão de guerras. Tanto sofrimento e destruição aconteceram porque só tivemos energia masculina. E eu acho que este é o século em que finalmente isso vai mudar. Nesse momento, 60% ou 65% dos estudantes universitários são mulheres, obtendo notas melhores e se formando em patamares mais altos. As mulheres também têm vantagem na inteligência emocional, mais natural para elas, e isso é realmente um fator muito importante para um bom líder. Nas universidades americanas, chegou-se a um ponto em que temos que colocar cotas para os homens, pelo grande número de mulheres. Se você olhar para o Ensino Médio, quem se sai melhor e quem tem as maiores notas são elas. É uma diferença muito grande. Acho que estamos chegando a um ponto em que temos que olhar para isso. Se você é um homem, você tem que ter certeza de que você também é capaz de acessar seu lado carinhoso, sua compaixão. Se você é uma mulher, certifique-se de que você é capaz de acessar sua força, coragem e disciplina, além de ser carinhosa e compassiva.

Na sua opinião, quais são os principais desafios que as organizações enfrentam hoje?
Em primeiro lugar, há os grandes desafios coletivos, que incluem, é claro, a mudança climática, toda essa parte ambiental, que é uma questão existencial. Se não cuidarmos disso com urgência, nada mais importará em algumas décadas. A segunda crise coletiva é a desigualdade de renda, também uma crise global. Se você olhar para os últimos 40 anos, que coincidiu com a ascensão do capitalismo de acionistas, o salário dos trabalhadores caiu, enquanto o dos executivos subiu 1.000%.[18] Nós vimos os dados da fortuna dos oito maiores bilionários do

---

18 | "CEOs see pay grow 1,000% in the last 40 years, now make 278 times the average worker". CNBC, 16 de agosto de 2019. Disponível em: https://www.cnbc.com/2019/08/16/ceos-see--pay-grow-1000percent-and-now-make-278-times-the-average-worker.html. Último acesso: 12/05/2022.

mundo, com mais riqueza do que bilhões de pessoas.[19] Essa é uma tendência autodestrutiva ou um aspecto do capitalismo tradicional que, se continuar, fará com que ele seja destruído. Haverá revoluções e a ascensão de líderes populistas, que reconhecem o problema, mas não têm a solução para ele.

Como mudar esse paradigma?
Esse é outro desafio que temos que enfrentar coletivamente, e cada empresa precisa se comprometer para mudar isso. Como distribuir a renda? Como eu me torno neutro em carbono? Como ter um impacto positivo? Recentemente, eu estava em uma conferência e alguém da francesa Schneider Electric comentou sobre o prédio deles em Grenoble, onde trabalham 5 mil pessoas. Esse edifício é positivo de carbono ou carbono negativo, de certa forma. Ele não precisa de energia, tem suas próprias turbinas solares e eólicas, até fornece energia para a rede. Há muitas outras inovações como essa. Toda empresa pode e deve ter metas agressivas dentro desta década, que decidirá o nosso futuro. Precisamos estabelecer objetivos ousados, porque essas necessidades já estão aqui. Só temos que aprender uns com os outros, pois algumas pessoas já estão fazendo o que precisa ser feito, já temos as respostas. É preciso ter a vontade necessária de colocá-las em ação.

Em outras palavras, as organizações podem e devem olhar além do seu próprio negócio, descobrindo formas de responder a essas necessidades coletivas, como as mudanças climáticas e a desigualdade social?
Nós também precisamos nos comprometer com a desigualdade de renda, assim como a Unilever tem feito nos últimos cinco, seis anos, em que todo empregado recebe um salário digno. Eles estão exigindo que todos os seus fornecedores façam isso até 2030 – e estão ajudando-os a cumprir essa meta. Isso vale para todos, desde quem está trabalhando meio período até o CEO. Todos importam e todos precisam ganhar decentemente. Quando isso não acontece, significa que estamos explorando alguém em nosso sistema. Isso não significa que todos recebam o mesmo, mas que todos são bem tratados, pagos decentemente e têm oportunidade de crescimento.

---

19 | Vários estudos demonstram o abismo entre os mais ricos e os mais pobres. Segundo a Oxfam, por exemplo, os oitos homens mais ricos do mundo acumulam mais dinheiro que a metade mais pobre do mundo, correspondente a 8 bilhões de pessoas. (Disponível em: https://www.independent.co.uk/news/world/richestbillionairescombinedwealthjeffbezosbillgateswarrenbuffettmarkzuckerbergcarlosslimwealth-a8163621.html. Último acesso: 12/05/2022).

Se você tem um negócio e o seu modelo se baseia em pagar o mínimo possível para as pessoas, sem que elas sejam capazes de sobreviver ou de cuidar de suas famílias, isso não é um negócio, é um parasita sugando energia e força vital dos trabalhadores. Um negócio real tem que ser capaz de sustentar as pessoas e criar valor para cada stakeholder, não apenas para alguns. Isso tem que ser um compromisso.

E quanto à diversidade e inclusão, um dos temas mais discutidos atualmente?
Esta é a quarta questão, porque sempre tivemos um mundo em que muitas pessoas foram deixadas de fora. Portanto, não se trata apenas da desigualdade de renda dentro da organização, mas também de quem está na sala, quem está tomando decisões. Cada país tem a sua própria realidade, como a Índia e o seu sistema de castas, com pessoas desfavorecidas por milhares de anos. Nos Estados Unidos, temos os impactos da escravidão e, em todo o mundo, especialmente na Ásia, a exclusão completa das mulheres. Japão e Coreia são sociedades muito sofisticadas, mas ainda é chocante o fato de haver poucas mulheres em papéis de liderança. Cada país tem sua própria história para superar e criar esse senso de inclusão. As pessoas pensam nisso como fardos e responsabilidades. "Oh meu Deus, os negócios já são difíceis o suficiente, e agora temos que nos preocupar com todas essas outras coisas!". Não, tudo isso cria mais possibilidades de sucesso em qualquer empresa. Quando você tem mais diversidade, você tem mais inovação, você tem mais ideias únicas. Há muitos dados sobre isso. Se uma empresa remunera dignamente a todos, ela prospera. Dessa forma, você tem paixão, criatividade e inovação. Wal-Mart e muitas outras empresas estão descobrindo que, quando você faz esses investimentos em meio ambiente, há um custo, claro, mas, com o tempo, você não só está ajudando o planeta, como seus números também se tornam melhores. Outra coisa que precisamos fazer é uma transição da mentalidade tradicional, mudando os sistemas operacionais, para um novo modelo mental, a ser absorvido por todo mundo.

Mas isso não é nada fácil.
Acho que é aí que algumas pessoas têm encontrado mais desafios. A maioria dos homens, em sua maioria na casa dos 60 anos, cresceram em um paradigma que serve aos seus próprios objetivos pessoais. Para muitos deles, é difícil

identificar nisso um problema, porque a definição de sucesso para eles se resume a poder e dinheiro, o que muitos têm de sobra. Acho que há uma necessidade de despertar ou mudar a consciência desses líderes. Sem isso, é muito difícil implementar esse tipo de mudança, porque ela não acontece de baixo para cima ou do meio para fora. É preciso que os líderes tenham essa iniciativa.

Você tem alguma história para compartilhar nesse sentido?
Quando a Unilever trouxe Paul Polman,[20] sabiam que era um líder impulsionado por propósitos e valores. Ele transformou a empresa e, em última análise, teve um efeito onda na indústria. Por isso, temos que trazer o tipo certo de líderes. Acabei de ver uma estatística em que 97% dos jovens profissionais de negócios querem viver uma vida com um propósito.[21] Para isso, precisamos perguntar: por que o mundo precisa de nós? Se morrêssemos hoje, faria diferença amanhã? Isso é ter um propósito. Como entendemos os stakeholders em um nível profundo? Como cocriamos valor um com o outro? É preciso uma escuta profunda com cada um de nossos stakeholders e, uma vez consciente desse propósito e valores fundamentais, você tem então uma base para construir essas relações. Você encontra clientes com os quais se importa e colaboradores que se preocupam com isso.

É uma quebra de paradigma e tanto.
Eu tive duas experiências em que trabalhei com o CEO e sua equipe, mas não a diretoria. Eles não se importavam. Tudo o que eles queriam era valor para os acionistas e foram comprados pela 3G Capital Action. Todo o trabalho que fizemos foi jogado pela janela. A cartilha 3G Capital foi aplicada, essa empresa subiu um pouco, mas depois despencou, que é o que

---

20 | Defensor do capitalismo de stakeholders, Paul Polman comandou durante uma década a Unilever, período em que as ações da empresa superaram o FTSE, um dos principais índices do mercado (Disponível em: https://www.independent.co.uk/news/business/comment/paul-polman-unilever-kinder-capitalism-stakeholder-capitalism-kraft-foods-london-rotterdamn-investors-a8658851.html. Último acesso: 12/05/2022). Deixou a gigante de bens de consumo em 2019 sem perder influência. Foi apontado, em 2021, um dos principais pensadores do mundo dos negócios, de acordo com a Thinkers50, ranking elaborado por uma consultoria londrina (Disponível em: https://thinkers50.com/t50-ranking/?tab=2021. Último acesso: 12/05/202.

21 | "How to Be a Purpose-Driven Leader in a Capitalist World". HBR, 10 de junho de 2021. Disponível em: https://hbr.org/2021/06/how-to-be-a-purpose-driven-leader-in-a-capitalist-world. Último acesso: 12/05/2022.

acontece. Você destrói valor e comunidades, quando está obcecado com o resultado para os acionistas. Leva-se muito tempo para recuperar isso. Estamos muito impacientes no mundo dos negócios, especialmente o capitalismo americano, com um curto prazo focado no trimestre. E temos que ter coragem de ser pacientes porque, se você está tentando plantar um carvalho, ele não crescerá da noite para o dia, não há como fazê-lo crescer mais rápido, seja pressionando-o ou dando incentivos.

Como desenvolver essa coragem da paciência?
São necessários líderes fortes, que consigam enfrentar a pressão de investidores de curto prazo. É uma contradição em termos: investir em curto prazo não é investir, é especular; investimento verdadeiro é para o longo prazo. É preciso ter investidores verdadeiros com você, que acreditem no que você está fazendo, que não estejam apenas o retorno, mas também gerar um impacto e deixar um legado. Que tipo de mundo deixamos para trás por causa do investimento que fizemos aqui? Todas essas coisas têm que se alinhar – e leva um tempo, mas não décadas. Você começa a ver sinais de progresso dentro de um ou dois anos. Acontece lentamente, mas toma o seu próprio impulso contínuo, como um ciclo virtuoso em si mesmo.

Como você vê a área de Recursos Humanos? E qual o papel dela na perspectiva do Capitalismo Consciente?
Herb Kelleher disse que o negócio dos negócios são as pessoas ontem, hoje e para sempre.[22] Tudo é sobre interação humana. É por isso que todos os negócios estão relacionados a esse planeta e às outras espécies, porque não podemos florescer em um planeta que está morrendo ou em meio ao sofrimento de outras espécies. É uma grande mudança de mentalidade. Departamentos de RH têm sido, tipicamente, sobre conformidade e sobre gerenciamento de riscos. Eu não gosto do termo, acho que devemos nos livrar dele. A linguagem importa. As pessoas não são um recurso. Então, o que é um recurso? Um pedaço de carvão, por exemplo, é um recurso: você o usa, ele queima e desaparece. Isso pode acontecer com pessoas se você colocá-las nesse tipo de ambiente. Mas elas são a fonte de tudo, somos quase divinos. Podemos imaginar e criar, certo? Tudo o que você vê ao

---

22 Herb Keheller foi cofundador da Southwest Airlines e declarou a frase mencionada por Sisodia em um evento da HSM ocorrido em 2008. Disponível em: https://www.youtube.com/watch?v=oxTFA1kh1m8. Último acesso: 12/05/2022.

seu redor existia em um cérebro humano antes de existir no mundo. Temos essa capacidade extraordinária, mas quando tratamos algo como um recurso, é o que eles se tornam. Quando você os respeita e honra, podem gerar coisas incríveis. E é isso que temos que desencadear: o potencial incrível que existe em cada um de nós. Pense em quantas ideias existem dentro dos seres humanos. Podemos desencadeá-las, se criarmos o ambiente certo. É como se a semente fosse incrivelmente potente e o solo fosse tóxico. Temos que trabalhar o solo para que cada semente possa se tornar uma árvore, uma flor ou o que quer que seja.

Este deveria ser, então, o foco das organizações?
Essa é uma função vital que deve se tornar muito mais respeitada e valorizada em cada empresa, porque em última análise é sobre as pessoas. É sobre quem você atrai para trabalhar lá e a paixão a ser transmitida para ele. O engajamento mundial dos funcionários é de apenas 20%, de acordo com a Gallup.[23] Se você tem o tipo certo de empresa, com alinhamento de propósito e valor, você terá 95% de pessoas apaixonadas e cada uma delas será 100 vezes mais impactante do que poderia ser em uma empresa média. Isso faz toda a diferença em última análise.

E como você vê o marketing hoje?
Marketing era sobre fazer as pessoas comprarem coisas, maximizar as vendas, maximizar a participação de mercado, cobrar o máximo que puder, vender o máximo que puder, fazê-las consumir o máximo possível. Elas são chamadas de consumidores, então o seu propósito é consumir. Já o novo marketing é sobre melhorar a qualidade de vida de todos. Vamos corrigir lentamente a ênfase no consumo, que está destruindo o planeta, para colocar o bem-estar das pessoas como objetivo, servindo-as e não usando-as. É ser um advogado em nome delas e entender o que podemos fazer, como empresas, para melhorar suas vidas. Quando fazemos isso, o marketing tem uma habilidade sofisticada para entender as pessoas, entender suas motivações, suas aspirações, além de seus medos e suas vulnerabilidades, tão explorados no passado. Uma vez me pediram para trabalhar com uma empresa em Atlanta que usava máqui-

---

[23] "Who's Responsible for Employee Engagement". Gallup, 29 de abril de 2022. Disponível em: https://www.gallup.com/workplace/266822/engaged-employees-differently.aspx. Último acesso: 12/05/2022.

nas de ressonância magnética para conectar o cérebro dos clientes e entender que tipo de cor, que tipo de som, agiam melhor no subconsciente, para que pudessem ser manipulados, sem que soubessem. E eu disse não. Isso é errado.

Esse é outro ponto que gostaria de abordar: como você vê o uso das tecnologias pelas empresas?
Podemos usar a tecnologia para servir as pessoas e melhorar suas vidas, capacitando funcionários e clientes através dela. Eu posso melhorar as conexões e trazer mais alegria para a sua vida, com mais significado e propósito. Ou podemos usá-la para explorar as pessoas, como acontece nas mídias sociais. Os algoritmos podem ser programados para maximizar a quantidade de tempo que você gasta e a quantidade de cliques, porque é possível explorar seus medos e usar a sua atenção como moeda. Isso é o que levou a todas as controvérsias sobre o Facebook e tal. Agora, todo mundo está dizendo "Oh, meu Deus, a tecnologia vai destruir empregos e vai substituir pessoas". Mais uma vez, é a inteligência das pessoas que está desenvolvendo e implantando essas ferramentas. Um cirurgião pode usar um bisturi para salvar uma vida; outra pessoa pode usar esse mesmo bisturi para acabar com ela. Uma função deve servir para elevar o florescimento humano e dar às pessoas um trabalho significativo. Se uma máquina pode fazer o mesmo trabalho melhor, mais rápido, mais barato, então sim, talvez devêssemos repensar o trabalho e torná-lo mais significativo, com autonomia, domínio e propósito. Deve ter uma capacidade de se tornar cada vez mais sofisticado e alinhado com o nosso senso de propósito. Temos que repensar o trabalho para que seja significativo, não apenas um emprego do tempo de alguém. Você olha ao redor todos os dias e vê pessoas em diversos trabalhos, mas qual a porcentagem da capacidade humana usada? Como em um aeroporto, onde há uma pessoa parada e sua única função é se certificar de que os passageiros estão passando por aquela porta. Não há nenhuma parte de sua habilidade humana em uso usada ou sendo melhorada – e isso é trágico. É um desperdício de uma vida humana, esse trabalho não está fazendo um favor a essa pessoa. Esses empregos devem ser destruídos, porque estão destruindo as pessoas colocadas nessas funções. Já provamos que podemos encontrar muito trabalho significativo para ser feito e é aí que devemos focar.

Qual é o papel dos negócios para o futuro das nações neste século?
Ele tem um papel crítico a desempenhar. Eu diria que a responsabilidade principal está dividida entre três setores: governo, negócios e a sociedade civil ou organizações sem fins lucrativos, como universidades e ONGs. A sociedade se senta nesse banquinho de três pernas e todos são importantes. Mas, se você olhar para o mundo hoje, na maioria das sociedades de livre mercado, o negócio é o player mais poderoso entre os três. Claro, o governo tem um poder tremendo, não estou minimizando isso, mas os negócios têm os recursos, as tecnologias com impacto na vida das pessoas. É um papel muito importante, que pode seguir por um caminho melhor ou se manter em um caminho destrutivo. Se os negócios não mudarem, acho que não teremos um futuro, porque o velho business vai nos destruir. Por isso temos que mudar, é isso que estamos tentando fazer, mudar a mentalidade e o sistema operacional dos negócios. Acho que temos que acordar e fazer parte da abordagem dos maiores desafios que enfrentamos. Este planeta é um sistema e estamos todos conectados, cada um de nós tem um papel a desempenhar. As empresas têm que assumir uma compreensão mais ampla do seu papel, não se trata apenas de obter lucros. Não se trata apenas de seus clientes. É sobre o seu impacto no mundo e na sociedade. É um elemento importante para os negócios. Precisamos estar do lado certo da sociedade, ser parte da solução, não do problema. E, se estamos criando problemas em qualquer lugar do nosso sistema, então não estamos operando da maneira certa. Todos importam e todos devem ganhar. Se alguém está perdendo – e isso inclui o planeta, outras espécies ou nossas comunidades – temos que repensar.

Para terminar, qual é a mensagem que você deixa para os empresários e executivos brasileiros?
Países grandes, como Brasil, Índia, EUA e China, têm um papel único a desempenhar no mundo. O Brasil é o administrador de alguns dos recursos naturais mais críticos e vitais do planeta – a Amazônia, não só pela biodiversidade, mas também pela própria floresta e pelo sequestro de carbono. Esse é um elemento-chave, e o Brasil não pode olhar para ele de forma estreita, pensar apenas em como maximizar o PIB e a exploração desses recursos. É preciso pensar em como realmente administrá-los. As fronteiras do país são arbitrárias. Se você olhar do espaço sideral, não há fronteiras,

este é um planeta. Somos administradores de nossas partes em nome de toda a humanidade, não apenas das que estão aqui hoje, mas de todos os que virão e as outras espécies. O Capitalismo Consciente está muito mais presente nos países latinos, com um capítulo muito ativo no Brasil.

/ INTRODUÇÃO

"E SE?" É O QUE MOVE OS DESIGNERS

Gabriele, Jean Pierre e Carlos são três jovens de uma geração que não sente calafrios diante da incerteza pontuada por essa frase tão curta: e se?

Em 2017, eles estavam na faculdade quando decidiram se debruçar sobre um grave problema:[24] mais de 50% dos acidentes de trânsito no Brasil são ocasionados, de acordo com dados do Departamento Nacional de Infraestrutura de Transportes,[25] pela combinação de bebida alcoólica e direção. A insegurança viária tem dados alarmantes: a cada 2 minutos, uma pessoa sai ferida de um acidente e precisa aprender a lidar com sequelas; a cada 15, uma morre. Esses dados são do Observatório Nacional de Segurança Viária (ONSV).[26]

Habitantes de um mundo cada vez mais fluido e interconectado, os três criaram um aparelho com um sensor capaz de captar partículas de álcool na respiração do motorista, que não consegue dar partido no carro se estiver alcoolizado. Incrível, não?

---

24 | "Estudantes criam tecnologia para impedir que bêbados dirijam." *Pequenas Empresas & Grandes Negócios*, 19 de janeiro de 2019. Disponível em: https://revistapegn.globo.com/Startups/noticia/2018/06/estudantes-criam-tecnologia-para-impedir-que-bebados-dirijam.html. Último acesso: 31/01/2022.

25 | "Tenha responsabilidade no trânsito: Álcool e direção não combinam." *Ministério da Infraestrutura* (Departamento Nacional de Infraestrutura de Transportes), 12 de fevereiro de 2021. Disponível em: https://www.gov.br/dnit/pt-br/assuntos/noticias/tenha-responsabilidade-no-transito-alcool-e-direcao-nao-combinam. Último acesso: 31/01/2022.

26 | "Mortes no Trânsito: Tráfego brasileiro mata 1 pessoa a cada 15 minutos." *O Estado de S.Paulo*, 15 de setembro de 2020. Disponível em: https://mobilidade.estadao.com.br/mobilidade-com-seguranca/mortes-no-transito-brasileiro-mata-1-pessoa-a-cada-15-minutos/?gclid=Cj0KCQiA0eOPBhCGARIsAFIwTs4q6PxWTYE7HGSv-FxyTnC1RG6oZQF_2r0jGgjq-WSY5sK6Z36a5qmYaArS4EALw_wcB. Último acesso: 31/01/2022.

Você, talvez, se surpreenda mais ainda ao saber que nenhum deles estudava, à época, engenharia ou robótica, tampouco fazia cursos técnicos ligados à tecnologia e inovação. Gabriele, Jean Pierre e Carlos estudavam relações internacionais,[27] carreira geralmente procurada por pessoas interessadas em política, economia, cultura e direitos humanos, com intenção de seguir carreira em órgãos públicos, organizações não governamentais (ONGs), consulados, organismos internacionais etc.

Como eles chegaram a essa disrupção?
Ora, exercitando a curiosidade e explorando as possibilidades. Se pensar um pouco, também chegará à conclusão de que a inovação tecnológica não está tão distante assim da realidade deles (ou de qualquer pessoa). Mais do que alimentar uma corrida de poder entre as grandes nações, ela é fonte de mudanças profundas nos negócios, nas cidades, na sociedade. Nem preciso me esforçar demais para dar um exemplo: olha aí o que o Pix fez com o sistema bancário, olha o que fez pela pequena, média e grande empresa. Custou R$ 15 milhões ao Banco Central, retirou de circulação do mercado R$ 40 bilhões em papel moeda, movimentou 103 milhões de usuários e gerou novos modelos de negócios.[28]

OK, eu sei, conseguir desenhar uma solução disruptiva pode parecer um passo ousado demais. Só que reside aí o salto dessa geração em relação às anteriores, inclusive a minha: a consciência de que não precisam saber tudo, de não se assustar diante desse "e se...". Em vez de recuar, eles aceitam o convite para uma aventura que tem o ser humano no centro das atenções e decisões.

O que isso significa?
Não tomar nada como certo, nada como impossível, e partir para uma investigação sobre hábitos, comportamentos, desejos e dores, elementos indispensáveis para transformar a realidade.

---

27 | "Uninter está na final do Renault Experience". *Uninter*, 13 de junho de 2018. Disponível em: https://www.uninter.com/noticias/uninter-esta-na-final-do-renault-experience. Último acesso: 31/01/2022.

28 | "Pix já conta com 103 milhões de usuários e possibilitou novos modelos de negócios." *Valor Econômico*, 25 de novembro de 2021. Disponível em: https://valorinveste.globo.com/produtos/servicos-financeiros/noticia/2021/11/25/pix-ja-conta-com-103-milhoes-de-usuarios-e-possibilitou-novos-modelos-de-negocios.ghtml. Último acesso: 31/01/2022.

O trio paranaense passou por essa jornada e se enroscou, não na criação do protótipo, mas no custo de produção do sensor.[29] De novo, eles eram estudantes de relações internacionais, não de administração ou economia. No meu tempo, a gente usava muito o ditado "Quem tem boca vai a Roma" e, de certa forma, foi isso que eles fizeram. Encontraram dentro da faculdade o apoio necessário para "estressar" o modelo de negócios e torná-lo mais viável.

O Senscar,[30] nome dado ao produto e à startup que nasce pensando o futuro, foi transformado em um plano de assinatura, para reduzir as barreiras de acesso dos usuários. Diante do potencial, receberam um aporte financeiro da Renault.

O que Gabriele, Jean Pierre e Carlos fizeram em 2017, muitos têm feito desde então – vestir as lentes dos designers e surfar pelas ondas da interdisciplinaridade para compor gaps do presente – seja de conhecimento, de competências, de qualquer que seja o recurso. O que eles conseguem com isso? Transformar o futuro.

A revolução da curiosidade

Há 30 anos o mundo e o Brasil eram bem diferentes de hoje. Falava-se em globalização, mas não nos termos atuais. O mundo ainda tinha fronteiras, até porque o tal www apenas começava a ganhar corpo pelas mãos do cientista Tim Berners-Lee. Para ser mais específico, não existia Google naquela época, nem iPhone, mas Barsa ou Britannica e fax ou telegrama. O Brasil vivia mais uma turbulência político-econômica, com o primeiro impeachment da República. Convivíamos com inflação, recessão econômica.... xô, déjà vu!

No mundo organizacional, enquanto o movimento de fusões e aquisições fervilhava lá fora, as empresas brasileiras, mais tímidas e tradicionais, espiavam da janelinha, esperando o momento em que seriam tiradas abruptamente da zona de conforto. A competitividade já batia à porta, mas as companhias ainda não perdiam valor de mercado do dia para a noite, mercados não quebravam em efeito dominó. Eram outros tempos, tudo parecia muito estável e coerente.

---

29 | "Startup cria solução para motorista não dirigir alcoolizado e vence desafio nacional Renault." *Segs*, 21 de junho de 2018. Disponível em: https://www.segs.com.br/veiculos/121815-startup-cria-solucao-para-motorista-nao-dirigir-alcoolizado-e-vence-desafio-nacional-renault. Último acesso: 31/01/2022.

30 | Senscar. https://senscar.com.br/. Último acesso: 31/01/2022.

Nesse embalo, o antigo Departamento Pessoal (DP) começou sua transformação, deixando sua função burocrática para assumir, ainda que lentamente, um papel mais estratégico na sustentação dessa engrenagem corporativa, cuja velocidade começava a tirar o fôlego e o sono de muita gente.

Eu acompanhei isso de perto – dos dois lados "do balcão", isto é, primeiro, como gerente de corporação e, depois, como consultor. A inquietação sempre foi parte da minha essência, assim como a de todo ser humano. Está registrado na nossa história não só a busca do homem por uma melhoria contínua, mas por uma revolução ininterrupta. Isso começou lá atrás, há cerca de 70 mil anos, com o Big Bang da cognição, quando descolamos a nossa evolução dos limites biológicos, mergulhando de vez em uma teia de narrativas e invenções.

Dentro desse cenário completamente analógico e, de certo modo, inocente, já que as inovações ainda eram desenvolvidas ao longo de décadas e o desenvolvimento sustentável mais parecia uma utopia plantada pela Conferência Eco-92 ou Rio-92, a Ornellas Academy lançou um curso para repensar o futuro das organizações. Voltada ao profissional de recursos humanos, essa formação evoluiu com o mundo, atualizando consecutivamente suas provocações e caminhos possíveis para não deixar essa engrenagem corporativa enferrujar. Com diferentes metodologias e parceiros, plantou em mais de 800 participantes a sementinha da curiosidade para criar, cocriar e recriar, quantas vezes forem necessárias, um mundo organizacional mais harmonioso e uma liderança mais consciente sobre a responsabilidade de se cuidar da Terra e das pessoas, além dos negócios.

Trabalhei, também, esta abordagem nos meus dois livros, DesigneRHs para um novo mundo e Uma nova (des)ordem organizacional. No primeiro, comecei a desenhar essa figura do designer organizacional, convidando os profissionais de RH a tirar a corda do pescoço e romper os silos e as caixinhas para renovar o seu olhar sobre problemas e cenários nada estáticos. Assim como o negócio tem o desafio de criar experiência para os consumidores e clientes, convidei-os a tornar a jornada colaborativa mais robusta e coerente, ao usar a tecnologia como aliada e manter um pé no presente e outro no futuro.

No segundo livro, estendi essa conversa a todo e qualquer profissional consciente de que "nada do que foi será", como canta Lulu Santos. Não há nada mais ultrapassado que tentar domar o caos, deixando de enxergar as intersecções presentes ou possíveis em tudo. Assim como o Homo Sapiens é um ser social e interdependente, também as empresas são sistemas vivos e orgânicos, com componentes entrelaçados por fios invisíveis de interrelações. É preciso apurar o olhar e a mente para perceber e atuar com esses fios, construir sistemas conscientes e coerentes, ainda que por um curto período.

É isso que torna o designer um ator tão relevante neste momento, em que somos diariamente convidados a redesenhar o presente para garantir um futuro mais sustentável.

Descomplicando o designing

Para começar, é preciso esclarecer que o designer não tem uma força sobrenatural, uma capacidade de regeneração celular instantânea, o controle de mentes ou do tempo, a capacidade de voar nem de se teletransportar. Seu superpoder é totalmente humano: um modelo mental descomplicado e corajoso para questionar situações ou desafios, ignorando moldes ou limitações.

Entenda: o designer vê os problemas de uma forma diferente e, ao ressignificar sua função e suas implicações, toma-os como o ponto de partida para mudanças necessárias ou desejadas. Assim, a lente que ele usa enxerga o desafio não como perigo à frente, mas como um horizonte a ser desbravado. Os engenheiros Bill Burnett & Dave Evans brincam, em O design da sua vida, que "cadeiras foram inventadas porque alguém, em algum lugar, quis resolver um problema bem sério: sentar-se em pedra causa dor no traseiro".[31] Está aí a diferença dos engenheiros para os designers: a capacidade de enxergar os gaps, de imaginar uma realidade diferente e de criá-la do zero. Os autores cravam: "os designers não pensam no caminho que vão seguir, eles criam o caminho".[32]

Em seu Design para um mundo complexo, o escritor, professor e historiador de arte Rafael Cardoso explica que o designer pode vestir vários chapéus, de marqueteiro a artesão, desde que não abra mão da habilidade de "construir pontes e forjar relações num mundo esfacelado pela especialização e fragmentação de saberes".[33] É um ser humano que treina a capacidade de isolar elementos, camadas, estruturas e forças que influen-

---

31 | BURNETT, Bill; Evans, Dave. *O design da sua vida*: Como criar uma vida boa e feliz. 1 ed. Rio de Janeiro: Rocco, 2017.

32 | Idem.

33 | Cardoso, Rafael. *Design para um mundo complexo*. São Paulo: Ubu Editora, 2016.

ciam um sistema complexo, para enxergar as interrelações e imaginar o que aportaria mais harmonia ao indivíduo e ao grupo. Harmonia, inclusive, segundo Roger Martin, autor de Design de negócios, "entre arte e ciência, entre intuição e validez, entre exploração e explotação",[34] por meio de um raciocínio abdutivo, porém factível.

John Kolko, fundador do Austin Center for Design e autor de Do design thinking ao design doing, segue essa mesma linha ao dizer que os "designers aprendem a aceitar saltos de lógica intuitivos ou inferências e a usar esboços e desenho como um modelo de solução de problemas".[35] Reforça, porém, que "o design é sobre como humanizar a tecnologia ou como encontrar maneiras para que a tecnologia se integre ao tecido de nossa cultura".[36]

Complexo demais?

Eu sei, pode parecer em um primeiro momento, enquanto ainda se enxerga a vida ou os desafios pelas lentes tradicionais. Virar essa chave pode não ser tão simples, ainda mais quando os condicionamentos começam na infância. Dentro das fronteiras, regras e limites, encontra-se conforto e uma sensação de segurança capaz de saciar nosso cérebro reptiliano.

Por isso, em meu primeiro livro, eu tentei criar uma abordagem simplificada a qual dei o nome de Tríade do Subversor. A ideia era provocar os leitores a fazer três movimentos essenciais:

	Movimento	Provocação
1.	Desapegar	Desprender-se de manuais, vieses, pré-conceitos, julgamentos, fluxos, regras etc., atualizando o próprio sistema operacional diariamente.
2	Doar	Descentralizar e delegar ações e decisões, reconhecendo a ajuda que a tecnologia e outras pessoas ou profissionais podem dar, fomentando o protagonismo e o accountability.

---

34 | Martin, Roger. *Design de Negócios* – Por que o design thinking se tornará a próxima vantagem competitiva de negócios e como se beneficiar disso. 1 ed. São Paulo: Alta Books, 2017.

35 | Kolko, John. *Do design thinking ao design doing*: como usar a empatia para criar produtos que as pessoas amam. 1 ed. São Paulo: M. Books, 2018.

36 | Idem.

3.	Descobrir	Diante de um problema e dilema, olhar para fora e para o futuro para desenhar e cocriar projetos que tenham significado para as pessoas e coerência com o negócio.

Gosto sempre de lembrar Luis Alt e Tennyson Pinheiro, pioneiros em design thinking no Brasil, que reforçam que o design thinking não é uma profissão, mas "resultado do envolvimento de pessoas de negócios com disciplinas centradas no ser humano como o design, a psicologia, a sociologia, entre outras".[37] Para eles, "ser mais empático, colaborativo e incansavelmente curioso é a chave para navegarmos de maneira bem-sucedida no mundo atual".[38]

Ao longo desses anos, desde que o DesigneRHs para um novo mundo foi lançado, penso em atualizar a Tríade do Subversor e incluir mais um D ou pilar: o da disrupção, palavra que pode assustar muitas pessoas pela associação com uma inovação radical. Prefiro, porém, aportar um olhar mais generoso e entender essa palavra, como manda o dicionário Houaiss, como uma "interrupção do curso normal de um processo".[39] O designer organizacional tem a coragem de furar a bolha, repensar propósitos e redesenhar papéis, prioridades, planos, investimentos e outros fatores fundamentais à realização da estratégia. A mudança não é, para ele, falta de controle, mas o movimento natural do mercado, dos negócios e da vida.

Daí ser um profissional consciente, que entende que qualquer organização precisa de inovações que reflitam os desafios atuais da humanidade. Para isso, ressalta Tim Brown, o lendário CEO da Ideo e autor de Design Thinking, cada um de nós precisa fazer "novas escolhas – novos produtos que equilibrem as necessidades de indivíduos e da sociedade como um todo; novas ideias que lidem com os desafios globais de saúde, fome, pobreza e educação; novas estratégias que resultem em diferenças que importam e um senso de propósito que inclua todas as pessoas envolvidas".[40]

---

37 | Alt, Luís; Pinheiro, Tennyson. *Design Thinking Brasil* – Empatia, colaboração e experimentação. Rio de Janeiro: Alta Books, 2011.
38 | Idem.
39 | Houaiss Online.
40 | BROWN, Tim. *Design Thinking*: uma metodologia poderosa para decretar o fim das velhas ideias. São Paulo: Alta Books, 2020.

Se você ainda tem qualquer dúvida do chamado para escolhas diferentes, por organizações mais conscientes, lembre-se do imbróglio em que o Spotify se meteu: a plataforma, que surgiu na Suécia em 2006 e ganhou escala e impacto global rapidamente, foi boicotada por músicos e podcasters, de Neil Young a Brené Brown, por manter no seu portfólio Joe Rogan, um criador de conteúdo antivacina. Enquanto a empresa de Daniel Elk se exime de responsabilidade, por não se considerar uma companhia de mídia, o mercado questiona sua identidade e propósito e aproveita esses dilemas, também enfrentados por outras techs, para mostrar que os fins não justificam mais os meios. Admirável mundo novo!

Guia Prático

A proposta deste livro não é ser um manual. Insisto, desde o primeiro livro, na incoerência de criar fórmulas para um mundo fluido, ambíguo, inquieto e incerto. O guia que ofereço aqui é de leitura. Meu objetivo é que as diversas visões, experiências e competências compiladas nesta obra ajudem o leitor a expandir proporcionalmente a sua consciência à complexidade e à diversidade do ambiente vigente, abraçando o contexto caótico do mundo, da sociedade e do mercado, e exercitando seu próprio pensamento convergente e divergente para renovar seu olhar sobre dores e problemas, vislumbrando possibilidades e soluções únicas.

Dinâmico, este livro tem uma arquitetura de aprendizagem própria, favorecendo a experiência autônoma e construtivista do design. Você pode manter a leitura tradicional, capítulo após capítulo, se assim se sentir mais confortável. Que tal, porém, aproveitar essa oportunidade para exercitar algo novo e para construir sua própria trilha?

Que designer você pode ser nessa leitura?

1. O clássico. "Em time que está ganhando a gente não mexe! Gosto das estruturas para guiar minha aprendizagem e confio na trilha sugerida pela obra". Nessa linha você irá acompanhar o fluxo natural do livro, seguindo a lógica desenhada por mim. Lembrando que não tem nada linear aqui! Então se prepare para navegar nos mais diversos cenários oferecidos nos ensaios!

2. O explorador. "Porque só é sentido o que faz sentido! Gosto de temas específicos para construir minha trilha de aprendizagem". Nesse caso, sua leitura será guiada pelas palavras-chave apresentadas na capa de cada ensaio e no início do livro. Você pode desenhar uma trilha a partir dessas palavras ou se deixar levar pelo que chamou sua atenção após o término da leitura de um ensaio. Ou seja, faça seu próprio mapa!

3. O aventureiro. "Deixa a leitura me levar! Gosto de experimentar novas formas de aprendizagem, nem dentro nem fora da caixa, mas no que faz sentido no momento". Por que não? Comece de onde quiser! Escolha um título, um autor ou autora, uma palavra-chave, e construa uma narrativa para sua leitura. Encerrou um ensaio? Que tema, assunto, autor fazem sentido para você agora? Siga sua intuição e descubra.

Para construir essas trilhas e ensaios, contei com o talento e a parceria de 20 profissionais, com diferentes formações e experiências, professores fixos ou colaboradores pontuais da formação de designer organizacional e outros cursos e programas oferecidos pela Ornellas Academy. Aliás, também integram este grupo seleto e diverso, três ex-alunas, cuja ânsia por aprendizado não foi capaz de limitar a vontade de compartilhar e ensinar, fomentando, mais do que a interdependência, a simbiose criativa existente nos mais diferentes ambientes.

É assim que teias e vínculos se fortalecem, expandindo a inteligência coletiva, transformando o presente, recriando o futuro.

Antes de você escolher o seu caminho, quero destacar mais um segredo dos designers: eles entendem que a beleza da criação, ou a realização em si, não reside somente no produto ou no serviço acabado e entregue, mas em todo o processo, com todos os seus altos e baixos, aflições e êxtases, gaps e descobertas, desafios e possibilidades. Como dizem Burnett e Evans, em O design da sua vida, "uma vida bem projetada é um maravilhoso portfólio de experiências, de aventuras, de fracassos que lhe ensinaram lições valiosas, de dificuldades que o fortaleceram e o ajudaram a se conhecer melhor e de realizações e conquistas. Vale a pena enfatizar que os fracassos e as tribulações fazem parte de cada vida, mesmo aquelas bem projetadas".[41]

Ao contrário do que se imagina, a felicidade não está no destino, mas na jornada, entende?

E, então, pronto para começar?

---

41 | Ibidem *O design da sua vida*.

DESIGN CENTRADO NO HUMANO

/ SENSEMAKING: O QUE AINDA FAZ SENTIDO?
/ O DESIGN COMO RECURSO NAS RELAÇÕES
/ ABORDAGEM NA SOLUÇÃO DOS DESAFIOS COMPLEXOS

Pode parecer papo de designer, mas não é. Todo profissional, da área de RH ou não, precisa repensar o que faz e como faz, além dos resultados almejados e alcançados. Se "o negócio dos negócios são as pessoas", como diz Sisodia, o humano precisa estar no centro e permear todas as ações, do início ao fim.[42]

Os ensaios a seguir, escritos por três designers com diferentes bagagens, ajudam a não só direcionar o nosso olhar, mas a afiar o nosso instinto, de modo a resetar a forma como fazemos o que fazemos, bem como por que fazemos dessa forma.

Assim, logo no primeiro ensaio, Denise Eler já lança a pergunta-holofote: o que ainda faz sentido? Ao explicar a diferença entre sensemaking e sensegiving, a autora nos ajuda a identificar e buscar o verdadeiro valor. "Quantas vezes nos esforçamos para executar coisas que há muito deixaram de fazer sentido? E de que adianta comunicar bem algo que não faz sentido por si só?", provoca. Denise nos convida, ainda, a reconhecer que o campo da construção do sentido é o território da ambiguidade e da contradição. Se percebermos linearidade, não há nenhuma forma de questionamento – ao contrário, quando navegamos na complexidade, temos a necessidade de o tempo todo trazer o questionamento, a exploração e a busca de respostas para as inúmeras perguntas levantadas pela incerteza e a complexidade.

---

42 | HiCue Speakers – Raj Sisodia: https://youtube.com/watch?time_continue=25&v=biqe-SAaTDV0&feature=emb_logo. Último acesso: 09/05/2022.

O Design Centrado no Humano segue com o ensaio da Liliana Loureiro, que transita pelo design como recurso nas relações. Ela destaca que "há milhares de anos a humanidade vem desenvolvendo um comportamento egocêntrico e individualista. Aprendemos a manipular coisas, como um modo de sobreviver e pertencer, do fogo aos algoritmos. O isolamento vivenciado pela pandemia do Covid-19 só evidenciou a desconexão de si e do outro, exacerbando, a cada dia, o distanciamento, a desconexão, as divergências e aumentando a polarização". Destaca, ainda, a importância da natureza coletiva e recorda que a construção de qualquer vínculo pressupõe uma relação anterior consigo próprio.

Para finalizar esta parte, Simone Souza traz em imagem e conceito a prática e a dança dos pensamentos divergentes (expansão) e convergentes (redução) no caminho da solução dos desafios e problemas complexos. Se por um lado nós podemos pensar que o agir do design é o mesmo, também podemos pensar que é diferente. Desde que eu me aproximei e fui buscar aprofundamento da abordagem do design esse foi o ponto que mais me chamou a atenção – a integração de dois modos de pensar diferentes e complementares, como dois modos presentes em uma mesma dinâmica, integrando opostos ao invés de separar as diferenças. Em seu ensaio, Simone nos ensina a desenvolver esse olhar e "compreender o jogo presente nos paradoxos, sem querer desfazer a tensão entre os extremos".

Se hoje falamos de diversidade como resultante para uma cultura inovadora, ainda mais precisamos pensar nas modalidades diferentes de um mesmo pensar: o caráter complexo, exploratório e de expansão aliado ao pensamento linear, cartesiano e de síntese.

SENSEMAKING: O QUE AINDA FAZ SENTIDO?

DENISE ELER /

"As práticas de agilismo e design thinking escancaram a natureza iterativa do processo criativo. Em ambos, a busca não é pela verdade ou pela resposta perfeita, mas pela melhor resposta para o momento."

- ambiguidade X
- comunicação X
- narrativas X
- cultura X
- agilidade X
- negócio X

Este ensaio começa pelo fim. Após recorrer a estudos em neurociências e sistemas complexos e ao conhecimento empírico de duas décadas lidando com organizações diversas, cheguei a esta pergunta-holofote: o que ainda faz sentido?

Pergunta-holofote é o nome que dou a um questionamento capaz de incomodar até os mais alienados. Uma questão capaz de inverter a inércia mental, o estado de anestesia em que nos encontramos absorvidos pela rotina. Uma pergunta-holofote é capaz de engajar nossa mente em uma saga exploratória excitante e extenuante. Mas o que mais difere uma pergunta assim de outras perguntas inteligentes é que toda pergunta-holofote é, antes de tudo, uma resposta para um incômodo.

Na época, o incômodo era:

Qual é o maior desafio das organizações que pretendem continuar relevantes em qualquer cenário?

Sempre fomos incompetentes em "prever o futuro", porque o futuro era compreendido em uma narrativa linear. Quando reconhecemos que estamos em uma realidade dinâmica, em que passado, presente e futuro coexistem de forma ora heterogênea, ora indistinta, cabe a nós tudo – menos a paralisia mental. Aliás, nosso cérebro tem mecanismos peculiares para lidar com a ambiguidade e a falta de sentido tão familiares aos nossos dias.

É senso comum que uma dor conhecida das organizações passa pela transformação do modelo mental das pessoas. Por exemplo: como habilitar uma cultura organizacional que não se limite a abraçar o novo, na qual os colaboradores sejam protagonistas na criação contínua de respostas novas para os desafios já conhecidos e os inéditos?

Uma segunda dor crônica se encontra no domínio da comunicação – entre pares, entre áreas, entre gerações, com o cliente e toda a cadeia de valor, sem falar na comunicação da visão e do propósito do negócio para todos os stakeholders. O desafio da comunicação é especialmente interessante porque a palavra "comunicação" só reconhece parte do obstáculo. Comunicar é a segunda parte de um processo mais amplo, definido pela Teoria Organizacional como sensemaking. Os processos de sensemaking envolvem pelo menos dois momentos: o entender (sensemaking em si) e o traduzir (sensegiving). Quantas vezes nos esforçamos para executar (e comunicar) coisas que há muito deixaram de fazer sentido? E de que adianta comunicar bem algo que não faz sentido por si só?

À medida que as organizações buscam maior agilidade de respostas a contextos ambíguos e se reconhecem como sistemas complexos, é de se esperar que o desafio da comunicação se agrave, ao contrário do que possam pensar alguns. Um desenho organizacional em rede diz respeito à criação de maiores vias de interação entre os nós (os indivíduos), descentralizando o poder de decisão. Se é verdade que a estrutura em rede habilita a interatividade, também é verdade que não determina a qualidade dessas interações. Um sistema mais interativo não é por si só um sistema mais inteligente, haja vista nossas redes sociais testificando que a inteligência humana regride a cada geração.

Neste ensaio, exploro os processos de sensemaking à luz da teoria organizacional, com o objetivo de produzir insights para você, designer, ousar modelos organizacionais que façam sentido.

Como as organizações lidam com a ambiguidade: sensemaking, segundo os estudos organizacionais

Assim como no nível cerebral, os processos de construção de sentido nas organizações são ativados por dissonâncias entre uma expectativa e uma realidade e subsidiam uma tomada de decisão. E, da mesma forma que a memória é essencial no processo individual, nas organizações contamos com as histórias dominantes como ponto de referência para o sentido.

Um exemplo de história dominante: o planejamento estratégico e a tríade missão-visão-propósito. Uma narrativa conecta elementos antes dispersos. No dia a dia, causa desconforto (e se não causa, deveria) quando iniciativas e práticas destoam da narrativa dominante e se tornam non-sense. Por exemplo, "estas novas metas se encaixam naquela história? Fazem sentido para o propósito do negócio? Para os valores que dizemos ter?". Já ouvi um líder confessar que concordava com os valores customer-centric (centradas no cliente) da empresa, mas que estes conflitavam com o que ele deveria fazer para bater suas metas. Por que tantos processos não são seguidos? Porque em seus desenhos não foram considerados os conflitos de interesse das partes interessadas. A história (processo) simplesmente não faz sentido para alguns e estes constroem narrativas paralelas. E a ironia é que, muitas vezes, é justamente a história dominante que perdeu o sentido. Por isso, devemos olhar para as anomalias, os atos de rebeldia, as gambiarras corporativas, em busca de insights para inovar ou atualizar as narrativas. Nesse contexto, ganham importância as experiências relatadas pelos sujeitos e seus comportamentos (por observação). Em função disso, temos ouvido tanto sobre a importância de ouvir as pessoas que interagem com os clientes e "ir para o gemba" – o local onde o "problema ocorre". As fontes de informação precisam ser frescas, não cristalizadas pela história dominante. O design thinking dá muita importância às histórias paralelas, não oficiais, porque toda narrativa (especialmente a dominante) é uma tentativa de criação de sentido e implica uma simplificação da realidade em favor de um senso comum.

Retomando a questão da memória organizacional, entendemos que a relação dela com o sensemaking é, por si só, ambígua, porque reconhecer a perda de sentido de algo pressupõe reconhecer, também, transformações na realidade em que aquela narrativa foi proposta. Ao mesmo tempo, apresentar uma nova narrativa que não se conecte com o passado é um erro comum, que gera, normalmente, resistência ao novo, como, por exemplo, apresentar uma proposta de transformação cultural. Então, dizemos que os processos de criação de sentido em uma organização são, simultaneamente, retrospectivos (respeitam o passado e se conectam a ele) e propositivos (apresentam uma alternativa engajadora para o novo contexto). Karl Weick, teórico organizacional americano, define sensemaking justamente como o processo coletivo pelo qual as pessoas entendem questões ou eventos novos, ambíguos, confusos ou que, de alguma forma, violam as expectativas. É sempre resultado de um senso comum, de uma construção social e de uma linguagem compartilhada. Lembremos que toda narrativa é uma tentativa de criação de sentido e implica em uma simplificação da realidade.

Basicamente, estamos falando de duas perguntas: "Qual é a história aqui?" e "Como vamos agir?"

A ambiguidade constante, que faz com que uma história deixe de fazer o sentido esperado, deveria desafiar a organização a parar para refletir sobre o que está acontecendo. Em contrapartida, a rotina e a pressão do tempo revelam o lado nefasto da familiaridade: tendemos a ignorar o que não faz sentido, o que não se encaixa na história. E o que é ainda pior: nem nos damos conta de que há uma história por trás de tudo, mesmo que obsoleta ou inconsistente. Isso gera automatismos e desconexão com o trabalho em si. Como sabemos, o ser humano tem necessidades físicas, sociais e de significado.

A falta de sentido no trabalho, ou a falta de clareza quanto ao valor gerado por tarefas diárias para o sucesso do negócio e para a sociedade, é uma das justificativas para o súbito interesse no propósito organizacional atualmente. O propósito nada mais é que a provisão de uma história que dê sentido aos esforços pessoais. O propósito é uma história que pretende dar um significado ao trabalho por meio do senso de pertencimento a algo maior que a própria organização. E, não sejamos ingênuos, engajamento retém colaboradores (dentre estes, talentos) e aumenta a performance individual e coletiva.

Temos, então, duas situações: na primeira, a narrativa dominante não comporta as transformações necessárias para que a organização continue a fazer sentido para o mercado, além de dar sentido à rotina corporativa. No segundo caso, nenhuma narrativa é sequer percebida, e a organização jaz numa completa ausência de orientação.

Karl Weick[43] defendia que a diversidade de interpretações possíveis para uma dada mensagem era uma das causas da paralisia de ação nas empresas. A solução passaria por um esforço corporativo na redução da ambiguidade pela clareza da comunicação. Porém, devemos separar os dois momentos em que a ambiguidade pode ocorrer: na compreensão de um fenômeno (sensemaking) e na comunicação dele (sensegiving).

Como já vimos, um processo de sensemaking é acionado por uma dissonância cognitiva. O gatilho pode ser algo que ainda não foi reconhecido, como um evento, ainda sem nome, mesmo que já tenha ocorrido várias vezes. O fato de algo ter um nome ou um rótulo – daí a importância da linguagem – sinaliza que algo pode ser comunicado entre um grupo. Ou seja, há pelo menos duas etapas no sensemaking: entender o que está acontecendo e codificá-lo em uma linguagem apropriada ao seu público de interesse (sensegiving).

Minha formação em design gráfico me sensibilizou para a importância da linguagem verbo-visual (especialmente) na facilitação do processo de apreensão de novas ideias nas organizações e na construção de ambientes habilitadores da criatividade. Processos bem-sucedidos têm em comum a conexão entre o familiar e o inédito, como foi bem definido no

---

43 | WEICK, K. E. *Sensemaking in organizations*. Thousand Oaks: Sage Publications, 1995.

acrônimo MAYA, criado pelo designer industrial, Raymond Loewy. MAYA significa Most Advanced Yet Acceptable (o mais avançado, mas ainda aceitável). As tecnologias podem ser disruptivas, mas os processos cognitivos são analógicos. Certamente, isso gera uma tensão entre a expectativa de agilidade de respostas inovadoras quando novas tecnologias são introduzidas em um sistema ainda, parcialmente, orgânico.

Cada vez mais, as respostas para os desafios das organizações terão de ser inventadas. Nesse contexto, posso afirmar que o passado participará do processo muito mais como ponto de partida para o sensegiving do que como gerador de insights para o sensemaking. Isso justifica a valorização da criatividade como competência essencial para os trabalhadores (confira o ranking do Fórum Mundial).[44]

E se a experiência passada deixa de ter tanta relevância para a compreensão de situações novas, a experimentação passa a ser crucial na construção do sentido. Sensemaking é ao mesmo tempo entender para agir e agir para entender, porque a experimentação gera informações novas sobre o fenômeno em investigação. Por isso, as práticas de agilismo e design thinking escancaram a natureza iterativa do processo criativo. Em ambos, a busca não é pela verdade ou pela resposta perfeita, mas pela melhor resposta para o momento. Essa premissa revela uma orientação intrínseca para a mudança ao reconhecer a efemeridade do sentido, sua dependência do contexto e o reconhecimento de que este é mutante. A história que buscamos emerge da nossa interação com o sistema, portanto, depende de uma ação inicial. Essa ação precisa vencer a inércia do repouso – e aí reside o maior desafio de transformação cultural.

As três forças em favor de colocar a organização em movimento são, a meu ver: humildade para reconhecer a ignorância; curiosidade pelo novo e coragem para testar hipóteses. Testar hipóteses demanda coragem diante da possibilidade de estarmos errados sobre algo. Mas toda resposta sobre uma hipótese é um ganho de redução de incerteza. Daí a famosa frase atribuída a Thomas Edison: "Eu não falhei. Apenas descobri 10 mil maneiras que não funcionam". No contexto de inovação em negócios, reduzir a incerteza significa reduzir riscos de falhas em escala.

---

44 | The Future of Jobs Report 2020, Outubro de 2020. Disponível em: https://www3.weforum.org/docs/WEF_Future_of_Jobs_2020.pdf. Último acesso: 03/03/2022.

Por onde começar?

Das neurociências e das ciências cognitivas aprendemos que nós, humanos, preferimos o conhecido ao incerto, a menos que o conhecido ameace nossa sobrevivência. O medo de perder algo que temos (ou imaginamos ter) nos motiva mais que o desejo de ganhar algo extra. Da teoria organizacional, aprendemos que as organizações podem ser compreendidas, também, como entidades criadoras de sentido coletivo. E que só compreendemos o que sabemos até praticarmos o conhecimento e vermos os resultados.

Por que então, a despeito de vivermos em um cenário propulsor de mudanças, nos deparamos com certa falta de senso de urgência nas organizações?

Em um cenário de transformação contínua, o maior risco é permanecer o mesmo, seja por alienação, medo ou negação. Vejo as três situações com frequência, seja em negócios familiares, grandes grupos multinacionais, instituições públicas ou startups. Vejam que não usei a expressão "permanecer parado", porque isso é impossível. As organizações estão sempre se transformando, são organismos vivos, não máquinas. Mas, muitas vezes, alguns estão agindo como forças contrárias às mudanças que precisam acontecer. Não podemos confundir movimento com progresso. Nem pressa com agilidade. Menos ainda, volume de informação com inteligência.

Precisamos reconhecer as ambiguidades nas organizações para lidar apropriadamente com elas. Admitir as incoerências entre nossas práticas corporativas e a imagem projetada, entre o propósito do negócio e seu impacto ambiental, entre suas políticas e seu sistema de recompensas. **A narrativa precisa fazer sentido para não paralisar a ação. E as práticas podem, ocasionalmente, entrar em conflito com a narrativa, revelando uma necessidade de atualização do sistema. Esse desequilíbrio contínuo é inerente aos sistemas complexos.**

Ambiguidades resultantes de falta de clareza na comunicação podem ser minimizadas com a abordagem do design centrado no usuário,[45]

---

[45] | Principles of Human-Centered Design (Don Norman). *YouTube – NN Group*, 10 de agosto de 2018. Disponível em: https://www.youtube.com/watch?v=rmM0kRf8Dbk. Último acesso: 03/03/2022.

especialmente o design de informações e o design de interações (information design[46] e interaction design[47]).

Mas ambiguidades advindas de narrativas obsoletas em conflito com práticas emergentes são um ponto de partida para a organização refletir sobre o que precisa ser abandonado para dar lugar ao novo. Tecnologias podem ser disruptivas, mas seres humanos são histórias. Então, à luz das emergências (algumas são manifestações de futuro), do propósito e da cultura, sugiro esta reflexão às organizações:

O que ainda faz sentido?

---

46 | Hans Rosling's 200 Countries, 200 Years, 4 Minutes. *YouTube – BBC*, 26 de novembro de 2010. Disponível em: https://www.youtube.com/watch?v=jbkSRLYSojo. Último acesso: 03/03/2022.

47 | Principles of Human-Centered Design (Don Norman). YouTube – NN Group, 10 de agosto de 2018. Disponível em: https://www.youtube.com/watch?v=rmM0kRf8Dbk. Último acesso: 03/03/2022.

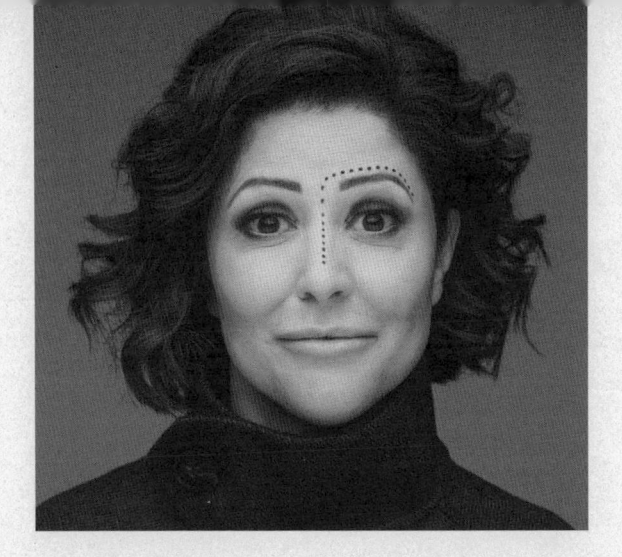

DENISE ELER é consultora independente e referência em design thinking e sensemaking. Trabalha em intersecções de áreas do negócio em desafios de transformação cultural e desenvolvimento de competências criativas. Suas áreas de estudo e atuação convergem conhecimentos em Teoria da Complexidade, Branding e Neurociências.

CONECTE-SE A ELA

in https://www.linkedin.com/in/deniseeler/
@denise_eler
www.deniseeler.com
www.caseanatomy.com

O DESIGN COMO RECURSO NAS RELAÇÕES

LILIANA LOUREIRO /

"A proposta de uma cultura de design é também uma proposta de construção de pontes. Uma costura entre subjetividade e objetividade, que permite que aquilo que quer nascer no invisível seja também tecido e se manifeste na vida real."

(interação X) (dinâmicas X)
(cultura X) (empatia X)
(complexidade X) (humano X)

A literatura futurista já nos alerta sobre a urgência para a mudança de crenças e hábitos, que contribuem para a falência dos sistemas reguladores da nossa sociedade e das nossas relações. Vivemos o paradoxo de subir muros e paredes para buscar do lado de fora as respostas aos anseios pessoais e coletivos. Nos tornamos brilhantes em separar, classificar, categorizar, porém incompetentes em juntar e conectar as partes. Vivemos despedaçados entre realidade e desejo. Por isso estamos sendo chamados a trabalhar por um senso comum de propósito, nos responsabilizando pelas questões humanas, comunitárias e ecossistêmicas, gerando uma nova visão de mundo e um novo sentido para nossa existência. É nesse cenário que o design se apresenta, tanto como inspiração, quanto como recurso estratégico, resgatando habilidades esquecidas do humano, questionando o nosso papel individual, nos convidando a pensar no coletivo e, assim, revelando algo que, intuitivamente, já sabíamos: "nós somos mais do que aquilo que nos foi dito. (...) Nós somos cada outro; nós somos o mundo".[48] (Charles Eisenstein, 2013)

A partir desse panorama, ofereço algumas ideias de como o design pode ser um potente articulador entre realidades distópicas e futuros desejáveis, além de ser um fabuloso recurso para o desenvolvimento humano e para a construção de relações verdadeiras e comprometidas com os novos modos de ser e de viver.

O design e a cultura

Dizem que o design é uma mistura do pensamento cartesiano da engenharia com a manifestação livre das expressões artísticas, uma metodologia com poder de síntese e de criar soluções acionáveis para problemas complexos. Jeanne Liedtka e Tim Ogilvie[49] dizem ser pura magia, "um completo enigma, uma misteriosa terra de ninguém onde só os bravos (e os brilhantes) pisam".[50] Usando a mesma analogia, gosto de pensar que talvez o design esteja mais para "terra de nós todos",

---

48 | EISENSTEIN, Charles. *O mundo mais bonito que nossos corações sabem ser possível*. São Paulo: Ed. Palas Athena, 2013.

49 | Jeanne Liedtka e Tim Ogilvie, autores norte-americanos do livro *A magia do Design Thinking – Um kit de ferramentas para o crescimento rápido da sua empresa*, exploram essa competência como pesquisadores e consultores estratégicos no desenvolvimento de projetos inovadores, orgânicos, escalonáveis e inclusivos.

50 | LIEDTKA, Jeanne; OGILVIE, Tim. *A magia do Design Thinking*: Um kit de ferramentas para o crescimento rápido da sua empresa. HSM do Brasil, 2015.

honrando seu caráter inclusivo e socializador, para, quem sabe, o libertarmos do lugar glamourizado que ainda povoa o imaginário coletivo e manifestar sua potência como modelo mental e filosofia de vida na prática. Considerando que muitos dos nossos comportamentos e crenças disfuncionais partem de premissas criadas dentro das nossas bolhas, o design aparece como competência disruptiva, nos ajudando a identificar nosso lugar de maior potência dentro dos sistemas, trazendo pontos de vista divergentes no exercício da colaboração e naturalizando a experiência da frustração frente aos erros no exercício da experimentação. Podemos assim dizer que organizações que se apropriam desse espírito do design enxergam seus valores refletidos nas práticas cotidianas – pois, se o fenômeno grupal que tece a cultura acontece, principalmente, a partir das interações interpessoais, logo não podemos refutar a dinâmica dialética que essa competência oferece e que constrói, dia após dia, as relações que sustentam a existência dessa teia de significados.[51] Jair Moggi e Daniel Burkhard[52] trazem uma visão holística sobre as conexões existentes entre pessoas e organização, que evidenciam essa dialética em uma estrutura fluida e impermanente, como qualquer outra entidade viva. Segundo os autores, as instituições sociais que criamos são o reflexo de nossa estrutura humana, do físico ao espiritual. Dessa forma, para cada nível da empresa existe uma instância do ser humano refletida. A relação que conecta o indivíduo com a organização se faz por meio de pontes que eles denominam "pontes existenciais" e que mostram como as sutilezas relacionais, no campo do visível e do invisível, impactam uma cultura organizacional. Gosto da ideia de pontes pela experiência visual e simbólica que ela traz e que, no contexto da cultura, tanto evidencia o potencial de integração das partes, quanto denuncia a fragilidade ao se investir energia de forma isolada em uma delas. Nesse caso, se faz necessária uma cultura que encoraje, fomente e sustente a mudança a partir da construção de pontes; que se ampliem e integrem as dimensões mais sutis que vão além do campo cognitivo e processual. Conexões significativas, reali-

---

51 | Expressão usada pelo antropólogo Clifford Geertz para ilustrar o sentido da cultura em *A interpretação das culturas*, publicado pela Editora LTC, em 1989.

52 | Daniel Burkhard e Jair Moggi trazem em seu livro *O capital espiritual da empresa*, publicado pela Editora Antroposófica, em 2014, uma visão das organizações pelas lentes da Antroposofia (ciência espiritual criada por Rudolf Steiner), contextualizando a importância da gestão intuitiva nos negócios.

zadas através de relações transparentes, acordos, rituais e trocas, que gerem fluxos positivos, aprendizados e ambientes de confiança onde pessoas trabalhem e vivam suas verdades. A proposta de uma cultura de design é também uma proposta de construção de pontes, em que se ancora, de um lado, o espírito empático, fundação sólida para relações verdadeiras; e, de outro, o comportamento experimental e aprendiz, um ativo para todos os processos de transformação do sistema. Uma costura entre subjetividade e objetividade que permite que aquilo que quer nascer no invisível seja também tecido e se manifeste na vida real.

O design, para além da metodologia, nos convida a embarcar e vivenciar essa jornada de forma imersiva, colaborativa, experimental e cíclica, não só centrado em pessoas, mas em modelos mentais, crenças e relações. O estado de consciência que emerge de visões dessa natureza nos ajuda a identificar e a intervir intencionalmente nos padrões disfuncionais que produzem pensamentos fragmentados, lugares inóspitos e relações superficiais. Processos, metodologias e ferramentas são artefatos muito eficazes quando incluem, além de uma intencionalidade clara, ambientes seguros onde as pessoas são convidadas a acessar os níveis subjacentes a esses padrões a fim de compreendê-los em sua totalidade e, assim, tomar decisões mais assertivas.

O Design nas Relações

Há milhares de anos a humanidade vem desenvolvendo um comportamento egocêntrico e individualista. Aprendemos ao longo do tempo a manipular coisas, como um modo de sobreviver e pertencer. Desde o fogo até os algoritmos, chegamos até aqui graças a uma série de habilidades adquiridas pela manipulação. O isolamento vivenciado recentemente só evidenciou a desconexão de si e do outro, exacerbando, a cada dia, as divergências e aumentando a polarização. Em nossas relações não é diferente: a necessidade de manipulação e controle ainda está lá, mesmo que não tenhamos consciência disso ou de suas consequências. Aprendemos a usar códigos sociais como modelo seguro para a convivência e caminhamos míopes, sem conseguir enxergar no outro a humanidade que existe em nós. Traduções precisam ser feitas para que resgatemos a capacidade de nos relacionar para transformar juntos!

Em 2015, o filósofo Roman Kznaric[53] criou uma instalação pública conhecida como Museu da Empatia, onde as pessoas podiam experimentar, literalmente, os sapatos de outras enquanto escutavam, simultaneamente, suas histórias. Uma experiência única e, certamente, impactante para os visitantes que, para calçar os sapatos de alguém, precisavam primeiro tirar os seus. Para tantos, um alívio; para outros, a sensação invasiva da exposição, vulnerabilidade necessária para mergulhar no complexo mundo do outro e pisar no solo das relações.

A abordagem do design centrada nas relações nos chama atenção para sua natureza coletiva, em que a construção de qualquer vínculo pressupõe uma relação anterior consigo próprio, pois "a descoberta do outro é guiada por momentos de insight desse mundo interno, que funciona com uma dialética interna particular"[54] (Enrique Pichon-Rivere, 1992). Ou seja, somos sempre o ponto de partida, e é preciso ter consciência dessa fonte interna para nos conectarmos verdadeiramente com o outro e com o todo, sabendo expressar e nomear o que sentimos, garantia da nossa sustentabilidade emocional. Quando isso acontece, nos colocamos inteiros nas situações e podemos colaborar de forma integral e livre. A meditação, a apreciação, o contato com a natureza e a música são excelentes formas de buscar essa reconexão pessoal para uma melhor convivência social. Expressões artísticas são também recurso fabuloso para expressar pensamentos e emoções, uma forma de traduzir o que não é visível. É de extrema importância encorajar essas práticas fora dos espaços artísticos para que ela se torne instrumento de transformação em outros ambientes, trazendo à tona questões sensíveis do humano, muitas vezes difíceis de serem abordadas, pois, mesmo que demande certo risco pelo seu aspecto expositivo, nos convida a imaginar, a brincar e acessar o que está submerso.

Em uma organização, o papel da liderança se torna fundamental para que cada um, à sua maneira, encontre os meios de criar esses espaços de livre expressão para o bem-estar comum. Existe uma força vital energética em ambientes de criação colaborativa que, com o tempo, cria e fortalece os vínculos que sustentam as relações saudáveis e as narrativas de propósito, gerando aprendizados e compartilhamento de saberes. Algumas

---

53 | Roman Kznaric, filósofo australiano que ganhou notoriedade ao explorar o tema da empatia. É autor de livros como *O poder da empatia*, *Como encontrar o trabalho da sua vida* e *Carpe Diem*.

54 | PINCHON-RIVIÈRE, Enrique. *Teoria do vínculo*. São Paulo: Editora Martins Fontes, 1992.

atividades bem interessantes de facilitação criam momentos propícios para a colaboração, criatividade e diálogos potentes – muitas delas disponíveis em plataformas especializadas e aplicativos de forma gratuita.[55] Recomendo fortemente, porém, que você se aproprie do seu designer interior e adapte alguma que já conheça – crie por cima de outra ou, melhor, crie as suas próprias!

A diferença entre o artista e o designer é que, por princípio, o artista constrói sua obra para si, cabendo ao apreciador compreendê-la e fruí-la. Enquanto o designer cria para e com os outros, sendo uma das habilidades mais significativas – como resultado e experiência – a legitimidade de se criar por cima das outras ideias. Na construção coletiva, a ideia compartilhada não é mais sua, é do grupo! Um desafio e tanto para sistemas hierárquicos nos quais as relações ainda estão setorizadas e o paradigma da competição ainda se destaca, proeminente. É também uma oportunidade de dar vida a algo onde antes não existia nada!

Design Atitude

Identificamos um processo de design pelo princípio que o legitima: o de trazer clareza sobre uma realidade para sugerir uma outra mais desejável. Sendo assim, podemos considerar, de forma empírica, que toda pessoa que busca criar, transformar, construir é um designer em potencial. Não à toa, tantos profissionais buscam no design o aprimoramento de suas competências de formação, agregando cada vez mais o caráter multidisciplinar à sua essência. Contudo, existe um fator que se destaca em uma abordagem de design, aquele que favorece o desenvolvimento humano e que chamo aqui de "atitudes de design". São evidências muito sutis, porém marcantes, que nos fazem perceber uma atitude de design em profissionais nos mais diversos setores. Contudo, a consciência e o aprofundamento gerados pela vivência dessas formas de atuação fazem desse profissional designer, além de um grande articulador entre os campos distintos, um potente influenciador do pensamento livre e sintetizador de significados. Trago aqui alguns aspectos que considero de grande valor numa atitude de design e de impacto nas relações e novas realidades organizacionais.

---

55 | Existem muitos recursos físicos e digitais para trazer atividades de colaboração e conexão entre equipes. A mais conhecida delas são as Estruturas Libertadoras, uma coleção de atividades com intenções diversas para facilitação de grupos. Esse recurso está disponível em português no site www.estruturaslibertadoras.com.br e como aplicativo para celular em inglês.

1. Prontidão. A atitude de prontidão está intrinsecamente ligada ao comportamento responsivo e proativo do designer. Mais que uma habilidade, uma postura de quem cria para o benefício do "nós". O espírito realizador que paira numa atitude de prontidão se manifesta nas formas de ser e de fazer desse profissional que, ciente de si, se apropria de sua vulnerabilidade no lugar do "ainda não sei, mas que tal?". Ele será força entusiasta na criação para novas realidades, na adaptação de demandas emergentes e na construção de relações mais autênticas. É uma atitude de querer fazer acontecer e que contagia o outro, pois o convida a fazer parte de algo que ainda não existe com a confiança de que, ainda assim, vai ser bom.

Muitas vezes, porém, a atitude de prontidão se confunde com arrogância. É possível que a pessoa que toma à frente, que se posiciona como responsável por realizar determinada ação, seja vista como pretensiosa. Em um mundo ainda muito orientado por padrões de "certo e errado", a autonomia dá lugar à vergonha e à culpa. Milhares de pessoas se aprisionam nas bordas da conformidade numa falsa ideia de segurança, perdendo a oportunidade de tentar algo novo. Da mesma maneira, líderes aprisionados em fantasias distópicas de poder bloqueiam essa atitude, perdendo a chance de aproveitar o potencial das pessoas e, provavelmente, o seu próprio.

2. Intuição. A intuição é algo próprio do humano. Robôs já estão hackeando e lendo nossos sentimentos digitalmente, porém (ainda) não intuem! Precisamos urgentemente integrar essa habilidade ao nosso dia a dia, pois ela nos conecta a campos energéticos que potencializam nossa própria essência. Levar em conta o que está sendo sentido e reconhecer os sinais do porvir nos ajudam a ter clareza da situação, principalmente em momentos decisórios. É uma espécie de voto de Minerva, que nos orienta a propor alternativas mais assertivas para o que quer nascer possa, de fato, nascer. Considerar o que está sendo revelado sensitivamente impacta diretamente a forma como as pessoas se relacionam e se envolvem com os desafios e suas soluções.

Ainda estamos aprendendo a operar no campo das coisas invisíveis, e tudo que contempla introspecção corre o risco de sofrer preconceito, principalmente no mundo corporativo. Intuir pressupõe se conectar com o que faz sentido para você, para o grupo e para o propósito. Porém, a sensação de incerteza dessa dimensão metafísica leva as pessoas a desacreditarem do seu poder. Outros se veem perdidos, apegados a uma ideia, projeto ou relação que os impede de avançar e de descobrir coisas novas. Outra crença presente em atitudes intuitivas é a de que a pessoa que a considera está desconectada do seu valor pragmático, ou seja, não está interessada na materialização e implementação da escolha feita a partir da intuição.

3. Alteridade. Eu poderia dizer que esta é a característica mais valiosa numa atitude de design, assim como nas relações interpessoais, pois traz consigo a base para a verdadeira experiência da empatia e da colaboração. Nas conhecidas palavras de Maturana[56], repetidas em mais de uma obra, reconhecer "o outro como legítimo outro na convivência" nos permite ampliar o olhar sobre nós mesmos, identificando as semelhanças que nos conectam e as diferenças que nos enriquecem. O exercício da alteridade favorece as escolhas inclusivas e éticas, pela diversidade de contextos e estímulo ao pensamento crítico. É uma questão de consciência social, que afeta diretamente a forma como nos relacionamos ao gerar senso de pertencimento e melhorar a comunicação, impactando consideravelmente os níveis de bem-estar e de confiança entre as pessoas.

Em contrapartida, podemos dizer que mais interpretamos as pessoas do que nos tornamos disponíveis para conhecê-las. Existe sempre o perigo de investigar com a intenção de classificar e, novamente, manipular. Vemos isso claramente em momentos ditos colaborativos, quando muitos confiam a essa dinâmica a solução de todos os problemas, principalmente dos seus, seja para empurrar responsabilidades ou para validar suas próprias visões e opiniões. Dar voz ao outro não silencia a sua; seja curioso com a intenção de descobrir para interagir, não de pirar em mil diagnósticos sobre o outro ou sobre si. Não se perca!

4. Flexibilidade. Como em todo sistema natural, estamos buscando meios de nos adaptar a uma realidade complexa e impermanente. Donella

---

56 | Humberto Maturana, neurobiólogo chileno, crítico do realismo matemático e criador da teoria da autopoiese e da biologia do conhecer, junto a Francisco Varela, publicou obras de referência científica, como *Emoções e linguagens na educação e na política*, *Amar e brincar* e *Árvore do conhecimento*.

Meadows[57] nos convida, brilhantemente, a não mais tentar controlar, mas a dançar com os sistemas complexos e seguir o ritmo do fluxo, mesmo que invariavelmente a gente tropece aqui ou perca o compasso ali. Ser flexível é uma habilidade que agrega o benefício da dúvida e a intenção de descobrir para experimentar, adaptar, aprender e prosperar. Uma competência conectada ao caráter multipotencial do design que, ao transitar entre mundos, possibilita propor novos horizontes e novos jeitos de habitá-los.

A preocupação mais evidente que assombra essa temática, no entanto, é que pessoas flexíveis tendem a ser permissivas, a não impor limites. Como se o fato de mudar a rota ou uma opinião as condicionasse ao lugar da fraqueza, de quem blefa e não é confiável. A flexibilidade também pode ser vista como irresponsabilidade ou indiferença às consequências e aos riscos implícitos em um movimento de mudança. Ambas as crenças podem ser mitigadas no amadurecimento das relações, na clareza de responsabilidades, propósitos e limites, e no compartilhamento dos possíveis riscos.

Design Being

Poderia listar muitas outras atitudes de design igualmente relevantes às citadas acima, mas vou me ater ao caráter prático que este livro propõe, para trazer algumas dicas, que são, na verdade, um resumo do que trouxe até aqui.

- Conecte-se com o campo: observe o que acontece além do que está sendo visto ou dito; perceba como as pessoas estão se sentindo e qual a energia dominante.
- Invista no letramento emocional: saber dizer como nos sentimos nunca nos foi ensinado, porém é imprescindível na sustentabilidade das emoções e relações. Escute o coração, pois a mente... mente!
- Imprima sempre uma intenção: escolhas conscientes são aquelas em que existe uma intencionalidade. Faça da sua intenção uma estrela guia!
- Acredite no seu potencial criativo: crianças são excelentes facilitadoras de experiências criativas, resgate a sua! A ludicidade é a

---

57 | Donella Meadows, cientista ambiental, professora e escritora, grande influenciadora do pensamento científico, social e sistêmico, autora do bestseller *Thinking in Systems*, sem tradução no Brasil.

porta mais bonita pela qual alguém pode ser visto, e lideranças precisam distribuir o quanto antes essas chaves.
- Use o seu repertório a seu favor: nossas histórias e experiências de vida são recursos valiosos quando compartilhadas e ressignificadas para enriquecer as narrativas nas diferentes instâncias.
- Aprimore sua inteligência social: interesse-se pelas pessoas, compartilhe o progresso e as dificuldades, dê créditos – se possível, publicamente. Sempre existirão pessoas querendo descobrir o que podem ser juntas. Seja a ponte!

A implementação de práticas que convidem para relações sinceras e verdadeiras ainda é um desafio em contextos separatistas, que determinam papéis e comportamentos, exigindo que pessoas criem personagens para conviver em espaços orientados por cinismo e superficialidade. De expressões linguísticas a hábitos diários, vamos nos perdendo nas gavetas sociais e nos sobrecarregando emocionalmente em busca da tal felicidade. Pôr as emoções e as relações no centro da conversa é o ativismo que precisa surgir nas rígidas estruturas tradicionais, sendo luz na escuridão do automatismo e individualismo contemporâneos.

Deixo o meu convite para que, a partir dessas reflexões, o design seja recurso potencial na convergência do que é sensível e humano em força estratégica para a construção de novas atitudes, culturas e realidades.

LILIANA LOUREIRO é designer, artista e empreendedora, uma aprendiz otimista que busca sempre encontrar valor e sentido naquilo que faz. Designer de experiência de aprendizagem, facilitadora em projetos colaborativos e autogeridos, também designer de serviço e gráfico, especialista em saúde mental e desenvolvimento humano. Atua como consultora parceira em hubs de desenvolvimento humano, facilitadora em projetos independentes e mentora de Life Design por meio de abordagem autoral. Integra e participa ativamente de comunidades focadas em mudanças disruptivas, sociais e regenerativas.

CONECTE-SE A ELA

in https://www.linkedin.com/in/lilianaloureiro/
@anteradesign
liliana.bl@gmail.com

A ABORDAGEM NA SOLUÇÃO DOS DESAFIOS COMPLEXOS

DESIGN CENTRADO NO HUMANO /

SIMONE SOUZA /

"Essa postura expansiva, curiosa e destemida é que define a potência e o diferencial da abordagem e atuação dos designers frente às incertezas inerentes aos desafios."

(complexidade X) (desafios X)
(dinâmicas X) (expansão X)
(perspectivas X) (paradoxos X)

Há quem diga que o design existe desde que o ser humano existe. Mesmo antes de ser uma profissão, a atividade de designar funções, transformar a realidade e criar o artificial sempre acompanhou a humanidade. Mas foi no século 20 que o design emergiu como profissão e área do conhecimento, justamente no contexto pautado pela industrialização, urbanização e globalização. De forma simples, foi quando tudo ficou mais complexo. É sintomático perceber que o design se formalizou em consonância com a complexidade do mundo moderno.

Desde então, a busca por uma definição da natureza essencial do design se tornou uma preocupação latente no meio profissional, tendo em vista o uso inflacionado do termo. Hoje, pode-se dizer que o design se estabeleceu como uma palavra "coringa", usada nas mais diversas situações. "Se no início existia design apenas para as formas de objetos palpáveis, hoje ele se aplica a programa de computador, processos, formas de organização e serviços, formas de apresentação de empresas (design corporativo) ou pessoas", explica o professor de História da Cultura e do Design e de Teoria do Design na Escola Superior de Berna e presidente da Swiss Design Network Beat Schneider, em *Design – Uma introdução*.[58] Quem nunca deparou com algo do tipo: design instrucional, design de serviço, design organizacional e até mesmo design de sobrancelhas, flower design, hair design?

Com o intuito de auxiliar a compreensão das múltiplas abordagens do design, suas relações e, principalmente, sua "fluidez" e suas adaptações frente à complexidade do mundo, alguns autores defendem a necessidade de explicar suas concepções sobre a atividade, assim como descrever os compromissos que estão implícitos na sua prática profissional, objetivando esclarecer previamente os termos das discussões e evitando, assim, possíveis confusões interpretativas.[59] Outros tantos afirmam que se deve evitar perder tanto tempo e energia em problemas verbais ou de terminologias, pois uma das maiores forças do design é justamente não ter alcançado uma única definição. Segundo esses autores, áreas que já estabeleceram um conceito único tendem a ter certa letargia e estão em processo de decadência ou já em extinção. Entretanto, cabe ressaltar que, em países como o Brasil, onde o termo é um vocábulo de importação relativamente

---

58 | SCHNEIDER, Beat. *Design – uma introdução*: o design no contexto social, cultural e econômico. São Paulo: Blücher, 2010.

59 NIEMEYER, Lucy. *Design no Brasil*: origens e instalação. 4 ed. Rio de Janeiro: 2AB, 2007.

recente, esclarecer e definir o design antes de iniciar uma discussão se faz necessário. E que recorrer à etimologia da palavra é o recurso inicial mais comumente utilizado por autores e teóricos que discorrem sobre o tema.[60]

Pois bem, segundo a origem imediata da palavra, design provém da língua inglesa, na qual funciona como substantivo e como verbo. Como substantivo, refere-se, entre outras coisas, à ideia de plano, desígnio, intenção, propósito, meta, configuração, arranjo, estrutura e forma. Na situação de verbo, seu significado orbita em torno de tramar algo, simular, projetar, esquematizar, configurar, proceder de modo estratégico.[61][62]

Design é isso tudo. E é ainda um paradoxo, quando o tema é processo. "Todos os processos de design são iguais... e diferentes ao mesmo tempo", diz o cofundador e CEO da More than Metrics Marc Stickdorn, coautor de *This is service design doing*.[63] São iguais porque decorrem da existência de um padrão de pensamento e prática de divergência (expandir) e de convergência (reduzir); são diferentes porque se adequam ao contexto de qualquer realidade, ou seja, o modo de pensar e agir do design é o mesmo – o que muda é o processamento das informações frente aos desafios da realidade na qual intervirá, caracterizado por possíveis retomadas e retornos de etapas, que ilustram o quão distante o design está de um método linear.

Não por acaso, há mais de cinco décadas, pesquisadores e profissionais de diferentes áreas discutem e propõem o desenvolvimento de metodologias para o design. Entre as contribuições, destaca-se o Double Diamond (Fig. 1). Proposto pelo British Design Council, o conselho de design britânico, o diagrama consiste em um mapa gráfico simplificado do processo de design, capaz de ser aplicado em qualquer realidade, para resolução de qualquer desafio. O processo é composto, no mínimo, por quatro etapas básicas.

1. **Descobrir:** momento para ampliar o olhar sobre o desafio, considerando a realidade contextual, a fim de reunir insights. '
2. **Definir:** etapa que confere sentido às descobertas para definir o problema fundamental da realidade a ser transformada.

---

60 | CARDOSO, R. *Uma introdução à história do design*. 3 ed, São Paulo: Blücher, 2013.
61 | FLUSSER, V. *O mundo codificado*: por uma filosofia do design e da comunicação. Organizado por Rafael Cardoso. Tradução: Raquel Abi-Sâmara. São Paulo: Cosac Naify, 2007.
62 | Ibidem *Uma introdução à história do design*.
63 | STICKDORN, M. et al. *This is service design doing*: Applying service design thinking in the real world. O'Reilly Media, Inc., 2018.

3. **Desenvolver:** momento para criar conceitos e soluções a serem prototipados e testados, em um processo reiterado de tentativas e erros.
4. **Entregar:** etapa destinada à finalização, produção e implementação do resultado (solução) na realidade a ser transformada.

FIGURA 1: Double Diamond adaptado.

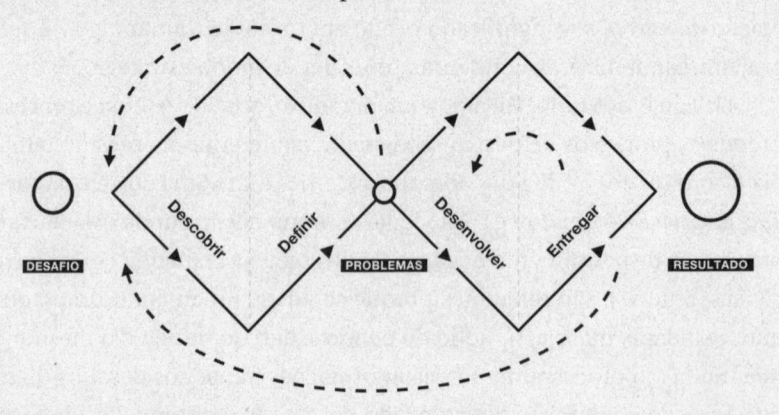

Fonte: Adaptado de British Design Council[64] (2019) pela autora.

Simples, não?

O Double Diamond ilustra bem o modo de pensar divergente (etapas 1 e 3) e convergente (etapas 2 e 4) do design. Pensar de maneira divergente e expansiva requer habilidades que servem para gerar matéria-prima, resultados adequados e conceitos inovadores. E o movimento de convergência, reducionista, demanda habilidades que conferem foco ao contexto do desafio, potencializando a assertividade nas tomadas de decisão.

Para além, o diagrama demonstra a previsibilidade das etapas e a dinâmica delas frente ao imprevisível que constitui a realidade. O previsível, que pertence ao campo das certezas, está no fluxo que começa no desafio, percorre as quatro etapas e chega ao resultado mais adequado. Por vezes, o discurso sobre essa "fórmula mágica", curiosa e inspiradora, leva algumas pessoas a acreditarem que só conhecê-la é suficiente. Elas acham que vão "mergulhar nesse diagrama" e sair do outro lado com uma solução

---

64 | Design Council's Double Diamond: https://www.designcouncil.org.uk/news-opinion/what-framework-innovation-design-councils-evolved-double-diamond. Último acesso: 28/04/2022.

pronta, inclusive inovadora. Porém, o processo não é tão simples assim. Sutilmente, o diagrama ensaia a representação do imprevisível, do incerto, contemplando as idas e vindas do processo. Por meio de setas pontilhadas, é possível observar o esforço de representação do dinamismo e da flexibilidade entre as etapas. Mas, mesmo com toda a qualidade e o reconhecimento do diagrama, é difícil alcançar a "realidade da realidade" na composição gráfica estabelecida.

A fim de dirimir essa limitação, este ensaio propõe o redimensionamento do diagrama para tentar explicar, de maneira mais fidedigna, a aplicação do Double Diamond na realidade. Ou seja, a proposta busca ampliar o entendimento sobre a abordagem do design frente a realidade complexa a ser transformada.

Nesse sentido, o desafio inicial referenciado no diagrama deixa de ser um ponto plano, bidimensional, que alcança a representação visual de apenas "um ponto de vista", e ganha uma nova dimensão gráfica, esférica, como tentativa de representação factual das múltiplas perspectivas que envolvem e definem o desafio em questão. Essa representação amplia a compreensão de que o desafio pode (e deve) ser visto e compreendido por muitos lados. E que cada lado pode suportar percepções distintas sobre a mesma realidade. É nessa multiplicidade de percepções que " mora" o problema a ser identificado (Fig. 2).

FIGURA 2: Desafio redimensionado.

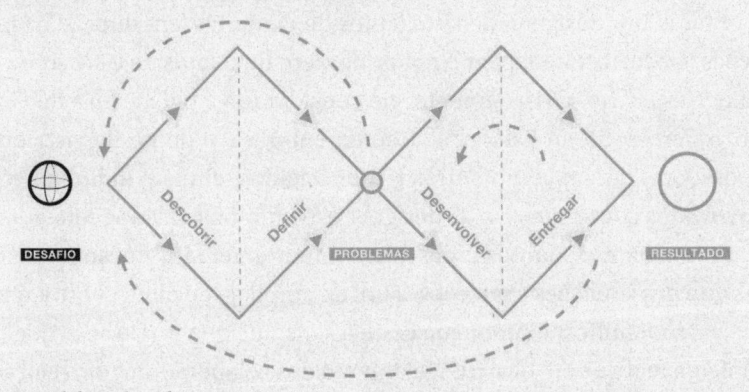

Fonte: Elaborado pela autora.

Em linhas gerais, quando o designer se depara com um desafio, qualquer que seja, o primeiro movimento definido é mapear o máximo de perspectivas e de perceções que contornam e conformam o desafio dado. Considerando sua tridimensionalidade, o designer tenta alcançar os ângulos pelos quais esse desafio é visto, contornando-o em 360º a fim de rastrear suas facetas. Esse movimento dá ao designer a potência de que ele precisa para, conscientemente, ampliar o olhar sobre a realidade contextual na qual o desafio está inserido, a fim de garantir que esse seja compreendido e o problema certo identificado. "É isso que distingue as abordagens do design das outras: em vez de se jogar de cabeça – o que também costuma nos levar a soluções óbvias –, primeiro damos um passo para trás. Certificamo-nos de que o problema está identificado e foi devidamente entendido antes de prosseguir, para estarmos aptos a propor soluções genuinamente melhores", explica Stickdorn e seus coautores.[65]

Vamos a um exemplo: considere o contexto da pandemia de Covid-19. Imagine que o cenário atual é de aprovação governamental para retorno às atividades presenciais de todas as naturezas, desde que os protocolos de segurança, incluindo uso obrigatório de máscaras, sejam respeitados. Considere também que, cientes da queda do índice de transmissão, contaminação e morte pela doença, as pessoas têm, cada vez mais, se comportado de maneira "relaxada" em relação ao cumprimento desses protocolos no dia a dia. Pois bem, o desafio está dado. No contexto de uma organização, como manter os colaboradores atentos e engajados aos procedimentos de segurança contra a doença, uma vez que a Covid-19 não apresenta, aparentemente, mais tantos riscos quanto antes?

Se fosse um designer, decerto, antes de caminhar em direção às resoluções, ele buscaria mapear o maior número de pontos de vista sobre o desafio. Neste caso, possivelmente, ele consideraria a perspectiva do Governo, a percepção do Estado, a visão da empresa, o ponto de vista dos colaboradores, assim como outros tantos ângulos, direta e indiretamente, envolvidos com a questão. O designer estruturaria os dados coletados, buscaria encontrar padrões e desvios comportamentais, questionaria o status quo das situações e relações, a fim de ampliar seu olhar sobre a realidade para identificar o problema certo a ser solucionado. Ou seja, qual é o problema real que envolve o engajamento dos colaboradores em relação ao cumprimento dos protocolos de segurança contra a Covid-19? Seria

---

65 | Ibidem *This is service design doing*.

falta de informação? Dificuldade de lidar com regras? Ou posicionamento político? O que poderia ser?

O designer entende que, quando o problema real é definido, a solução está entregue. Basta, mais uma vez, ampliar seu campo de visão sobre a realidade do problema definido, que o próprio contexto conduzirá à solução. Essa postura expansiva, curiosa e destemida é que define a potência e o diferencial da abordagem e da atuação dos designers frente às incertezas inerentes aos desafios. Sem receio do que "estar por vir", eles optam por acolher e considerar o que compõem o contexto. Quanto mais o designer abre seu campo de visão sobre a realidade, mais ele cria repertório sobre as questões e as soluções. Essa é a beleza do movimento de expansão.

A adoção da tridimensionalidade implica dar aos "diamantes" do Double Diamond a representação cônica. Quanto mais amplo o campo de visão, maior alcance sobre a realidade. O designer conseguirá melhor circundar o contexto, seguro de que ao final entregará o resultado mais adequado, efetivo e assertivo, que faça sentido e gere valor percebido (Fig. 3).

FIGURA 3: Diamante divergente redimensionado.

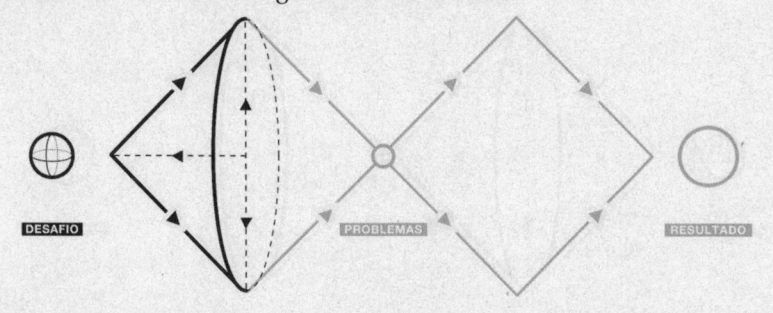

Fonte: Elaborado pela autora.

De maneira complementar à expansão, há também a prática de redução que visa convergir as possibilidades, se orientando por premissas cujo foco concentra o potencial resolutivo do problema. Como um funil, a partir de escolhas conscientes e deliberadas, os contornos do que precisa ganhar definição se acentuam e se tornam mais nítidos. Se da expansão vem a ideia de tornar o processo sutil, multifacetado e com limites quase pueris, da redução se opera com o concreto, a pressão e os "pés no chão" (Fig. 4).

FIGURA 4: Diamante convergente redimensionado.

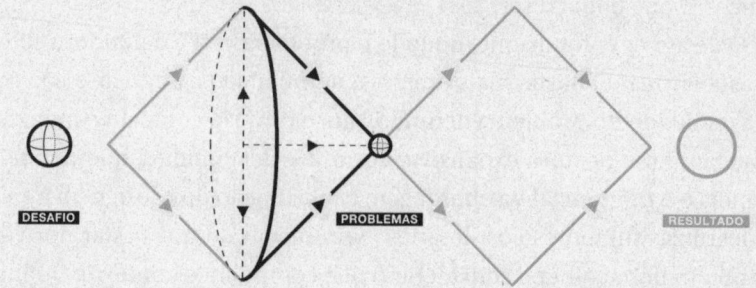

Fonte: Elaborado pela autora.

"No papel", o diagrama continua simples, mas na realidade, definitivamente, não é. O que pode ser feito é compreender o jogo presente nos paradoxos, sem querer desfazer a tensão entre os extremos. Ser designer é isso. E é ir além do definido por terminologias. É avançar o aspecto projetual, sendo capaz de permanecer atualizado e gerir a complexidade[66] (Fig. 5).

FIGURA 5: Double Diamond redimensionado.

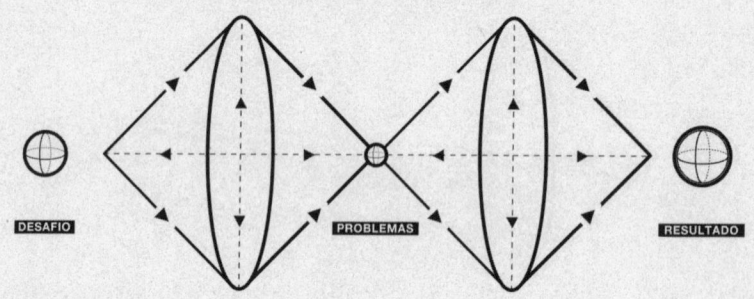

Fonte: Elaborado pela autora.

E, se um desafio foi dado a você, qual seria seu primeiro passo?

---

66 | DE MORAES, D. *Metaprojeto*: o design do design. São Paulo: Blücher, 2010.

SIMONE SOUZA é doutora e mestre em design, inovação e sustentabilidade; bacharel em design gráfico e especialista em gestão do design para MPEs, pela UEMG, com MBA em recursos humanos pela B.I. International. Atua como professora efetiva na UEMG – Escola de Design, na qual leciona disciplinas práticas de design gráfico e design de serviços e coordena o Núcleo de Design de Serviços. Autônoma, atua como docente em pós-graduação do Grupo Ânima, Ornellas Consulting e Fundação Dom Cabral (FDC). E como consultora, assessora e é projetista da FIAT Chrysler Participações Brasil S.A. – Divisão ISVOR, SEBRAE – MG | SEBRAETEC e SENAI – Sistema FIEMG, nas áreas de gestão do design, design de informação, design de interação, design de experiência e design de serviço.

CONECTE-SE A ELA

in https://linkedin.com/in/simone-souza-17704b110
@sisouza
simone@simonesouza.com.br
http://lattes.cnpq.br/4675392485862959

O FUTURO DO PRESENTE

/ FORESIGHT ESTRATÉGICO: O FUTURO EM AÇÃO
/ O MUNDO HIGH TECH E HIGH TOUCH
/ METAVERSO E A REINVENÇÃO DAS ORGANIZAÇÕES

A velocidade, a instabilidade e a imprevisibilidade do presente tornam o futuro ainda mais desafiador. Há quem recorra a teorias da conspiração, talvez por não saber que existe uma ciência interdisciplinar capaz de nos ajudar a compreender melhor o futuro para influir sobre ele. Trata-se do Foresight Estratégico ou o Estudo do Futuro.

Os ensaios a seguir, escritos por três futurólogos com diferentes bagagens, nos ajudam a aterrissar duas perguntas que arrastam respostas tecnológicas ao mesmo tempo que filosóficas, éticas e morais: onde estamos e para onde vamos?

Rosa Alegria, talvez a pioneira e a melhor representante dessa disciplina no Brasil, nos enriquece com uma rápida caracterização do que é (incerto, imprevisível, veloz, plural e tem mão dupla) e do que não é o Futuro, além de trazer uma incrível contribuição de como podemos ajudar na "futurização" de nossas organizações. E ela avisa: "Líderes proativos são criadores de futuros, os que se antecipam às mudanças, os que criam novos mercados, que buscam reaprender e desaprender por estarem atentos aos sinais, vendo o que os outros não veem. Assim como valorizam boas respostas, valorizam também boas perguntas".

Seguimos com Carlos Piazza nos convidando a integrar e ao mesmo tempo distinguir o papel e a importância das máquinas e dos humanos. Segundo Piazza, "não podemos mais confundir humanos com máquinas: humanos têm características que máquinas não têm e vice-versa. Pensamento crítico e análise da ambiguidade são territórios humanos claríssimos. As máquinas não os farão".

Fechamos, enfim, esse bloco com insights importantes do Gui Rangel sobre o Metaverso, que lança, aparentemente, mais uma camada de complexidade na reinvenção das nossas organizações. Nosso maior desafio está em entender a exponencialidade e os avanços das tecnologias, e as consequências das nossas escolhas e decisões para sermos protagonistas na construção de um futuro alinhado com os valores humanos. O autor avisa: essas tecnologias disponíveis já carregam dentro de si o potencial de transformar profundamente a forma com que nos socializamos, trabalhamos, nos divertimos, aprendemos e como acessamos informação.

FORESIGHT ESTRATÉGICO: O FUTURO EM AÇÃO

ROSA ALEGRIA /

"A inovação disruptiva requer a liberdade de olhar para diversos cenários. É perigoso olhar somente em uma direção e correr o risco de perder todas as paisagens; pensamos linearmente, mas as mudanças não são lineares."

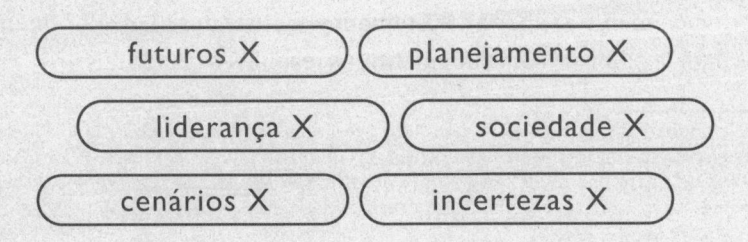

futuros X   planejamento X
liderança X   sociedade X
cenários X   incertezas X

> "A mudança é o processo pelo qual
> o futuro invade nossas vidas."
> *Alvin Toffler*

Quando pessoas e organizações se desafiam a pensar no futuro e planejar para o longo prazo, costumam apelar para a urgência do presente. A postergação dessa agenda é sempre sintoma de uma cultura "curto-prazista", que normalmente se justifica com problemas reais, que precisam de atenção imediata. Existem os que consideram que pensar futuros é perder tempo. No âmbito dos negócios, esse imediatismo se intensificou com a crise de 2008, que exigiu medidas mitigadoras para aplacar prejuízos financeiros e falências. O futuro foi arquivado.

Essa síndrome "presentista" tem sido fortalecida pelo sistema financeiro, vinculado aos resultados trimestrais perseguidos pelos gestores no cumprimento de resultados em prejuízo aos investimentos de longo prazo.

No entanto, apenas investir no curto prazo não garante a sustentabilidade do negócio diante da falta de perspectivas futuras para os investidores e da fragilidade no tônus inovador do planejamento.

A síndrome do curto-prazismo empresarial

Uma pesquisa da McKinsey realizada em 2016[67] estudou essa síndrome do curto-prazo, ao entrevistar mais de 1 mil executivos pelo mundo:
- Para 63% dos entrevistados, a pressão por resultados sólidos no curto prazo aumentou nos cinco anos posteriores, depois da crise de 2008;
- 44% utilizaram um horizonte de tempo inferior a três anos para estabelecer suas estratégias.

Esses resultados comprovaram a influência da pressão que as empresas, principalmente as abertas, enfrentam por parte dos mercados financeiros para maximizar, constantemente, os resultados trimestrais.

---

[67] | Bailey, Jonathan; Godsall, Jonathan. "Short-termism: Insights from business leaders, Findings from a global survey of business leaders commissioned by McKinsey & Company and CPP Investment Board", 26 de dezembro de 2013. *CPPIB* e *McKinsey & Company*. Disponível em: http://www.shareholderforum.com/access/Library/20131226_McKinsey.pdf. Último acesso: 15/03/2022.

Com base em dados do Índice Dow Jones Sustainability, também de 2015, a RobecoSAM observou que apenas 18% das empresas avaliadas ofereciam aos seus diretores incentivos para metas com prazo superior a três anos.[68]

Em 2020, a Covid-19 veio radicalizar o sentimento de incerteza sobre o futuro, tanto a curto, quanto a longo prazo, pois tudo passou a ser ainda muito mais instável. Tamanho foi o sobressalto diante do despreparo em lidar com esses cisnes negros (acontecimentos inesperados) que muitas lideranças, de todos os setores, se reuniram em torno de perguntas como "e agora?", "o que vem depois?" e "como vai ser quando a pandemia acabar?". Essas questões ocuparam incontáveis debates, reuniões, lives, podcasts, webinários. O futuro passou a ser campo de interesse com mais vigor e, também, com mais temor. Futuristas começaram a ser convocados para projetar futuros impossíveis de serem previstos.

Hoje estamos diante de uma necessidade ainda maior de traçar horizontes mais amplos em face do inusitado que se impôs aos planos. Os que tomam decisões, normalmente, olham para o passado, pensando no que aconteceu e no que deve ser evitado e aprendido. Sim, é importante, mas decidir com base somente no que já foi é cada vez mais perigoso diante da aceleração que vivemos. Existem os que projetam suas ações e pensam estar se preparando para o futuro. No entanto, são apenas projeções do passado, como se tudo fosse a continuidade do que já aconteceu numa linha do tempo. Olhar pelo retrovisor é apenas uma parte da caminhada. Sem acender o farol de milha, podemos ter prejuízos irreparáveis.

As empresas que acendem o farol do futuro e planejam também para o longo prazo (claro, o curto prazo é também importante!) são as que mais lucram e geram empregos, como comprova o estudo já citado da McKinsey.

Entre as empresas que declararam ter foco no longo prazo, a receita média e o crescimento dos lucros foram 47% e 36% maiores, respectivamente, no ano anterior ao estudo – e o resultado entregue aos acionistas

---

[68] | KOLLER, Tim; MANYIKA, James; RAMASWAMY, Sree. "The case against corporate short termism". *McKinsey Global Institute*, 4 de Agosto de 2017. Disponível em: https://www.mckinsey.com/mgi/overview/in-the-news/the-case-against-corporate-short-termism. Último acesso: 22/03/2002.

também foi maior. Os retornos para a sociedade e para a economia em geral foram igualmente impressionantes. De acordo com os indicadores, as empresas que planejaram no longo prazo criaram, em média, 12 mil empregos a mais do que os concorrentes.

O que é preciso saber sobre o futuro?

Antes de dar os primeiros passos na direção do longo prazo, é importante ter em mente alguns pressupostos ontológicos sobre o futuro e entrar em um acordo com eles:

- **O futuro é incerto:** não podemos prever o futuro porque ele é inerentemente incerto. Futuristas estudam mudanças para poder reduzir essa incerteza junto aos seus clientes. O resultado da incerteza conduz à pluralidade de futuros, nunca singulares. Em tempos de incerteza, estratégias sólidas são essenciais – ajudam a fornecer diretrizes e atuam como escudos protetores de cataclismas econômicos e flutuações de mercado. Quando bem elaboradas, estratégias pautadas na incerteza ampliam o escopo de possibilidades e fortalecem as ideias. Planejamentos estratégicos tradicionais omitem a incerteza, quando deveriam abraçá-la.
- **O futuro é imprevisível:** futuristas cansam de ouvir perguntas do tipo: "O que vai acontecer com a economia em 2050?", "Em qual cenário devo apostar para lançar um novo negócio?", "O que você prevê para o Brasil na próxima década?", "Em que ano os robôs substituirão os empregos?". São muitas as especulações que distorcem o papel dos futuristas, que, em vez de adivinhar o futuro, fazem análises conjecturais para trazer mais segurança para os gestores. Estudar o futuro não é magia; é ciência. Quem se atreve a profetizar o que virá tem enormes chances de errar. É arriscado apenas apostar em futuros prováveis. Uma suposição de que algo diferente do provável pode acontecer é um futuro alternativo, o que no foresight chamamos de cenário. Cenários são futuros alternativos, além do futuro esperado. O que pode dar certo hoje, pode ser um fracasso amanhã. O futuro é descontínuo.
- **O futuro é veloz:** a cada ano as mudanças ganham maior impacto, maior escala e maior velocidade. Há quem diga que dois anos de pandemia (2020-2021) correspondem a 30 anos de mudança.

Estamos diante de uma compressão histórica se observamos os 20 mil anos da era agrícola, os 200 anos da era industrial, os 50 anos da era da informação e apenas 20 anos do que hoje vivemos, a chamada Era da Automação ou Revolução 4.0. A caminho da próxima revolução que não sabemos bem qual será, estamos diante de uma macrotransição.[69] São tempos pós-normais, como define o futurista paquistanês Ziaudin Sardar,[70] marcados pela complexidade, pelo caos e pela contradição.

- **O futuro é plural:** não é recomendável apostar num futuro determinado ou esperado. A inovação disruptiva requer a liberdade de olhar para diversos cenários. É perigoso olhar somente em uma direção e correr o risco de perder todas as paisagens; pensamos linearmente, mas as mudanças não são lineares. "Mesmo que o presente possa ser singular, o futuro é inerentemente plural até se tornar o presente", afirmou o futurista Peter Bishop em palestras.[71]
- **O futuro tem mão dupla:** existem as mudanças que acontecem do lado de fora (nas organizações, nos mercados, nos sistemas políticos, nos centros de pesquisa, nas comunidades, nas famílias, nas cidades, nas nações e no planeta) e as mudanças que emergem dentro de nós. Um movimento em mão dupla: de fora para dentro, de dentro para fora. Como estamos diante do mundo e como o mundo está dentro de nós? Qual a conexão de seu negócio com as necessidades do mundo? A profissão que você escolheu está em linha com o compasso do tempo planetário?

O foresight estratégico: ou o futurismo aplicado à gestão

Na Antiguidade, a leitura do futuro era atribuição de profetas, astrólogos, videntes e pitonisas. Somente no período pós-guerra ele passou a ser estudado cientificamente.

---

69 | O filósofo-futurista húngaro Ervin Lazslo em seu livro *Macrotransição: O desafio para o Terceiro Milênio* (Axis Mundi, 2001) analisa as lentas macrotransições do passado, o estado atual do mundo, examina alguns cenários para o futuro próximo (incluindo a possibilidade do caos total) e apresenta as ferramentas que podemos começar a utilizar ainda hoje para garantir a nós mesmos e aos nossos filhos um futuro digno no planeta Terra.

70 | Sardar é futurista e acadêmico britânico-paquistanês, escritor premiado, crítico cultural e intelectual especializado na cultura muçulmana, no futuro do Islã e em estudos do futuro.

71 | Peter Bishop foi durante 30 anos diretor do mais reconhecido centro de formação de futuristas na Universidade de Houston-Clear Lake, nos EUA, e professor/orientador do curso de mestrado da autora deste artigo.

O trauma das duas guerras do século 20, vivenciado de diferentes formas na Europa e nos Estados Unidos, fez emergir pensadores e pesquisadores como Bertrand de Jouvenel e Gaston Berger, na França; Fred Polak, na Holanda; Olaf Helmer e Herman Kahn, nos Estados Unidos. Realizaram investigações prospectivas sofisticadas para que o mundo pudesse se preparar para uma provável terceira guerra.

O que estava em jogo nesses estudos não era um único futuro "esperado", mas sim um conjunto de futuros alternativos plausíveis. O mundo passou a ser mais complexo e exigia algo além de extrapolações. A ideia não era prever o futuro.

A primeira empresa a utilizar o foresight foi a Shell, quando desenvolveu cenários nos anos 1970 para se antecipar à crise do petróleo. Na mesma década, duas universidades criaram cursos de Estudos do Futuro, como a Universidade de Houston-Clear Lake, nos Estados Unidos, e a Universidade de Manoa, no Havaí.

O Foresight Estratégico é uma disciplina interdisciplinar que estuda o futuro para que pessoas e organizações possam compreendê-lo e influir sobre ele.

Informações estruturadas passam por seis etapas dentro de um framework de planejamento:
1. O enquadramento do que se pretende explorar;
2. Varredura de informações + identificação de tendências e sinais;
3. Projeção de cenários (futuros alternativos);
4. Visão de futuro (futuros preferíveis);
5. Criação de estratégias e design de futuros;
6. Plano de ação + indicadores.

A análise das informações é ampliada em três direções:
1. Longitudinal: causas e impactos;
2. Latitudinal: identificando conexões entre sistemas;
3. Temporal: maior extensão do tempo.

Os horizontes de investigação percorrem o macroambiente nas dimensões tecnológica, governamental, econômica, social, cultural, demográfica e ambiental (Fig. 1).

FIGURA 1. Horizontes de investigação

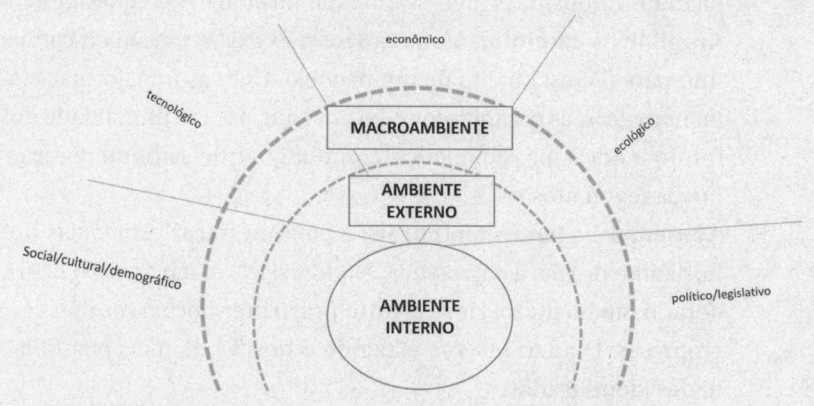

[Diagrama: círculos concêntricos mostrando AMBIENTE INTERNO (centro), AMBIENTE EXTERNO e MACROAMBIENTE, com setas externas indicando: econômico, tecnológico, ecológico, Social/cultural/demográfico, político/legislativo]

Fonte: Elaborado pela autora.

Alguns caminhos para "futurizar" as organizações

1. **Incentivos para o longo prazo:** para estimular líderes na tomada de decisões mais comprometidas com o futuro, as organizações deverão mudar a forma de motivá-los, incluindo a gerência média e os empregados, vinculando benefícios e incentivos a estratégias e objetivos de longo prazo. Isso requer ir além dos indicadores de desempenho (KPIs), considerando também aqueles atrelados ao Environmental, Social and Corporate Governance (ESG) e os Objetivos do Desenvolvimento Sustentável (ODS), para medir a geração de resultados que atendam aos novos parâmetros e necessidades do ambiente externo.

2. **A perspectiva dos investidores:** investidores devem avaliar a capacidade das organizações de identificar novos riscos e tendências emergentes em relação ao macroambiente, capazes de afetar os negócios no longo prazo, ou seja, de cinco anos em diante, assim como avaliar como estão criando valor através das decisões estratégicas voltadas ao longo prazo.

3. **Considerar as incertezas:** líderes que temem futuros incertos e só apostam no que conhecem podem ficar obsoletos. É importante se abrir para o valor das incertezas, expandir horizontes e estudar mudanças com profundidade. Um líder deve se perguntar: quais soluções a minha empresa pode oferecer para os desafios globais

do futuro? Quais novas tecnologias podem automatizar os serviços da minha indústria? É necessário estar de olho nessas questões.

4. **Ampliar os caminhos do negócio:** não existe um único caminho para o crescimento de um negócio. Com as transformações tecnológicas, as organizações devem considerar a pluralidade do futuro e novas possibilidades, como migrar de setor ou abraçar novos segmentos.

5. **Aumentar as lentes temporais:** é comum traçar estratégias no horizonte de três a cinco anos. No foresight, cinco anos é considerado médio prazo. Hoje, o curto prazo prevalece na gestão das empresas. Quanto mais se expande o horizonte, mais possibilidades identificadas.

6. **Ir além do mercado:** desenvolver inteligência de mercados não é suficiente para se preparar para o futuro. É apenas olhar para os lados e buscar vantagem competitiva. Para se antecipar ao mercado e criar tendências, os negócios precisam incorporar o conceito de inteligência estratégica antecipatória dentro de sua gestão.

7. **Instalar um radar corporativo:** criar uma rotina de rastreamento e monitoramento de informações (scanning, na linguagem do foresight). Por que não treinar e escalar uma equipe dentro de um sistema estruturado? Esse pode ser o primeiro grande passo desencadeador de uma cultura que desenvolva habilidades antecipatórias no ambiente de trabalho.

8. **Estimular perguntas, não somente esperar por respostas:** como o futuro não existe, ele requer perguntas e não oferece respostas. A partir do estímulo das perguntas do tipo "e se?" e "por que não?", começa a se abrir um amplo campo de novas descobertas e se opera um reset de conhecimento, antes cristalizado pela busca de respostas do gênero "certo" ou "errado". Para criar o novo, é preciso fazer mais perguntas do que acertar nas respostas.

9. **Fazer perguntas antecipatórias:** além do futuro provável (o esperado, o incremental), considerar o futuro possível (o contingencial) e o futuro preferível (que traduz a visão, a meta, o propósito). Para trazer robustez às estratégias, é necessário fazer um exame da organização sob a luz dessa pluralidade com as seguintes perguntas:

- O que está acontecendo com o mercado? (o presente);
- O que achamos que vai acontecer? (futuro provável);
- E se algo acontecer em vez disso? (futuro contingencial);
- O que queremos que aconteça? (futuro preferível).

Liderança proativa, preparada para o futuro

Os desafios dos líderes são gigantescos, como nunca antes. Diante dessa macrotransição, saindo de modelos que já não funcionam mais e entrando em outros ainda por funcionar, é preciso proatividade.

Podemos nos comportar de diferentes formas em relação ao futuro: sendo passivos, como avestruzes que afundam a cabeça na areia, como se nada estivesse acontecendo; sendo reativos, apagando incêndios a cada crise; sendo proativos, olhando para o ambiente e criando estratégias competitivas; sendo proativos, para criar o futuro desejado. Líderes proativos são criadores de futuros, os que se antecipam às mudanças, os que criam novos mercados, que buscam reaprender e desaprender por estarem atentos aos sinais, vendo o que os outros não veem. Assim como valorizam boas respostas, valorizam também boas perguntas.

As organizações preparadas para o futuro serão as que souberem integrar o futuro em seus planos e ações através de uma gestão proativa e antecipatória.

ROSA ALEGRIA é a precursora do foresight estratégico no Brasil, graduada em Letras pela Universidade de São Paulo, mestre em Estudos do Futuro pela Universidade de Houston-Clear Lake (EUA), o mais importante centro de formação de futuristas no mundo. Está entre as três futuristas mulheres mais reconhecidas na América Latina. Atua como futurista há 22 anos; é cofundadora e foi vice-presidente do NEF – Núcleo de Núcleo de Estudos do Futuro – da PUC-SP por 16 anos; representa o núcleo brasileiro do Projeto Millennium, a maior rede mundial de pesquisadores sobre o futuro. Diretora no Brasil do movimento global Teach the Future, que ensina futurismo em escolas de Ensino Primário e Ensino Médio em todo o Brasil. Integra o board executivo da WFSF World Futures Studies Federation.

CONECTE-SE A ELA

- in https://www.linkedin.com/in/rosaalegria/ rosa.alegria1
- @rosaalegria
- www.youtube.com/rosaalegria321
- www.rosaalegria.com.br

O MUNDO HIGH TECH E HIGH TOUCH

CARLOS PIAZZA /

"Quanto mais tecnologias abarcadas tivermos, maior a necessidade de um lastro humano, um contexto high touch. O princípio baliza e simboliza uma necessidade premente de um equilíbrio entre o nosso mundo físico e o espiritual."

- paradoxos X
- tecnologia X
- humano X
- significados X
- ambiguidade X
- sociedade X

Não é raro no mundo digital nos depararmos com paradoxos que nos levam a pensar que lidamos com coisas apartadas, mas que, na realidade, são uma só. É assim quando se equilibra a visão humana com a presença de muita tecnologia, algo aparentemente antagônico.

Tecnologias estão no centro das novas demandas e, portanto, deveríamos saber tudo sobre elas. Claro, é mandatório, mas, ao contrário do que se pensa, a tecnologia está no centro das mudanças, mas não é o ponto focal da discussão.

Falar de transformação digital é fundamentalmente falar de gente, não de máquinas, algoritmos, sistemas etc.. É falar sobre como essas tecnologias, combinadas entre si, melhoram a vida humana e a sociedade, além de como se beneficiar cada vez mais delas.

As tecnologias nunca foram, nem nunca serão, uma finalidade em si, mas meios pelos quais se busca melhor qualidade de vida e avanços na sociedade, que a qualifica na questão da subsistência, no conforto da vida humana e na adaptabilidade. Elas dão substrato, um significado.[72]

Nessa visão, está explicado o porquê de as ciências humanas prevalecerem perante as tecnológicas. A discussão baseia-se no futuro da própria tecnologia, que pode ser disruptiva e melhorar substancialmente a vida humana, ou pode ser destrutiva e intoxicante, uma vez que tecnologias são neutras, mas o pano de fundo é sempre a vida humana.[73]

Ainda, no sistema de pesos e contrapesos, há de se ter a percepção de que a falta de tecnologia e o excesso dela impactam a vida humana a seu tempo. Desigualdades, iniquidade, sistemas econômicos contribuem para que haja um desalinhamento na oferta em benefício da integralidade da humanidade.

Há um mito, advindo dos filmes de ficção, de que tecnologias têm sempre uma tônica de futuro, mas, se olharmos atentamente, perceberemos que a capacidade inovadora do homem sempre esteve descrita em seu DNA. Seres humanos são seres de observação, de análise crítica, de pensamento sistêmico.[74]

Se não fosse assim, não veríamos tantas ferramentas feitas de pedra, na Idade da Pedra lascada, pensadas para facilitar a vida cotidiana das

---

72 | NAISBITT, J. *High Tech High Touch*. São Paulo: Cultrix, 1999.
73 | HARTLEY, S. *O Fuzzy e o Techie*. São Paulo: Bei, 2017 .
74 | Rosa, H. (2014). *Aliénation et Accélération* – Vers une Théorie Critique de la Modernité Tardie. France: Le Decouverte.

pessoas. E também na passagem desta para a Idade dos Metais, justamente pelo domínio do fogo.

Com o seu controle, os grupos humanos passaram, por exemplo, a se aquecer do frio, a cozinhar alimentos, a se defender dos animais ferozes e a iluminar a noite, criando novos paradigmas.

O homem domina o fogo há mais de 500 mil anos – e esse era domínio de uma tecnologia, que possibilitou "aumentar" o dia, algo até então impensável, uma tremenda disrupção naqueles tempos. Nessa visão, um dia substituiríamos o fogo por lâmpadas de filamentos, alimentadas pela eletricidade, posteriormente pelo LED etc..

A teoria do High Tech, High Touch baseia-se na eterna busca de um significado próprio[75] para as questões humanas, fundamentalmente apoiadas, de um lado, nas tecnologias; e, do outro, nas relações humanas e no convívio, além da própria visão do desenvolvimento das sociedades.

High Tech diz respeito a tudo que se refere às tecnologias, aos avanços, à inovação, à visão da ficção científica. High Touch está ligado às questões humanas, traduzidas na vida e na morte, nas questões de significados humanos e do seu legado.

O balanço da visão antagônica sobre isso coloca o fato de que, quanto mais tecnologias abarcadas tivermos, maior a necessidade de um lastro humano, de um contexto high touch. O princípio baliza e simboliza uma necessidade premente de um equilíbrio entre o nosso mundo físico e o espiritual.[76]

Isso engatilha uma nova realidade no ética,[77] assunto absolutamente essencial no mundo tecnológico, que, paradoxalmente diz respeito à zona de conhecimento que estuda os fenômenos subjetivos da consciência, da mente, do espírito e da vida a partir do ponto de vista da ciência e como conceito filosófico que é. A noética define a dimensão espiritual do homem. Há de se chamar a atenção que isso nada tem a ver com religião.[78]

As contribuições do conceito High Tech, High Touch apontam para a mudança e ao mesmo tempo complementariedade de papéis. Não podemos mais confundir humanos com máquinas: humanos têm características que máquinas não têm e vice-versa. Pensamento crítico e análise

---

75 | Ibidem *High Tech High Touch*.
76 | Idem.
77 | HALÉVY, M. *A Era do Conhecimento*. São Paulo: Unesp, 2008.
78 | Idem.

da ambiguidade são territórios humanos claríssimos. As máquinas não os farão. [79]

A Quinta Revolução Industrial desloca a convergência homem-máquina para o centro da discussão. Humanos deverão trabalhar em harmonia com a computação cognitiva,[80] o que demanda um pensamento mais claro: humanos para fazer perguntas, máquinas para respondê-las; humanos para criar, máquinas para simular.[81]

Em suma, algoritmos para máquinas, androritmos para humanos. Um termo novo que sempre causa espanto: o que seriam androritmos? Justamente a visão de que o humano se transformou em uma máquina ruim dá o tom. Androritmos são capacidades humanas, como propósito, ética, criatividade, compaixão, pensamento crítico, visões de futuro, imaginação, paixão.[82]

Um novo ciclo que se assiste desde a década de 1990, a da cultura da convergência e da cultura das novas conexões, coloca o fato de que a nova fonte de poder é a informação nas mãos de muitos, marcando o processo de democratização de tudo.[83]

Concomitante a isso, há de se colocar que o mundo panóptico, partindo dessas visões democratizadas que a tecnologia oferece no mundo, coloca a perturbadora condição de que não há nada que se possa esconder hoje, tudo é visível, e a tecnologia e a densidade digital criam as novas condições da moral e da ética.[84] Por isso, a sociedade é autocontrolada[85] e, obviamente, a tecnologia lhe dá essa sustentação.

As visões sobre os impactos das tecnologias chamam a atenção de um mundo completamente diferente, visível desde os anos de 1990, com a chegada da internet relacional 2.0, que permitiu se fazer transações e, praticamente, mudou o mundo.[86]

---

79 | Gabriel, M. *Você, eu e os robôs*. São Paulo: Atlas, 2018.
80 | SKINNER, C. *Digital Human*. United Kingdom: Wiley, 2018.
81 | DAUGHERTY, P.; WILSON, H. *Humanos + Máquinas*. São Paulo: Alta Books, 2019.
82 | LEONHARD, G. *Technology vs Humanity*. Genebra: Futures Scapes, 2016.
83 | JENKINS, H. *Cultura da conexão*. São Paulo: Aleph, 2014.
84 | BENTHAM, J. *O panóptico*. São Paulo: Autêntica, 2019.
85 | FOUCAULT, M. *Vigiar e punir*. Lisboa: Edições 70, 2013.
86 | JENKINS, H. *Cultura da convergência*. São Paulo: Aleph, 2008.

O poder de conexão e de convergência digital trouxe um admirável avanço nas relações humanas, além de paradoxos, como o fato de que o mundo a partir de então seria cíbrido e ubíquo.[87]

Cibridismo é a corruptela que diz respeito ao fato de que os humanos ciber-híbridos viveriam dois universos, o físico e o digital,[88] que na realidade são um só – o mundo físico e o digital, ao longo do tempo, se fundem a partir de outras tecnologias.

A partir disso, se entende que o mundo é regido por similaridades arquetípicas, ou seja, a internet conectou pessoas muito distantes e ao mesmo tempo afastou as muito próximas. O fenômeno coloca no palco o próprio conceito de rede, ou seja, o que é bom para mim é bom para minha rede, para o bem e para o mal, no mesmo momento em que todos passam a ter voz, portanto, todos têm que ser representados.

A ausência do domínio de uma voz única e "oficial" cria aspirações de um protagonismo nunca antes visto, mas também traz tensões, como se assiste hoje, com relação à cultura do cancelamento, dos antagonismos explícitos que a internet oferece e toda gama de oferta para todo tipo de demanda,[89] seja por uma compra online ou para se encontrar armas e drogas.[90]

Tecnologias se desenvolvem exponencialmente;[91] humanos, linearmente. Em algum momento, isso passa a estabelecer uma nova condição: o humano não tem como fazer frente à taxa de crescimento tecnológico.

Essa exponencialidade ficou visível desde a década de 1950, até que em 1972 a Lei de Moore foi enunciada. Ela propõe que tecnologias dobram sobre si mesmas, a cada um ano e oito meses, o que derruba seu custo pela metade. Isso é uma curva exponencial. Gordon E. Moore era, em 1972, o presidente da Intel, fabricante de chips de computadores.

Essa curva se acelerou brutalmente nos anos 1990, quando surgiu a Internet Relacional 2.0 e não mais restou mais dúvida de que, em algum tempo, sofreria um reordenamento com o desenvolvimento da Internet 3.0.

Tecnologias provocam perplexidades: há de se caracterizar o movimento estabelecido, com um ritmo de aceleração brutal sobre todos nós

---

87 | GABRIEL, M. *Marketing na Era Digital*. São Paulo: Novatec, 2011.
88 | Ibidem *Cultura da convergência*.
89 | BRIDLE, J. *A Nova Idade das Trevas*. São Paulo: Todavia, 2019.
90 | GOODMAN, M. *Future crimes*. São Paulo: HSM Editora, 2015.
91 | DIAMANDIS, Peter; KOTLER, Steven. *Abundância*: O futuro é melhor do que você imagina. São Paulo: HSM Editora, 2012.

– e isso será muito complexo de absorver em soluções tecnológicas cada vez mais determinantes sobre os seres humanos.

As tecnologias não só aumentam demais as soluções, mas também oferecem uma aceleração no estilo de vida,[92] na forma como as questões humanas são prevalentes, melhorando a própria sociedade.

Há duas coisas que sucumbem à enorme velocidade e a essa profundidade: a adaptabilidade humana e o intelecto humano. Estes são os pontos complicados de toda a discussão Tech & Touch. Foi natural ver que, na primeira e na segunda revoluções industriais, tivemos humanos no centro total da produção.

Hoje, com tecnologia abundante e relativamente barata, em um processo que envolve uma enorme aceleração no desenvolvimento da capacidade de simulação, fica cada dia mais difícil para os humanos fazerem frente a isso, além de representar perigos.

A grande capacidade de se ter um poder de simulação nunca visto, que pode chegar a 8 mil petaflop, correspondente a 8 mil quatrilhões de cálculos[93] por segundo, nos coloca, como humanos, em uma condição teoricamente inferior, porque o cérebro não tem nem terá essa capacidade de cálculo.

Entre tecnologias preditivas, e agora prescritivas, a escalada de simulações é enorme e só tende a aumentar, possibilitando o cruzamento de informações com bancos de dados globais. Pode-se, assim, comparar matematicamente o universo, possibilitando proporcionar uma vida com grande prescrição de máquinas sobre atividades humanas,[94] o que alavanca a melhoria da sociedade.

Há, inevitavelmente, de se falar que a grande capacidade de simulação, em tempo real, também se traduz em grande poder de automação. Então, as tecnologias invadem, gradualmente, todas as áreas de conhecimento, da medicina à engenharia, das estruturas empresariais, fabris, de produção, para muitos outros meios que causam ainda mais perplexidade. Na saúde, a revolução é enorme, principalmente quando se analisa o impacto pós-pandêmico da Covid-19.

---

92 | Ibidem *Aliénation et Accélération*.
93 | TEGMARK, M. *Vida 3.0*. New York: Vintage Books, 2017.
94 | TEGMARK, M. *Our mathematical universe*. Nova Iorque: Vintage, 2015.

As empresas tiveram que fazer em 15 dias o que não fizeram em 20 anos, e o resultado foi imediato, aquilo que se assistia desde a Terceira Revolução Industrial perdeu o sentido. A vida humana, dividida entre o viver, o trabalhar e o aprender, que demandou inclusive códigos de vestimenta diferentes, uniu-se novamente em uma visão integral.

Todos, agora, estão experimentando uma sensação de alguma transgressão, porque o antigo home office deu lugar ao anywhere office, ou seja, trabalha-se de qualquer lugar. É claro que o que permitiu isso foi a camada de automação e de tecnologia aliada à grande densidade digital sobre nós.

A vida humana foi fatalmente afetada por isso; agora há tempo para ver os filhos crescerem, para cuidar do jardim, dar banho no cachorro, cozinhar a própria comida. As pessoas se libertaram de uma ideia da Segunda Revolução Industrial, que é a questão do horário de trabalho. O velho trabalho das 8 às 18 horas morreu. Isso foi uma invenção da Segunda Revolução Industrial, do capitalismo tardio, do capitalismo neomarxista. Era importante na linha de produção; hoje, não mais. Pessoas têm ciclos criativos em ritmos diferentes, a colaboração se dá mesmo quando não estão todos presentes em um único universo.

Aos poucos, vamos vendo as pessoas retomando as vidas em suas mãos e delegando para as tecnologias muitas coisas que gostávamos de fazer. Existe um universo que dá aos seres humanos capacidades diferentes daquilo que as máquinas fazem. O destacado autor Stephen Hawking disse, em uma publicação, que a inteligência artificial decolaria por conta própria e se redesenharia a uma taxa cada vez maior. Os humanos, limitados naturalmente pela sua lenta evolução biológica, não poderiam competir e seriam facilmente substituídos.[95]

Máquinas e humanos têm capacidades diferentes e não devem se misturar mais. A inteligência artificial é muito avançada em alguns aspectos, mas a sua habilidade ainda considera cálculo de um em um – exceto, em raríssimos casos de redes neurais, quando cálculos simultâneos podem acontecer. Já os humanos têm habilidades múltiplas e simultâneas.

A inteligência artificial é muito melhor em automação; humanos, em autonomia; máquinas ganham, é claro, em análise de volume; humanos, em análise na ambiguidade. A base de processamento das máquinas é a enorme possibilidade de velocidade (e cada vez maior!), enquanto a base

---

95 | HAWKING, S. *Breves respostas para grandes questões*. Rio de Janeiro: Íntrinseca, 2018.

de processamento humano é o pensamento crítico. A natureza da inteligência artificial é a razão, pura; para os humanos, a emoção. Não é prudente mais confundir uma coisa com a outra. Isso predefine um ambiente não concorrente.[96]

Para facilitar a leitura desse universo, deve-se resgatar a frase famosa da Indira Gandhi: "A base de todo progresso humano é o poder de se fazer perguntas". Então, humanos para fazer perguntas, máquinas para simular.[97] Esta é, curiosamente, a base para a Quinta Revolução Industrial: a convergência homem/máquina. Cada um trabalhando no seu melhor, nunca mais se confundindo humano com máquina.

Quanto mais tecnologia se aporta, mais deve-se buscar um balanço High Touch, isto é, um lastro humano. Por isso, a intuição surge como um poderoso aliado na nova sociedade da informação, justamente porque há muita informação.[98]

A revolução digital tem a ver com cérebro, não com músculos, uma diferença entre pensar e fazer. Mudanças intensas estão acontecendo com grande velocidade e profundidade, somente soft skills farão com que o ser humano continue relevante. Aprender hard skills não tem mais espaço no mundo da alta evolução tecnológica, dado o poder de processamento.[99]

As competências mais adequadas para este mundo se dão justamente nas questões humanas, como propósito, curiosidade, pensamento futuro, capacidade de se fazer ficção, pensamento crítico, imaginação, paixão e ética.

Nessa direção, então, competir para o futuro é ser engajado e inspirado por pessoas, além de adaptativo e proativo para moldar experiências emocionais significativas, para pensar em uma hiper colaboração global da inovação aberta, de uma dissolução mais própria dos mandamentos da Segunda Revolução Industrial, que simplesmente perdem espaço nas visões mais modernas, reordenando a própria definição de que o capitalismo se desloca.[100]

Já no terreno da vida humana, os mais estudiosos apontam para um cenário mais utópico, que se volta para a questão de que, quanto mais rá-

---

96 | Ibidem *Você, eu e os robôs*.
97 | Ibidem *Digital Human*.
98 | Ibidem *High Tech High Touch*.
99 | FORD, M. *The Rise of the Robots*. Philadelphia: Basic Books, 2015.
100 | DOWBOUR, L. *O capitalismo se desloca*. São Paulo: Sesc, 2020.

pido os humanos entregarem para as máquinas o que eles adoraram fazer no lugar delas, mais rápido eles podem se livrar de tarefas típicas de máquina. Longe de se achar isso tarefa fácil, pois não se aplica com tanta facilidade, dada a questão do vício humano ligado à roteirização do estilo de vida e à repetição. Humanos são seres escravos da repetição.[101]

Com a máxima de que talvez pessoas tenham medo de perder seus empregos, há a questão de base. Não quer que os robôs roubem o seu emprego? Não tente se parecer com um.[102] Para isso, é preciso, então, se voltar para os androritmos e não repetir algoritmos. Seremos muito ruins nessa condição. Não se pode esquecer de que a pandemia agiu exatamente nessas questões – devido ao prazo longo da experiência com a economia do baixo contato, as pessoas naturalmente se voltaram para o natural.[103]

Nada mais humano do que viajar, do que trabalhar de onde se está, numa visão de que o mundo é tão somente o quintal da casa de cada um. É possível, agora, romper com modelos industriais e se fixar somente nas questões da inteligência possível, para redesenhar o mundo, levando-o para a Sociedade 5.0.

Em um mundo de organização caórdica, viver no chamos talvez seja um desafio para muitos, porque ele representa o extremo do agressivo do caos, dominado pelo ambiente destrutivo e o desmantelamento das estruturas e da organização, que é o que se assiste no processo acelerado do desenvolvimento das tecnologias e de suas contribuições.[104]

Reforço: humanos e máquinas têm funções diferentes, não se deve confundir uma coisa com outra, ao mesmo tempo que marca o ciclo de compreensão da atividade humana no Planeta Terra. Tech & Touch. Androritmos e algoritmos.

Quanto mais tech o mundo for, mais humanos seremos.

Um paradoxo.

---

101 | BAUMAN, Z.; SERROY, J. *A estetização do mundo*. São Paulo: Companhia das Letras, 2014.
102 | BRIAN CHRISTIAN, T. G. *Algoritmos para viver*. São Paulo: Companhia das Letras, 2016.
103 | ARISTÓTELES. *Metafísica*. São Paulo: Edição 70, 2021.
104 | HOCK, D. *Nascimento da Era Caórdica*. São Paulo: Cultrix, 2016.

CARLOS PIAZZA é darwinista digital, nexialista, futurista practioner certified Millenium Project, fundador da CPC, empresa focada em negócios digitais, disrupção, aceleração digital e seus impactos na sociedade, 4IR, 5IR, Sociedade 5.0, gestão da inovação, tecnologias disruptivas e suas contribuições, Life 3.0. Polímata, nexialista, professor de pós-graduação, de mbas, palestrante key note nacional e internacional, agilista, autor, conteudista, escritor, mentor de hackathons, hackathinking e hackamilk, TED talker. Embaixador do Teach the Future no Brasil, membro e Brazil Partner do Millenium Project.

CONECTE-SE A ELE

in https://www.linkedin.com/in/carlos-alberto-piazza-timo-iaria-89b93931/

@carlosapiazza

carlos.piazza@carlospiazzaconsultoria.com.br

METAVERSO E A REINVENÇÃO DAS ORGANIZAÇÕES

GUI RANGEL /

"É necessário questionar se ele vai agir como um facilitador dos valores humanos que nos definem ou se vai se tornar uma barreira para eles, para que possamos atuar como protagonistas na construção e na implementação de uma visão que esteja alinhada com esses valores."

(interação X) (colaboração X)
(tecnologia X) (negócio X)
(experiência X) (cenários X)

O Metaverso é inevitável. E ele já está acontecendo ao nosso redor.

Pronto, já que tiramos isso da frente podemos começar a nossa reflexão sobre como essa nova forma de conexão entre o mundo físico e o digital, que já transforma o modo como socializamos, nos divertimos, compramos, aprendemos e trabalhamos, tem o potencial de redefinir a forma que nossas organizações funcionam.

Meu primeiro contato com um ambiente colaborativo em mundos virtuais – um fenômeno chamado OMO (Online Meets Offline), em que existe uma convergência entre o mundo digital e o mundo físico – foi com o jogo Dark Age of Camelot (2002),[105] o primeiro MMORPG disponibilizado no Brasil. MMORPG (Massive Multiplayer Online Role-Playing Games) é a sigla usada para descrever os jogos interativos online para multijogadores.

Nele os jogadores viviam aventuras em um reino virtual, enfrentando monstros, completando missões e combatendo outros jogadores em batalhas épicas. Havia um aspecto a mais no jogo que tornava a experiência mais envolvente: os usuários se organizavam em grupos, chamados guildas, em que os jogadores mais experientes e veteranos ajudavam os iniciantes a aprender as sutilezas, organizavam expedições para enfrentar as missões mais difíceis e complexas e coordenavam as batalhas contra exércitos rivais.

Mais do que o jogo em si, o que fazia com que a audiência se engajasse e retornasse era o aspecto social, colaborativo e inclusivo das interações. De repente, eu me vi fazendo amigos como o líder da minha guilda, um senhor de mais de 70 anos de idade, veterano da guarda costeira americana, que morava no Canadá. Sua esposa e seu filho, residentes no Texas, também jogavam. Meus melhores amigos eram um caminhoneiro, que cruzava os Estados Unidos e se conectava por meio do seu laptop em hotéis de beira de estrada, e um soldado americano, que estava em uma base no Iraque, no meio da guerra.

Naquele jogo arcaico para os padrões atuais já estavam os elementos que definirão a experiência do Metaverso para as nossas organizações: dinâmico, inclusivo, colaborativo, social e descentralizado.

A indústria dos jogos se tornou a porta de entrada para as experiências que dão forma ao Metaverso. Em 2022, centenas de milhões de pessoas de

---

105 | Confira o trailer de Dark Age of Camelot: https://www.youtube.com/watch?v=Th-yov-jENM. Último acesso: 04/05/2022.

todas a idades, de todas as partes do mundo, se conectam diariamente para viver experiências compartilhadas em mundos virtuais como Fortnite, Roblox, Minecraft, World of Warcraft, Sandbox, Decentraland e muitas outras, movimentando centenas de bilhões de dólares anualmente.

Apesar de todas essas possibilidades, o mundo corporativo acompanhava, até recentemente, essas mudanças em um ritmo muito mais lento.

Aí veio a pandemia.

A ascensão do trabalho remoto e o Metaverso nas organizações

O isolamento social forçou as empresas a se reinventarem. Foi uma questão de sobrevivência a adoção em tempo recorde, quase improvisada, do trabalho remoto como forma de colaboração fundamental. E sobrevivemos graças a plataformas como Zoom, MS Teams, Google Meet e outros.

Apesar da enorme gama de ferramentas e da infraestrutura disponíveis, que permitiram que a colaboração à distância acontecesse – e prosperasse – esse processo passou longe da perfeição. As interações por meio das plataformas existentes ainda são ineficientes, desajeitadas, cansativas, complexas, limitadas e contraintuitivas. O resultado foi um surpreendente aumento de produtividade, com equipes exaustas e uma epidemia de burnout.

Neste admirável mundo novo que surge, definido cada vez mais pelo trabalho remoto e híbrido, ainda vivemos a pré-história das ferramentas e plataformas de colaboração. Desenvolver uma experiência do usuário cada vez mais intuitiva, imersiva, inclusiva e eficiente se tornou uma necessidade num mundo onde o trabalho está cada vez menos vinculado a um espaço físico.

E, segundo as empresas de tecnologia, o Metaverso será a solução para esses desafios – além de ser uma das maiores oportunidades de negócio da história.

Começou uma nova corrida do ouro, em que o objetivo é construir as plataformas, que revolucionarão a nossa relação com o mundo digital, e reinventar a forma com que colaboramos no processo. Desenvolver as tecnologias que dão forma ao Metaverso se tornou a prioridade para gigantes como Facebook, Microsoft e Apple e para todo um ecossistema de empresas que desenvolvem os hardwares e softwares que definirão o que os especialistas consideram a nova internet: um espaço onde, inevitavelmente, todos nós vamos estar e que fará parte das nossas vidas muito mais rápido do que imaginamos.

Em 2021, companhias como a gigante dos jogos online Epic Games e a fabricante de processadores gráficos Nvidia anunciaram investimentos da ordem de bilhões de dólares no desenvolvimento das plataformas, das tecnologias e da infraestrutura que darão forma ao futuro do Metaverso,[106] [107] Em meio a tudo isso, a Microsoft anunciou o Mesh, uma plataforma de integração das suas ferramentas de colaboração e produtividade dentro do universo virtual, além de investir US$69 bilhões na compra da empresa de games Activision Blizzard, com o objetivo de acelerar a incorporação de novas tecnologias ao seu ecossistema e estabelecer a sua posição como líder no espaço do Metaverso corporativo.[108]

Talvez a notícia mais impactante dos últimos tempos tenha sido o anúncio, no final de 2021, da mudança de nome do Facebook para Meta. No processo, o foco do seu modelo de negócios passou a ser o desenvolvimento de uma presença dominante e abrangente no Metaverso – tanto social, quanto corporativo. Para isso, destinou um investimento de mais de US$10 bilhões de dólares e montou uma equipe com mais de 10 mil pessoas dedicadas a desenvolver tecnologias, interfaces e experiências imersivas para todos os tipos de públicos, com a ambição maior de manter o seu monopólio nas redes sociais, que, atualmente, inclui mais de 3,5 bilhões de usuários em suas diversas plataformas.[109]

Estamos presenciando o nascimento de uma nova tendência: o Metaverse As A Service (MAAS) – o Metaverso como Serviço – que, segundo uma análise do Banco Morgan Chase Stanley – que aliás, é o primeiro banco com presença no Metaverso – deve movimentar, anualmente, em uma previsão conservadora, mais de US$ 1 trilhão de dólares.

---

[106] | "Epic announces $2 billion in funding for its metaverse efforts". *The Verge*, 11 de abril de 2022. Disponível em: Último acesso: 04/05/2022.

[107] | "Sony e KIRKBI investem bilhões de dólares na Epic Games". *IGN Brasil*, 12 de abril de 2022. Disponível em: https://br.ign.com/fortnite/97673/news/sony-e-kirkbi-investem-bilhoes-de-dolares-na-epic-games. Último acesso: 04/05/2022.

[108] | "Microsoft is buying Activision Blizzard for $68.7 billion". *Engadget*, 18 de janeiro de 2022. Disponível em: https://www.engadget.com/microsoft-activision-blizzard-acquisition-133637845.html. Último acesso: 04/05/2022.

[109] | "Facebook is spending at least $10 billion this year on its metaverse division". *The Verge*, 25 de outubro de 2021. Disponível em: https://www.theverge.com/2021/10/25/22745381/facebook-reality-labs-10-billion-metaverse. Último acesso: 04/05/2022.

A era do Metaverso chegou. Nós só estávamos muito ocupados com os KPIs e OKRs para perceber – e ninguém mandou um memorando.

Mas antes de começar a explorar as enormes possibilidades e desafios que esse instrumento disruptivo cria para as nossas organizações, precisamos entender do que estamos falando.

Mas, afinal, o que é o Metaverso?

O termo Metaverso foi criado pelo escritor Neal Stephenson no livro *Snow Crash* em 1992.[110] A história se passa em um futuro distópico, em que as pessoas passam a fazer parte da sua existência como "avatares" em um mundo simulado através de realidade virtual. Essa visão se tornou tão influente e aspiracional para líderes da indústria tecnologia, como os fundadores do Google Larry Page e Serguei Brin, e Jeff Bezos, da Amazon, que se tornou literatura obrigatória para as lideranças das companhias estão dão forma ao mundo digital.

Ele é um ambiente digital produzido por uma combinação de tecnologias, como a realidade virtual e a aumentada e híbrida, que cria uma experiência imersiva compartilhada, cocriada, perene, descentralizada e interoperável.

Mas o que significa isso?

É uma experiência sensorial interativa, criada a partir de ferramentas digitais capazes de transportar nossa percepção para uma realidade totalmente sintética, em 3D, ou para uma realidade física "aumentada" pela adição de elementos digitais, através do uso de instrumentos como óculos de realidade virtual ou de realidade aumentada ou mesmo através dos nossos celulares e computadores. Essa realidade é compartilhada com outras pessoas e não é ligada ou desligada – ela continua existindo e evoluindo, quer estejamos nele ou não.

Nós vivemos essas realidades através de avatares – representações digitais da nossa presença nestes mundos virtuais. Eles podem tomar as formas mais variadas, desde aqueles que parecem personagens de animações feitas para crianças, como os da plataforma de colaboração virtual Facebook Horizons Workrooms, até os ultrarrealistas, desenvolvidos por companhias como a Epic Games através da sua ferramenta Metahuman.

---

110 | STEPHENSON, Neal. *Snow Crash*. São Paulo, Editora Aleph, 2015.

Nele você pode criar a sua própria identidade – e sua aparência pode mudar conforme a sua necessidade, a sua vontade e o lugar onde você está.

O Metaverso é criado e transformado de forma colaborativa pelas empresas e usuários que fazem parte dele e está sendo visualizado como um espaço descentralizado e democrático, assim como a internet – apesar de um bom número de companhias estarem tentando assegurar sua influência e alcance. É composto por múltiplos "mundos" que coexistem e são interconectados, permitindo aos usuários um movimento sem barreiras através das suas fronteiras virtuais.

Mas como as nossas organizações podem utilizar todo esse poder disruptivo dessas novas plataformas para reinventar as suas operações?

Desenhando as organizações do futuro através do metaverso

Nos últimos tempos, o Metaverso tornou-se um dos assuntos mais discutidos pela sociedade. Esse bombardeamento incessante de informação, desinformação e muitos exageros acaba criando uma percepção distorcida a respeito do seu papel no futuro próximo e distante do nosso trabalho.

Mais do que tomar decisões a partir das enormes expectativas criadas a respeito das possibilidades extraordinárias que o futuro nos reserva, temos que deixar de ser reféns do FOMO (Fear Of Missing Out – o medo de perder algo importante que está acontecendo) e passar a tomar decisões informadas para que a integração do Metaverso no ambiente de trabalho seja motivada por necessidades das nossas organizações. Estas são as principais áreas que essas novas plataformas vão atuar:

1. Apoio à produtividade;
2. Aumento da eficiência;
3. Contratação de Talentos;
4. Satisfação no ambiente de trabalho;
5. Capacitação e treinamento da força de trabalho, construindo habilidades e competências;
6. Exploração de novos modelos de colaboração;
7. Diversidade, Igualdade e Inclusão;

Já existem aplicações disponíveis para que os profissionais de Recursos Humanos (RH) e negócios possam explorar as inúmeras possibilida-

des que o Metaverso oferece para o desenho de experiências nas nossas organizações. Aqui estão algumas delas:
- Feiras de recrutamento virtuais: nelas candidatos podem interagir com seus potenciais empregadores, explorar os espaços de trabalho de forma virtual, acessar informação a respeito da organização e criar um retrato preciso do tipo de companhia que eles iriam trabalhar;
- Entrevistas e Avaliações Gamificadas: além de interagirem com os entrevistadores no ambiente, os candidatos também podem ser testados em simulações que representem situações de trabalho, onde suas competências serão postas à prova;
- Espaços de Colaboração Virtuais: ao contrário dos espaços físicos, limitados na sua forma, funcionalidade e aparência, os de colaboração do Metaverso podem ser totalmente adaptados às necessidades da atividade, do tamanho da equipe e do momento, além de oferecerem a integração com ferramentas de produtividade e colaboração, permitindo aos colaboradores compartilhar as suas ideias com os seus pares;
- Reuniões: de encontros individuais a interdepartamentais, os espaços virtuais podem ser adaptados e redesenhados de acordo com as necessidades do momento, fazendo com que as interações sejam mais imersivas e permitindo que os colaboradores fiquem focados na atividade;
- Eventos: de encontros interdepartamentais, passando por eventos corporativos, celebrações e chegando a convenções globais, o Metaverso pode criar a infraestrutura escalável para interativos e imersivos que podem incluir desde palestras interativas a shows virtuais;
- Treinamento e Educação – a utilização de ambientes de aprendizado de virtuais pode conectar os colaboradores com um espaço sempre disponível, onde é possível aprender através da interação com cenários da vida real, explorando inúmeras possibilidades, diminuindo o tempo necessário do treinamento e aumentando a retenção;

Essas soluções criam uma janela de oportunidade sem paralelo, que nos permite repensar a estrutura dos nossos negócios. Com elas, o mundo físico e o digital tornam-se cada vez mais indissociáveis, e as relações da força de trabalho com as organizações, mais complexa. Antigas ocupações se transformam, novas profissões surgem. Novas habilidades serão descobertas e outras terão que ser desenvolvidas. E tudo isso vai acontecer em um ritmo cada vez mais acelerado.

Neste processo corremos o risco de ver replicados e amplificados vieses, fontes de ineficiência, desigualdade, desgaste mental e estresse cada vez mais presentes nas organizações contemporâneas.

Muitas perguntas terão que ser feitas. Entre elas:
- Quem serão os donos da enorme quantidade de dados gerados sobre o nosso comportamento no Metaverso? Como eles serão utilizados pelas nossas organizações e pelo governo?;
- Como preservar a segurança dos dados e das identidades dos nossos colaboradores?;
- O que fazer quando problemas do mundo físico, como assédio ou preconceito, se reproduzirem no mundo digital?;
- O que fazer quando a aparência do avatar de um colaborador for diferente da sua aparência física?;
- Como gerir, recompensar e cuidar do bem-estar de uma força de trabalho fragmentada, em que alguns trabalham 100% no mundo físico, outros de forma híbrida e uma parte 100% no Metaverso?

Nesses novos contextos, o nosso maior desafio será preparar os gestores da linha de frente desse processo de transformação radical, para que possam focar cada vez mais em ser facilitadores de relações de trabalho e curadores do bem-estar dos seus colaboradores, adaptados a organizações existentes em um ambiente líquido, parte físico, parte digital, em constante mudança.

A chegada do Metaverso ao mundo corporativo marca o início era do Employee Experience como foco das organizações e do design centrado na experiência humana como ferramenta principal de transformação organizacional.

Com essas mudanças no horizonte, corremos muitos riscos, mas as oportunidades são ainda maiores.

Reflexões sobre o que o futuro nos reserva

A visão extraordinária de um mundo sintético, sem limites ou barreiras, indistinguível do nosso mundo físico que os filmes de ficção científica e a mídia enamorada com o tema descrevem, está ainda distante da nossa realidade. Calcula-se que as tecnologias necessárias para entregar esse tipo de experiências estarão disponíveis a partir de 2026 e, a partir daí, irão muito além do que imaginamos.

No atual estágio, essas tecnologias disponíveis já carregam dentro de si o potencial de transformar profundamente a forma com que nos socializamos, trabalhamos, nos divertimos, aprendemos e como acessamos informação.

E já estão transformando.

Vivemos uma época em que adotamos novas tecnologias mais rápido do que a nossa capacidade de entender as suas implicações éticas, morais, sociais, econômicas, ambientais. Neste mundo que surge, acelerado por mudanças exponenciais e radicais, precisamos, cada vez mais, extrapolar o que está acontecendo no nosso horizonte próximo e entender as consequências das nossas decisões e ações, principalmente quando o objeto da nossa reflexão tem um potencial disruptivo como poucas tecnologias criadas pelo ser humano tiveram.

Por isso, quando avaliamos se o Metaverso faz sentido para a construção da jornada das nossas organizações – e que tipo de Metaverso faz sentido para cada uma delas – é necessário questionar se ele vai agir como um facilitador dos valores humanos que nos definem ou vai se tornar uma barreira para eles, para que possamos atuar como protagonistas na construção e implementação de uma visão que esteja alinhada com esses valores.

O Metaverso é inevitável. Mas a forma com que ele vai se manifestar nas nossas organizações está para ser construída.

Quem se habilita?

GUI RANGEL é futurista, pesquisador, advisor e SciFi experience designer. Formado em publicidade e propaganda pela ECA/USP, trabalhou no Brasil e no exterior. Depois de mais de uma década no Oriente Médio, onde liderou equipes multinacionais, multidisciplinares, multiculturais e multiétnicas, voltou ao Brasil para se dedicar a projetos de visualização de tendências do futuro, ajudando pessoas e organizações a se prepararem para um mundo onde as transformações acontecem cada vez mais aceleradas. Foi palestrante duas vezes no influente SXSW e, em 2021 e 2022, foi escolhido pela Thinkers360 como umas das 50 vozes mais influentes no mundo na área de VR/AR (realidade virtual e aumentada).

CONECTE-SE A ELE

- www.guirangel.com.br
- https://www.linkedin.com/in/gui-rangel-a3b0ab8/
- @_guirangel_
- www.youtube.com/channel/UCmUxuzqjDoBop9X-ZCpjB55w

NAVEGANDO POR SISTEMAS COMPLEXOS

/ SISTEMAS COMPLEXOS ADAPTATIVOS
/ AGILIDADE EMARANHADA

Nos ensaios anteriores, você foi convidado a olhar para fora e para um futuro bem distante, o longo prazo.

Agora, chegou a hora de entender o contexto complexo e sistêmico, cada dia mais acelerado, com impacto significativo na nossa percepção. Se a vida sempre foi permeada por incertezas, hoje parece que vivemos no completo caos e no mais profundo grau de complexidade.

Estudo e acompanho esse tema há muitos anos – tanto é que já os explorei nos meus dois primeiros livros. Tenho, agora, a companhia de outros dois profissionais, cujos ensaios nos ajudam a recuperar o fôlego para navegarmos por sistemas complexos.

Para começar, Ravi Resck demonstra como as organizações podem ser vistas como sistemas complexos adaptativos. A partir disso, ele redireciona o nosso olhar de uma gestão pautada, ainda, pelo prever e pelo controlar, para um modelo de sentir e responder. Para o autor, "a natureza é a nossa mentora, a nossa medida e o nosso modelo quando queremos desenhar soluções para ambientes complexos".

Para mim, isso faz todo o sentido.

Se o futuro é incerto, imprevisível, veloz e plural, como Rosa Alegria nos mostrou na seção anterior, como podemos prever e controlar algo líquido e incerto como o futuro?

Complementarmente, Ian Macdonald, um verdadeiro mestre em Cynefin no Brasil, sugere, em seu ensaio, que "podemos nos adaptar e aprender a lidar com desafios estratégicos e tomada de decisões rápidas, juntamente com criatividade, abertura e agilidade suficientes para nos manter a par – e, quem dera, ter sucesso".

Mais duas colaborações fundamentais que servem como bússola para navegar nos mares da complexidade.

SISTEMAS COMPLEXOS ADAPTATIVOS

RAVI RESCK /

"'Sentir e responder' é o modelo alternativo ao 'prever e controlar.' Esse modelo baseia-se na aceitação de que não podemos planejar com muita antecedência ou esperar controlar o futuro; o melhor que podemos fazer é seguir tentando algo, observando a reação e, então, tentar outra coisa."

- complexidade X
- cenários X
- estruturas X
- interação X
- sociedade X
- ciclos X

Hoje muito se fala sobre organizações como sistemas e como esses bichos são complexos. Ao mesmo tempo, de forma bastante contraditória, são muitos os exemplos de simplificação exacerbada dessa tal complexidade a partir das tendências que surgem no meio organizacional para descrever esses sistemas.

Alguns vão falar de organizações com propósito, caórdicas, antifrágeis, evolutivas, sistêmicas, humanizadas; enfim, esta é uma lista que não acaba nunca. Neste ensaio eu não vou fazer diferente. O nome pomposo da vez, que escolhi para construir o meu caso, é o de organizações como sistemas complexos adaptativos.

O que vou tratar aqui não é a primeira nem a última palavra sobre uma visão sistêmica e complexa no que diz respeito às organizações. Tudo o que apresento faz parte de um conjunto de modelos que escolhi para expressar aquilo que entendo por complexidade. E, sendo assim, todos esses modelos estão sujeitos a críticas, sob as mais diversas perspectivas.

Modelos, especialmente quando se trata de sistemas sociais, são falaciosos. Tentarei contornar ao máximo as minhas próprias falácias ao evidenciar diferentes perspectivas sobre cada tema que a ser apresentado.

Tendo dito isso, convido você, leitor e leitora, a explorar comigo um pouquinho desse universo que chamamos de complexidade.

O pensamento sistêmico como um paradigma

Thomas Kuhn nos presenteou, em 1962, com um aclamado livro conhecido por *A estrutura das revoluções científicas*. Ali, ele apresentou a concepção de paradigma como "aquilo que os membros de uma comunidade partilham e, inversamente, uma comunidade científica consiste em pessoas que partilham um paradigma" e define "o estudo dos paradigmas como o que prepara basicamente o estudante para ser membro da comunidade científica na qual atuará mais tarde".[111]

Se os paradigmas são "aquilo que os membros de uma comunidade partilham",[112] podemos observar as diferenças entre os vários paradigmas a partir das diferenças entre o que essas comunidades partilhavam.

Sendo assim, vou trazer aqui uma distinção entre dois paradigmas a partir da proposta de uma autora brasileira chamada Maria José Vascon-

---

[111] | KUHN, Thomas S. *A estrutura das revoluções científicas*. 13ª ed. São Paulo: Editora Perspectiva, 2017.

[112] | Idem.

cellos. O primeiro é o que a autora chama de ciência tradicional, caracterizada pelos pressupostos da **simplicidade, estabilidade e objetividade**:[113]

- **Simplicidade:** é a crença de que, ao separar o complexo em partes, é possível conhecê-lo e, nessa direção, as pesquisas científicas estabelecem uma "atitude de análise e busca de relações causais lineares".[114]
- **Estabilidade:** refere-se à crença de que o mundo é estável, ou seja, há regularidade e ordenação; o funcionamento pode ser conhecido, controlado, previsto e explicado a partir da formulação de leis explicativas universais sobre os fenômenos.
- **Objetividade:** compreende que a realidade existe independentemente do observador, sendo possível conhecê-la objetivamente, sem a interferência da subjetividade do pesquisador.

A busca de leis gerais e atemporais constitui-se num dos principais objetivos da ciência tradicional.[115]

O outro paradigma seria o sistêmico, que está dentro do escopo da ciência pós-moderna e envolve ultrapassar os pressupostos da ciência tradicional, sendo caracterizada pelos pressupostos da **complexidade, instabilidade e intersubjetividade**.[116]

A **complexidade**, segundo a epistemologia desenvolvida por Edgar Morin,[117] se sustenta em três princípios:

1. **Dialógico:** considera a realidade como multiversa, ou seja, parte da premissa de que coexistem múltiplas versões sobre os fenômenos e descarta a necessidade de que se chegue a um entendimento unificador.
2. **Recursividade:** em latim recurrere, significa tornar a correr, percorrer de novo, e alude à relação que se estabelece entre produto e produtor, ou seja, concebe que o produto é produtor daquilo que produz, inviabilizando explicações lineares e unicausais.

---

113 | VASCONCELLOS, Maria José de Esteves. *Pensamento Sistêmico: O novo paradigma da ciência*. 10ª ed. Campinas: Papirus Editora, 2002.
114 | Idem.
115 | SCHMIDT, B., SCHNEIDER, D. R., & CREPALDI, M. A. (2011). Abordagem da violência familiar pelos serviços de saúde: contribuições do pensamento sistêmico. *Psico*, 42(3). Recuperado de https://revistaseletronicas.pucrs.br/ojs/index.php/revistapsico/article/view/8411.
116 | Ibidem, *Pensamento Sistêmico: O novo paradigma da ciência*.
117 | MORIN, Edgar. *Introdução ao pensamento complexo*. Porto Alegre: Editora Sulina, 2005.

3. **Hologramático:** considera que a parte está no todo, assim como o todo está na parte, lógica vigente tanto em sistemas naturais quanto sociais.

A **instabilidade**, segundo Vasconcellos,[118] surge como revisão da ideia de mundo estável, da ciência tradicional, ao considerar que o mundo está em contínuo processo dinâmico de transformações.

A **intersubjetividade**, de acordo com Humberto Maturana e Francisco Varela,[119] considera a impossibilidade de se conhecer objetivamente o mundo, ao reconhecer que a realidade emerge das distinções feitas pelo pesquisador, em espaços consensuais e como construção social.

Modelos de gestão que buscam prever e controlar

As teorias de administração do século XIX e início do século XX também sustentavam a simplicidade, a objetividade e a estabilidade como princípios centrais – de fato, toda a ciência social foi influenciada por esse paradigma (Hayles, 1991).[120] Teóricos da administração, como Fayol, Mooney e Urwick, inventaram mecanismos de controle administrativo que se baseiam na metáfora da "organização como máquina" (Morgan, 1986).[121]

É a partir dessa perspectiva que surge um modelo de gestão que foca em "prever e controlar" tudo o que acontece nas organizações.

Existem duas suposições inerentes a esse modelo:
1. Podemos prever com precisão os resultados.
2. Podemos e devemos usar mecanismos baseados no controle para alcançar os resultados desejados (enquanto suportamos ou ignoramos as consequências negativas desses mecanismos).

O modelo "prever e controlar" está presente em qualquer cenário que envolva qualquer forma de planejamento, previsão ou decisão de futuros em nome de outras pessoas. Os exemplos incluem: orçamento;

---

118 | Ibidem. *Pensamento Sistêmico:* O novo paradigma da ciência.
119 | MATURANA, Humberto R; VARELA, Francisco J. *A árvore do conhecimento* – As bases biológicas da compreensão humana. São Paulo: Palas Athena, 2011.
120 | HAYLES, N. K. (1991). Introduction: Complex dynamics in science and literature. In N. K.Hayles (Ed.), *Chaos and order complex dynamics in literature and science* (pp. 1-36).
121 | MORGAN, G. (1986). *Images of organizations*. Newbury Park, CA: Sage.

planejamento estratégico; tomada de decisão centralizada; incentivos a determinados comportamentos; gerenciamento excessivamente complicado de projetos; gerenciamento excessivo de risco; projetos típicos de gestão de mudanças – todas essas são manifestações de um modelo focado em predição e controle.

Uma alternativa possível a esse modelo, que abraça a incerteza, a instabilidade e a complexidade de sistemas sociais, poderia ser o modelo "sentir e responder".

Organizações responsivas: sentir e responder

"Sentir e responder" é o modelo alternativo a "prever e controlar". Esse modelo baseia-se na aceitação de que não podemos planejar com muita antecedência ou esperar controlar o futuro; o melhor que podemos fazer é seguir experimentando algo, observando a reação e, então, tentar outra coisa. Para usar um exemplo comum, jogamos xadrez com sentir e responder; não poderíamos jogar com predição e controle.

No nível organizacional, o modelo envolve estabelecer uma conversa aberta e honesta de duas vias entre uma organização e as partes interessadas que ela atende. Exige que tanto os líderes quanto os seus colaboradores ouçam atentamente o mercado e reajam com coesão e velocidade.

De fato, a ideia de organizações responsivas, que operam utilizando o modelo de "sentir e responder", é a base do paradigma sistêmico que se manifesta no design organizacional para sistemas complexos adaptativos.

Mas... O que são sistemas complexos adaptativos?

De acordo com Zimmerman et al. (1998),[122] um sistema é um conjunto de agentes conectados ou interdependentes, podendo o agente ser uma pessoa ou uma organização. É contemplando o todo, e as relações e interações entre os agentes, que se compreende um sistema; não pelo conhecimento absoluto sobre cada agente (Richardson, 2008;[123] Senge, 1990;[124] Zimmerman et al., 1998).[125]

---

122 | ZIMMERMAN, Brenda; LINDBERG, Curt; PLSEK, Paul. *Edgeware:* Lessons From Complexity Science for Health Care Leaders. Dallas: VHA Inc, 1998.

123 | RICHARDSON, K. (2008). Managing Complex Organizations: Complexity Thinking and the Science and Art of Management. *Corporate Finance Review*, 13: 23-30.

124 | SENGE, P. (1990). *The fifth discipline.* New York: Doubleday.

125 | Idem. *Edgeware:* Lessons From Complexity Science for Health Care Leaders.

Murray Gell-Mann argumentou, em palestra proferida na Universidade de Boston, em 2005,[126] que precisamos valorizar as pessoas que se atrevem a olhar para "o quadro geral" porque as organizações não são apenas a soma de seus componentes (agentes), mas também a intrincada relação entre os componentes (agentes).

Um sistema complexo adaptativo é, portanto, um conjunto de elementos ou agentes que possui características como:

- **Interdependência:** tudo está conectado com todo o resto. Não é possível isolar uma parte do todo. Só é possível compreender um elemento do sistema dentro do contexto específico em que está inserido.
- **Não linearidade:** você afeta a cultura da organização, mas a cultura também afeta você. Uma pequena mudança pode ter um efeito devastador no sistema.
- **Adaptabilidade (homeostase):** Um sistema complexo se adapta ao seu meio de acordo com a necessidade. Pense no seu corpo regulando a temperatura de acordo com o ambiente.
- **Emergência:** é a criação de ideias, estruturas ou eventos, que não são obra de nenhum agente específico do sistema, mas da interação entre todas as partes. Normalmente esse conceito é sumarizado com a máxima "o todo é maior do que a soma individual das partes".
- **Auto-organização:** é a capacidade de criar processos, times e políticas a partir das regras internas do sistema. É comumente associado ao conceito de emergência.
- **Reprodução (autopoiese):** é a capacidade de criar outros sistemas a partir de si mesmo. Também está fortemente relacionado com a propriedade de auto-organização e emergência.

Exemplos de sistemas complexos adaptativos

Mas, então, onde nós podemos encontrar esses tais sistemas complexos? Basicamente em qualquer lugar... Mas aqui estão alguns exemplos:

- **Entidades políticas:** um país ou cidade é um sistema no qual muitas partes diferentes (entidades governamentais, cidadãos, legisladores, etc.) interagem entre si.

---

126 | "Murray Gell-Mann, Thinking About the Future: The Big Picture". Boston University – *YouTube*. Disponível em: https://www.youtube.com/watch?v=_ssteMjoaYc. Último acesso, 11/02/2022.

- **Organizações:** sua empresa também é um sistema no qual os diversos funcionários, gerentes e departamentos interagem.
- **Organismos:** seu corpo é composto de muitos componentes diferentes, de células a órgãos e hormônios que interagem entre si.
- **Mercados:** os mercados são um dos exemplos mais estudados de sistemas complexos, onde muitos jogadores diferentes interagem uns com os outros.

Regras simples, comportamento complexo

O caos é limitado pelas regras e limites que o governam (Tetenbaum, 1998, p. 25).[127]

Em 1986, Craig Reynolds estava tentando programar uma simulação de computador de um bando de pássaros. Ele criou uma simulação de agentes autônomos cujos comportamentos eram governados apenas por três regras (comportamentos de direção), que descreviam como um pássaro faria manobras com base nas posições e velocidades de seus companheiros próximos (Reynolds, 2001).[128]

As três regras eram:
1. **Separação:** desvie para evitar agrupamentos densos com outros pássaros.
2. **Alinhamento:** escolha sempre a direção que parece ser a predominante entre o maior número de pássaros possível.
3. **Coesão:** tente se manter o mais próximo possível dos outros ainda respeitando o critério de separação.

O notável era que, regidos por essas três regras, os pássaros podiam navegar em ambientes cheios de obstáculos, sem um controle centralizado. A mesma coisa acontece com formigas ao coordenar esforços ou ainda com cardumes de peixes que mudam a direção todos de uma vez.

O meu convite para você, caro leitor e leitora, é que comece a observar os sistemas complexos à sua volta e tente perceber se esses sistemas estão conseguindo se adaptar ao seu meio.

---

127 | TETENBAUM, T. Shifting paradigms: from Newton to chaos, *Organizational Dynamics* 26(4), 1998.

128 | REYNOLDS, Craig. "Boids – Background and Update." Disponível em: https://www.red3d.com/cwr/boids/. Último acesso: 11/02/2022.

Minha inferência básica aqui é que quanto mais regras detalhadas tivermos, menor será a capacidade de adaptação de um sistema. Por isso os modelos baseados em "previsão e controle" estão mostrando que não são suficientes para lidar com a complexidade do mundo em que vivemos.

Ao tentar forçar o funcionamento das organizações com tanta burocracia, avaliações de desempenho, planejamentos estratégicos, aprovações, extensas políticas e tantas outras práticas, nós estamos ignorando a natureza complexa das organizações e das relações humanas.

Mas, como podemos ver, sistemas complexos geralmente se adaptam bem com regras muito simples.

Talvez tudo isso ainda seja muito abstrato, o que torna difícil compreender como de fato colocar todas essas ideias em prática.

A boa notícia é que já existem tecnologias sociais baseadas em regras muito simples, que nos ajudam a navegar em ambientes altamente complexos. Vou citar apenas três como exemplo, mas existem muitas outras.

1. O método Kanban. Representa uma abordagem de sistemas complexos adaptativos para gerir fluxos de trabalho nas organizações. São apenas cinco princípios básicos que ajudam a sentir e responder de forma bastante ágil em ambientes complexos:

1. Visualizar o fluxo de trabalho.
2. Limitar o trabalho em andamento (WIP).
3. Gerenciar o fluxo.
4. Tornar as políticas de processo explícitas.
5. Melhorar colaborativamente (com modelos e o método científico).

2. Organização Orgânica (O2). A O2 é um catalisador que ajuda organizações a se tornarem mais adaptativas através da autogestão. É composta de três elementos básicos:

- Papéis: acordos explícitos e adaptáveis sobre o que é esperado das pessoas no trabalho.
- Círculos: uma forma de agrupar papéis em torno de um mesmo propósito com políticas adaptáveis.
- Interações: reuniões estruturadas e facilitadas com processos que oferecem soluções efetivas para problemas comuns encontrados nesse tipo de ritual.

3. Estruturas libertadoras. Injetam pequenas mudanças nos protocolos de como nos reunimos, planejamos, decidimos e nos relacionamos, colocando nas mãos de todos o poder da facilitação que antes era reservado apenas aos especialistas. Isso é feito com microestruturas formadas por cinco elementos:

1. Um convite estruturante.
2. Dicas sobre a organização do espaço.
3. Como é distribuída a participação.
4. Como os grupos estão configurados.
5. Uma sequência de etapas e alocação do tempo.

Conclusão

Este ensaio tem como objetivo estimular a curiosidade de leitores interessados em compreender a natureza complexa das organizações e das relações humanas a partir de uma perspectiva sistêmica. Esta é apenas uma breve introdução para um tema que é virtualmente inesgotável.

Minha esperança é que, ao ler este ensaio, os leitores tomem consciência da natureza complexa dos sistemas sociais que habitamos e comecem a buscar soluções que levem em consideração essa complexidade.

A natureza é a nossa mentora, a nossa medida e o nosso modelo quando queremos desenhar soluções para ambientes complexos. E quase sempre essas soluções são compostas de poucos princípios e regras muito simples.

Que tenhamos a coragem de admitir que não adianta querer prever e controlar quando só podemos sentir e responder.

RAVI RESCK é um hacktivista social que interage com sistemas sociais em busca de relações ganha-ganha. Atua como consultor, facilitador e designer organizacional na Target Teal.

CONECTE-SE A ELE

in https://www.linkedin.com/in/raviresck/

AGILIDADE EMARANHADA

IAN MACDONALD /

"Desafios complexos sempre serão um mistério, pois a previsão é impossível e as propriedades emergentes tendem a gerar maiores ou novas preocupações, que, por sua vez, levantam muros e barricadas que apenas nos distanciam de uma nova realidade emergente."

NAVEGANDO POR SISTEMAS COMPLEXOS /

(desafios X)   (negócios X)
(complexidade X)   (perspectivas X)
(cultura X)   (inclusão X)

> *"Precisamos do pensamento utópico, porque sem ele somos constrangidos pela tirania do possível"*
> *Stephen Duncombe*[129]

O que é emaranhamento?

Nunca enfrentamos tantos desafios intratáveis, perversos e emaranhados ao mesmo tempo. Como John Kotter expressou,[130] cruzamos a linha e entramos em uma onda de turbulência imprevisível e mudança exponencial. Apesar da rapidez com que as coisas estão mudando em tecnologia e negócios, e de quão voláteis e complexos são os problemas que enfrentamos, talvez hoje nunca será tão lento novamente (Watkins & Wilber).[131]

Durante anos e anos, tomamos todos os tipos de decisões políticas, sociais, ambientais e corporativas sobre outras deliberações do passado e, assim, criamos procedimentos, políticas, métodos, rituais e cultura. Ao fazer isso, adicionamos "um cabelo sobre outro cabelo" até formar uma bola de pelo gigante e emaranhada, que se emaranha e se aninha dentro de inúmeras outras (MacKenzie).[132] Para aumentar ainda mais essas complexidades, aprendemos comportamentos e como responder ao sucesso e ao fracasso de operar com essas questões, com foco sobre realidades, práticas, contextos e perspectivas do passado, com pouco espaço para o design e menos ainda para a emergência de novos pensamentos e ações.

As decisões que potencialmente podem impactar uma mudança significativa enfrentam uma batalha árdua em que as transformações mais significativas giram em torno de alterar o comportamento humano. Mudar isso é notoriamente complexo e difícil de facilitar individualmente; é ainda mais desafiador em grandes grupos, organizações e populações (Watkins & Wilber).[133] Esse emaranhamento, uma tecelagem de camadas e sistemas dentro de sistemas, agentes e suas restrições e fronteiras, são centrais para esta discussão.

---

129 | "Utopia is not the place". *Walker*, 27 de agosto de 2012. Disponível em: https://walkerart.org/magazine/stephen-duncombe-utopia-open-field. Último acesso: 01/04/2022.

130 | KOTTER, John P. Accelerate: Building Strategic Agility for a Faster-moving World. *Harvard Business School Press*, 2014.

131 | WATKINS, Alan; WILBER, Ken. *Wicked & Wise:* How to Solve the World's Toughest Problems. Urbane Publications, 2015.

132 | MACKENZIE, Gordon. *Orbiting the Giant Hairball:* A Corporate Fool's Guide to Surviving With Grace. Viking, 1998.

133 | Idem.

Por que se importar?

Como consultor de muitos clientes no passado e atualmente fazendo parte de uma grande organização, percebo e ouço em primeira mão como a complexidade de nossos tempos está se espalhando rapidamente, além de como esse processo foi acelerado pela pandemia de Covid-19. Grande parte das nossas vidas, antes bastante previsíveis, foi lançada em confusão e complexidade e, em alguns casos extremos, em cenários temporariamente caóticos.

Nos negócios, o design das nossas organizações e estruturas estão sendo testados até o limite. Perguntas difíceis estão sendo feitas, soluções estão sendo exigidas. Frequentemente, essas soluções, bem como os próximos passos, são esperados antes de qualquer esforço que faça sentido, orientação ou descoberta real sobre os desafios. Nossa maneira tradicional de trabalhar, as hierarquias na tomada de decisões e o uso excessivo ou ruim de estruturas inadequadas estão sendo questionados pelos impactos na qualidade das escolhas feitas, nas oportunidades tomadas e, portanto, no risco, na dificuldade de inovar e no fracasso induzido pela complacência. Novas demandas são impostas a nós sobre como podemos nos adaptar e aprender a lidar com desafios estratégicos e tomada de decisões rápidas, juntamente com criatividade, abertura e agilidade suficientes para nos manter a par – e, quem dera, ter sucesso.

Muitas das "soluções" propostas ou mesmo abordagens para os desafios estão cheias de boas intenções, mas são extremamente limitadas quando pensamos individual e ou coletivamente dentro das restrições do que podemos perceber como real ou verdadeiro. Isso só se torna mais sério diante de nossas limitações e de nossa incapacidade de perceber a imensa interconectividade e emaranhamento com outros sistemas, organizações, culturas e o planeta como um todo. Ansiamos por um alinhamento abrangente, uma lista de verificação ou abordagens eficientes sobre o que o mundo espera de nós e os desejos que esperamos que ele cumpra.

Acredito que um dos caminhos a seguir é desenhar intencionalmente uma **agilidade emaranhada** nas organizações, um termo que cunho na esperança de que reúna os incríveis pontos fortes das iniciativas de agilidade, estruturas e métodos entrelaçados com a teoria da complexidade, e o que ela nos ensina sobre imprevisibilidade inerentemente conectada, conectada e vasta.

Agilidade emaranhada... Não devemos desembaraçar?

Viver e trabalhar com desafios complexos requer imaginação. Entender o sentido das pré-disposições, tendências ou inclinações de um sistema, para, então, facilitar uma mudança, pode ser descoberto e, assim, aproveitado dentro da organização de forma adaptativa. No entanto, a forma como gerenciamos a complexidade é diferente daquela forma como lidamos com sistemas mais ordenados e previsíveis.

Precisamos distinguir e decompor o que está influenciando os agentes dentro de um determinado sistema, organização ou desafio em questão. Decompor suas partes distintas e investigar a partir de uma menor granularidade coerente (em vez do desafio como um todo) permite um olhar e a comparação, por diversos aspectos e perspectivas, de um ponto de vista individual, de equipe, comunidade ou mesmo nacional ou global. Uma das melhores estruturas que encontrei para apoiar esse processo de "distinção" e dar mais sentido ao mundo se chama Cynefin.

A estrutura Cynefin, criada por Dave Snowden[134] há mais de 20 anos, é uma poderosa estrutura para tomada de decisão e para "fazer sentido" do momento atual. É uma palavra galesa, que não pode ser traduzida para o português em uma palavra única, e significa aproximadamente "um lugar de múltiplos pertencimentos". Um dos principais assuntos que o Cynefin apoia, na minha opinião, é a importância dos contextos e, portanto, o conceito de aplicabilidade limitada, em que ferramentas, práticas, métodos (e, claro, outros frameworks e modelos) são úteis e apropriados para determinadas situações, mas apenas em determinada situação, condições e ou limites (Fig. 1).

Snowden resume a estrutura como tendo três domínios primários: **ordem, complexidade e caos**, cada um dos quais definido pelas características das restrições, dos agentes e das interações presentes no momento observado. Os sistemas ordenados são muito restritos ao ponto em que se pode alcançar altos graus de previsibilidade (desde que as restrições permaneçam funcionais). O domínio **ordenado** pode ser dividido em **claro** e **complicado**, porém, a ontologia do domínio não muda e sim um "espectro" de percepção e conhecimento. O que é óbvio e pre-

---

[134] | SNOWDEN, Dave; RANCATI, Alessandro. Managing complexity (and chaos) in times of crisis. A field guide for decision makers inspired by the Cynefin framework. *Publications Office of the European Union*, Luxembourg, 2021. Disponível em: https://publications.jrc.ec.europa.eu/repository/handle/JRC123629. Último acesso: 02/03/2022.

visível para um especialista em um assunto pode ser muito complicado para o leigo. Em **claro**, causa e efeito são autoevidentes ou "óbvios" para a maioria das pessoas que observam o sistema, enquanto em **complicado**, a causalidade está presente, mas geralmente apenas para quem tem experiência suficiente.

Os sistemas **caóticos**, por sua vez, existem em situações altamente voláteis, nas quais, para todos os efeitos, não há ligações perceptíveis com outros agentes ou a percepção de restrições eficazes no momento. Após o momento caótico, geralmente é possível entender o que aconteceu, mas essa coerência raramente é útil para prever o próximo evento caótico.

Sistemas complexos, no entanto, têm altos graus de imprevisibilidade (especialmente em certas granularidades e duração de tempo). Além disso, vêm com restrições habilitadoras e em diversas camadas emaranhadas, tornando as previsões lineares de causa e efeito (causalidade) quase impossíveis. Contudo, as disposições (ou tendências) do sistema podem ser descobertas com um certo grau de estabilidade ou o equilíbrio pode ser percebido e, em muitas situações, nota-se algum tipo de fluxo ou movimento que permite decisões adequadas e coerentes para o momento.

Ao observar como o Cynefin é desenhado, é possível observar uma dobra ou sobreposição desenhada na fronteira entre claro e caos. Esse limite representa um penhasco ou colapso catastrófico, que entra em jogo em situações de excesso de confiança ou complacência em relação à crença de que o sistema é claro e óbvio quando, na realidade, pode não ser. Se o contexto ou as condições ambientais mudarem, o caos provavelmente será iminente. Em geral, a queda no caos é, no mínimo, muito cara para se recuperar. Nos piores casos, organizações inteiras podem ir à falência rapidamente.

Finalmente, o domínio central confuso não é ontológico, mas um estado epistemológico da observadora, ao não saber em qual domínio ela ou o sistema em questão se encontra. Embora talvez desagradável, esse domínio não deve ser confundido com caos, nem ser necessariamente evitado. Tornar-se consciente de sua confusão é realmente um bom lugar para começar uma jornada de descoberta e exploração para melhores decisões. É o primeiro passo em um caminho para a saída da **confusão** com maior noção do estado atual do sistema.

FIGURA 1. Estrutura Cynefin

```
              COMPLEXO                          COMPLICADO
        Práticas EXHAPTATIVAS                BOAS Práticas
        Restrições HABILITADORAS             Restrições GOVERNANTES
        SONDAR - SENTIR - RESPONDER          SENTIR - ANALISAR - RESPONDER

                            CONFUSO

               CAÓTICO                           CLARO
        Práticas NOVAS                       MELHORES Práticas
        SEM Restrições                       Restições RÍGIDAS
        AGIR - SENTIR - RESPONDER            SENTIR - CATEGORIZAR - RESPONDER
```

Fonte: Cynefin.io[135]

"Cultura come estratégia no café da manhã"

A famosa frase acima é frequentemente atribuída a Peter Drucker, que teria dito, na verdade, que "a cultura, independente da sua definição, é singularmente persistente."[136] Seja por fome, seja por persistência, a cultura, como a maioria dos sistemas complexos, tende a ter apetite e resiliência muito além da primeira refeição do dia. O uso do Cynefin e de outras ferramentas que ajudam a entender sistemas adaptativos complexos nos permite compreender melhor o desafio ou, pelo menos, os aspectos complexos (e granulares) dentro dele. Além disso, torna possível experimentar e sondar uma série de abordagens para entender a sua disposição e, assim, tomar decisões que alterem sua direção para um estado mais desejável.

Agilidade emaranhada é uma abordagem abrangente para desenvolver resiliência a desafios complexos nas organizações, ao mesmo tempo que permite o surgimento de novas ideias, perspectivas e conexões que apoiam a organização e seus clientes. Isso é sutil, mas também bastante diferente das abordagens tradicionais de gerenciamento. Portanto, listei abaixo algumas abordagens e métodos derivados ou inspirados no Cynefin, além de outros escritores que mais gosto. Não são de forma alguma

---

135 | "Did Peter Drucker Said That?". *Drucker Institute*. Disponível em: https://www.drucker.institute/did-peter-drucker-say-that/. Último acesso: 30/03/2022.

136 | Disponível em: http://cynefin.io/. Último acesso: 01/04/2022.

uma receita ou recomendação, mas considerações e/ou provocações para melhor entrar em contato e aprender com um sistema complexo. Eles são apenas um arranhão na superfície das muitas abordagens altamente apropriadas na prática ou em desenvolvimento hoje.

1. Sondando o sistema

Consiste em ações diretas ou manobras indiretas como catalisadoras de investigações do desafio em vez de planejamento e discussão prolongados para obter feedback direto (muitas vezes na forma de monitoramento de comportamento) dos próprios agentes do sistema. O feedback pode nos informar se devemos ampliar, acelerar, ajustar, amortecer ou rejeitar a sonda investigativa. Idealmente, as sondagens devem ser feitas em paralelo e fazer parte de um portfólio de diferentes abordagens – desde (e incluindo) experimentos (descobertas) com propostas conflitantes, ingênuos e oblíquos (indiretos), mas seguros para falhar e fáceis de acelerar ou rejeitar.

Safe to fail probes

2. Redes e aprendizagem rizomática

É similar ao aprendizado em rede. Precisamos ajustar para uma posição de observação e aprendizado sobre os fluxos e trocas nos sistemas e nos distanciar um pouco das estruturas e procedimentos rígidos, buscando observar os padrões dos relacionamentos dinâmicos em rede semelhantes aos encontrados no pensamento e na pesquisa de ecossistemas. A heterogeneidade coerente foi introduzida por Dave Snowden, mas talvez seja mais fácil entender pelo que a Sonja Blignaut descreve como uma "coerência bagunçada", em que a aparente desordem é vital para a resiliência de um sistema complexo.[137] Kotter sugere que precisamos mudar para um novo sistema ou, pelo menos, um sistema operacional duplo, menos parecido com nossos modelos

---

137 | BLIGNAUT, Sonja. Creating Messy Coherence. *Medium*, 3 de janeiro de 2021. Disponível em: https://sonjablignaut.medium.com/creating-messy-coherence-c0ae404e2627. Último acesso: 02/03/2022.

tradicionais de confiabilidade e eficiência, e mais envolvido com o aprimoramento do fluxo e da mobilidade. Assim, criamos velocidade, agilidade e resiliência, além de aumentar o número de agentes de mudança ativos (pessoas) dentro do sistema como um todo.

Sempre fico admirado com a forma como o mundo natural nos informa e nos inspira em suas fascinantes abordagens para lidar com a complexidade em desafios como o deslocamento de nutrientes, força, adaptabilidade e flexibilidade dos músculos do nosso corpo, além das incríveis redes de micélios subterrâneos. Visualmente, eles parecem altamente emaranhados e entrelaçados, mas possuem agilidade e eficiência surpreendentes. Linhas paralelas, as diagonais e a geometria mais conhecida, construíram grande parte do nosso mundo, mas essa mentalidade e as suas abordagens estão aquém dos desafios complexos que enfrentamos agora.

Rizoma: **aprendizagens e ecologias cognitivas**

3. Silos e estimulação das redes sociais

Já ouvi, muitas vezes, de clientes e colegas a percepção de silos dentro de suas organizações e a preocupação genuína de unificá-los e alinhá-los em seus departamentos ou unidades de negócios. A imagem de uma banda marcial movendo-se para uma única melodia, com as pernas esquerda e direita movimentando-se para cima e para baixo, em perfeita sincronia, inspira líderes com sonhos de eficiência e alinhamento. Mas essa metáfora é grosseiramente desatualizada (e superestimada) desde os dias da Revolução Industrial, do aumento da produção em massa e da época em que tratar seres humanos complexos como um recurso passível de ordenação era esperado e normal.

Uma provocação aos atuais líderes é reconhecer que criar silos faz parte da nossa humanidade. Tornar-se tribal parece fazer parte do nosso *firmware* e, portanto, lutar contra a maré raramente gerará resultados positivos. Quando falamos aqui de redes sociais, não me refiro às plataformas do Facebook®, Linkedin® e outros. Precisamos estimular as redes e conexões informais e sociais dos nossos times e comunidades para criar links entre os silos, além de condições para que as redes intersilos surjam e se fortaleçam, liberando informações de diversos grupos e camadas hierárquicas dentro da organização, como propõe Kotter.

Como podemos projetar espaços e contextos para interação, ajustes e emaranhamento, permitindo assim que oportunidades emerjam e catalisem novas conexões e, por sua vez, criem novos comportamentos? Como e quando a interação entre contextos se tornará parte de uma descrição do trabalho da liderança?

Social network stimulation

4. Andaimes (*scaffoldings*)

Nós tendemos a nos apaixonar pelo framework mais recente e usar (e abusar) de seus limites para os desafios que enfrentamos nas organizações, esquecendo-nos, muitas vezes, de sua aplicabilidade limitada. *Scaffoldings* são mais conhecidos (e vistos) em canteiros de obras, porém o conceito também pode ser aplicado ao contexto de desenvolvimento organizacional. Uso intencionalmente a palavra em inglês, pois andaimes em português ainda se restringem às estruturas de engenharia civil.

A Pendleton-Jullian[138] nos traz que o *scaffolding* como um todo é relacionado a estruturas temporárias que suportam o surgimento de um construto novo e separado, que cresce dentro ou ao lado da organização (ou departamento), num papel de suporte. É, geralmente, removido ou absorvido após a conclusão, deixando pouco ou nenhum rastro. Precisamos, portanto, desenvolver métodos e ferramentas de *scaffolding* emaranhados que suportem novas conexões inter e intrarredes para as organizações.

Scaffolding

---

138 | Pendleton-Jullian, Ann & Brown, John (2018). *Design Unbound*. Designing for Emergence in a White Water World. MIT Press, 2018.

5. Inteligência contextual e sensemaking na liderança

Precisamos mudar urgentemente nosso foco de conteúdo para contexto e influência de emaranhamento, em vez da análise do caso raiz e da "caça às bruxas por causalidade". Como Sonja Blignaut tantas vezes afirmou, é preciso ser COOL em complexidade. Da mesma forma que vai à academia para treinar e manter a forma física, o líder, em cenários complexos, precisa de Coragem, Openness (abertura), capacidade de Observar e Leveza para ficar Fitness em Complexidade.

Berger aponta para a necessidade de maior capacidade de autocomplexidade ou sensemaking em nossos líderes. A interação entre as demandas feitas ao líder, incluindo sua capacidade de lidar com a complexidade, e sua habilidade para assumir múltiplas perspectivas complexas são as mais importantes. Eles precisam ser capazes de construir e criar confiança suficiente no sistema para ganhar movimento, tração e envolvimento consciente com suas equipes e demais partes interessadas. Essa confiança requer inovação, experimentação e agilidade para identificar e, então, agir em sentido da mudança de direção, uma vez que a "disposicionalidade" tenha sido descoberta dentro do sistema (Kahane).[139]

Complexity fit

Fazendo sentido (making sense)

Os últimos parágrafos de um texto são tradicionalmente chamados de conclusões, mas não há conclusões ou soluções aqui. Desafios complexos sempre serão um mistério, pois a previsão é impossível e as propriedades emergentes tendem a gerar maiores ou novas preocupações, que, por sua vez, levantam muros e barricadas que apenas nos distanciam de uma nova realidade emergente.

Como espécie, nós alcançamos grandes conquistas por meio de nossos avanços tecnológicos, mas isso também parece ter vindo acompanhado de um alto grau de complacência em relação à importância que damos ou

---

[139] KAHANE, Adam. *Facilitating Breakthrough*: How to Remove Obstacles, Bridge Differences, and Move Forward Together. Berrett-Koehler Publishers, 2021.

atribuímos às nossas ações, comportamentos e capacidades de criação de sentido (sensemaking) individuais. Lançamos telescópios, que analisarão o nascimento do universo, e supercomputadores, que calculam em petaFLOPS, e nos acostumamos com respostas fornecidas por um especialista ou uma equipe com soluções para nossas perguntas mais desafiadoras.

Adoramos nossa tecnologia, mas, ao perceber o mundo e responder pelo ponto de vista da complexidade, faremos as coisas de maneira bem diferente. A inovação requer risco e ser ligeiramente oblíquo e fora da tangente dos caminhos tradicionais relacionados ao sistema e mais ao redor dele é um desafio por si só.

Como podemos emaranhar e transformar nossos locais de trabalho em espaços para o cultivo de uma nova maneira de fazer as coisas? Como podemos ser agentes na evolução da forma com que interagimos uns com os outros e na restauração de maior equilíbrio e saúde em nossas organizações e, talvez, até nosso planeta (Berger)?[140]

Precisamos nos emaranhar consciente e propositalmente e, assim, nos conectar a nós coerentes em nossas organizações, estendendo aos nossos clientes, fornecedores e, ouso provocar, até mesmo aos nossos concorrentes. Precisamos de um admirável novo sistema integrado emaranhado e ágil, capaz de lidar com a velocidade e a diversidade das mudanças, os ajustes dinâmicos e emergentes do nosso planeta, do ambiente e das condições de trabalho, e os desafios antropocêntricos do nosso tempo.

---

140 | BERGER, Jenifer Garvey. *Changing on the Job*: Developing Leaders for a Complex World. Stanford Business Books, 2013.

IAN MACDONALD tem mais de 20 anos de experiência e já atuou nas áreas de empreendedorismo, comunicação, desenvolvimento de liderança e estratégia. Sua experiência abrange diversas especialidades criativas como publicidade, fotografia e design. Desde 2014 assessora e facilita o desenvolvimento de indivíduos e suas equipes em sistemas de alta complexidade. Já foi coach executivo bilíngue, consultor e facilitador em sistemas adaptativos complexos atendendo uma ampla gama de estudantes individuais, governos e organizações corporativas de diversos setores e tamanhos na América Latina, EUA, Canadá, Europa e Oriente Médio. Cofacilitou o design e a implementação de projetos SenseMaker®, cursos de treinamento Cynefin, masterclasses e facilitação virtual de exploração em desafios de alta complexidade. Atualmente, faz parte da equipe de transformação digital do Itaú Unibanco, onde é head do Itaú Complexity Labs.

CONECTE-SE A ELE

in https://www.linkedin.com/in/ian-macdonald-01/

POR DENTRO DAS ORGANIZAÇÕES

/ A VISÃO COMPLEXA DAS ORGANIZAÇÕES
/ MERGULHANDO NA CULTURA ORGANIZACIONAL
/ DESIGN DE ESTRUTURAS

Uma vez que aprendemos a olhar para fora e para o futuro, prestando atenção no mundo como ele é, não como gostaríamos que fosse, voltamos o exercício para dentro, isto é, para as nossas organizações. É preciso refletir se faz sentido a forma como estamos estruturados e organizados e, então, (re)desenhar estruturas, processos, pessoas e fluxos, antes de nos movimentar e agir.

É a essa premissa que estão diretamente relacionados os ensaios desta seção. Como observador um tanto crítico dos corredores corporativos há mais de três décadas, busco em meu ensaio esclarecer como as organizações se compõem, se estruturam, buscam seus resultados e administram suas estratégias. Se queremos crescer no mercado, se queremos ser mais inovadores, se queremos ser ágeis, se queremos operar em outros segmentos ou em outra localidade, precisamos de um desenho organizacional e de uma cultura absolutamente integradas e alinhadas. Projetos de reestruturação organizacional, redução de custos e/ou aquisição de novas tecnologias quase sempre têm resultados pífios dada a abordagem apenas de processo, no sistema físico, sem mudança da cultura ou do sistema social.

Nessa direção, Gilberto Shinyashiki nos conduz em um mergulho pelas subculturas, pelos níveis da cultura, como formamos e mantemos, e propõe alguns caminhos para a mudança da cultura, além de como podemos ter mais clareza do quão complexo e organizado é um processo de mudança de cultura. O autor ainda destaca: "Se queremos obter resultados diferentes, precisamos fazer coisas diferentes; e para fazer coisas diferentes, pelo menos de forma consistente e sistemática, as empresas e seus funcionários devem realmente começar a pensar de forma diferente."

Seguimos o mergulho por dentro das organizações com a importância e os caminhos para o desenho das estruturas. Fabiana Dutra nos provoca a diferenciar "caixinhas" – organogramas – de pessoas como um fator crítico. Quando falamos em design de estruturas não podemos basear ou dar foco em pessoas e, sim, na cadeia de valor do negócio, que executará uma estratégia. Ela avisa: "Um desenho mal elaborado, sem estratégia e sem foco no resultado pode promover um ambiente confuso, com perda de energia, retrabalhos e falta de engajamento. Já um desenho bem estruturado e conectado aos objetivos estratégicos pode mover o negócio, sinalizar transformações, clarear propósitos, engajar o time e gerar vantagens competitivas únicas para a organização."

Finalmente, Patrick Schneider joga luz sobre a liderança do futuro nos novos formatos de trabalho. A ideia de comando e controle é, novamente, colocada em xeque, dando espaço para relações de mais participação integral, ambientes mais colaborativos, espaços de escuta e construção de direção, com pessoas e empresas rompendo a lógica do capitalismo ultrapassado. "Nesta nova economia que se insurge, na qual gerar impacto ganha uma relevância maior do que somente comercializar produtos e soluções, o líder que se engaja ao seu time possui uma carreira mais longeva dentro do mercado", destaca o autor.

Após ler esses ensaios, você ainda acha que estratégia, cultura e modelo de organização são elementos indissociáveis?

A VISÃO COMPLEXA DAS ORGANIZAÇÕES

MARCO ORNELLAS

"O que eu vejo inclui o que eu não vejo, assim como a ordem inclui a desordem, dois elementos que se integram em uma gestalt. Dar um passo atrás é ampliar a visão."

(complexidade X) (conexão X)
(processos X) (comunicação X)
(estruturas X) (inclusão X)

Quero começar este ensaio com duas frases que me mobilizaram ao longo dos meus estudos e entendimento sobre a Complexidade.

A primeira é do Peter Senge, a quem tive oportunidade de conhecer e ter aulas no Mestrado:

"Desde a mais tenra idade, nos ensinam a dividir os problemas, a fragmentar o mundo, o que parece ter o dom de facilitar tarefas e questões complexas. Mas o preço que pagamos por isso é enorme, pois deixamos de ver as consequências de nossos atos e perdemos a noção de integração com o todo maior."[141]

Falar de Complexidade é falar de modelos mentais e da força da percepção na construção dos nossos padrões mentais, como explica Yoram Wind, professor da Wharton School, da Universidade da Pensilvânia, com coautores:

"Dar um passo atrás e olhar o quadro geral é a chave para evitar as ciladas da fixação cognitiva ou de ser sufocado pelos dados. Esse processo de aproximar-se e distanciar-se pode evitar que você seja paralisado por um contexto amplo demais e pule rapidamente para novos modismos."[142]

Senge e Yoram sugerem o movimento, a dança do olhar de perto e de longe, observar e perceber as árvores ao mesmo tempo que se admira e se entende o bosque, dois movimentos importantes para lidarmos com o mundo complexo e compreendermos as relações das interações que regem os processos, as organizações e os fenômenos.

Isso, é claro, se acreditarmos que tudo está ligado a tudo, tudo se conecta a tudo e tudo tem a ver com tudo.

Se estou olhando o bosque, eu não consigo ver as árvores – no máximo, algumas que compõem a mata; por sua vez, se estou próximo e reconheço algumas árvores, não consigo perceber e ver o bosque, que, ainda assim, existe. O que eu vejo inclui o que eu não vejo, assim como a ordem inclui a desordem, dois elementos que se integram em uma gestalt. Dar um passo atrás é ampliar a visão.

---

141 | WIND, Yoram J.; CROOK, Colin; GUNTHER, Robert. *A força dos modelos mentais*: transforme o negócio da sua vida e a vida do seu negócio. Porto Alegre: Bookman, 1 ed., 2005, p. 212.

142 | SENGE, Peter. *A quinta disciplina*: A arte e a prática da organização que aprende. Rio de Janeiro: Best Seller, 30 ed., 2013.

O pensamento sistêmico surge no século XX se contrapondo ao pensamento reducionista e mecanicista vigente desde a Revolução Científica do século XVII, ainda muito determinante em nossa sociedade, pois traz consigo a certeza do conhecimento científico, a relação de causa-efeito e a visão linear e das certezas.

Essa foi a grande e crucial ruptura para toda a ciência contemporânea: o reconhecimento de que a Ciência nunca poderia oferecer uma compreensão completa e definitiva e, sim, um conhecimento aproximado.

O paradigma e o pensamento sistêmico reconhecem que os conceitos e as teorias são limitados e aproximados por natureza. Não estamos lidando com a verdade ou a certeza no sentido de precisão e de uma relação causal dos fenômenos – ao contrário, se para entender o todo eu devo considerar as partes, as interrelações e as interconexões, o que parecia um contexto de desconforto mostra-se, ao longo do tempo, uma fonte de confiança e força na ciência.

Dessa forma, a visão sistêmica é uma forma de entender as relações de forças que atua sobre processos, fenômenos e interações complexas; é a prática de olhar o quadro geral ao invés do particular.

Senge apontou o pensamento sistêmico como uma das cinco disciplinas para as organizações que aprendem: domínio pessoal, modelos mentais, visão compartilhada e aprendizagem em equipe se somam ao pensamento sistêmico como disciplinas e práticas de diferenciação das organizações e caminhos para a sobrevivência e efetividade das empresas.

Na mesma direção, os cientistas e escritores Fritjof Capra e Pier Luigi Luisi destacaram algumas características do pensamento sistêmico no seu livro *A visão sistêmica da vida*.[143] Entre elas, destaco, a partir de uma leitura pessoal:

- O pensamento sistêmico é o movimento de percepção das partes e do todo.
- Para entender os fenômenos complexos, eu preciso deslocar a minha percepção pelos vários níveis sistêmicos.
- O pensamento sistêmico é processual e não estrutural.
- A complexidade e o pensamento sistêmico são uma rede viva – uma teia dinâmica de fenômenos que se interrelacionam, se influenciam e se deixam influenciar.

---

143 | CAPRA, Fritjof; LUISI, Pier Luigi. *A visão sistêmica da vida*: Uma concepção unificada e suas implicações filosóficas, políticas, sociais e econômicas. São Paulo: Cultrix, 1 ed., 2014.

- Se a observação depende do observador, não podemos falar de objetividade ou de uma ciência objetiva.
- O novo paradigma pressupõe uma descrição aproximada da realidade e não mais uma verdade absoluta.
- É preciso desenvolver uma atitude de cooperação e integração com a natureza, em contraponto à postura de dominação e controle.

É com essa visão de mundo e pensamento sistêmico que precisamos observar os fatos, as organizações, a vida.

A visão sistêmica das organizações

O mundo não é composto por forças separadas, sem relação entre si – pelo contrário, como disse anteriormente e ensaios anteriores validaram, tudo está ligado a tudo, tudo tem a ver com tudo e tudo depende de tudo, mesmo quando os eventos ou os componentes estão distantes no tempo e no espaço ou não têm, aparentemente, nenhuma relação. As empresas são sistemas vivos, orgânicos, complexos e adaptativos, com componentes entrelaçados por fios invisíveis de inter-relações. Nos meus livros *DesigneRHs para um novo mundo*[144] e *Uma nova (des)ordem organizacional*,[145] eu destaquei que ser um designer organizacional é ter a sensibilidade de identificar esses fios, essa rede e construir novas conexões, ainda que por um curto período de tempo, construindo e reconstruindo posteriormente, em um movimento vivo e pulsante. Pois não há nada mais nocivo e retrógrado, com efeitos espalhados pelo atual mundo corporativo, que profissionais que percebem a organização como fragmentada e estática.

Para entendermos os vários elementos que compõem uma organização viva, gosto de me inspirar e de me apropriar das ideias e do modelo do Dr. Ichak Adizes.[146] Permito-me, aqui, ampliar e dar a minha contribuição, a partir da experiência como consultor ao longo desses mais de 30 anos (Fig.1).

---

144 | ORNELLAS, Marco. *DesigneRHs para um novo mundo* – Como transformar o RH em designer organizacional. São Paulo: Colmeia Edições, 1 ed., 2017.

145 | ORNELLAS, Marco. *Uma nova (des)ordem organizacional*. São Paulo: Colmeia Edições, 1 ed., 2021.

146 | ADIZES, Ichak. *Os ciclos de vida das organizações*. São Paulo: Editora Pioneira, 1990.

FIGURA 1. As empresas que decidiram não esperar o futuro arriscam-se, em sua maioria, em quatro movimentos – isolados ou simultâneos.

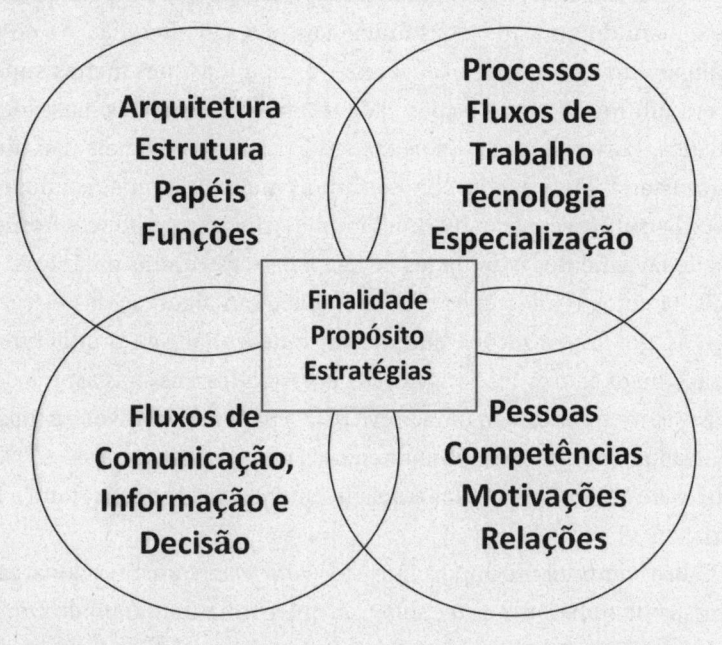

Diagrama com quatro círculos interseccionados em torno de um quadrado central:

- Arquitetura, Estrutura, Papéis, Funções
- Processos, Fluxos de Trabalho, Tecnologia, Especialização
- Fluxos de Comunicação, Informação e Decisão
- Pessoas, Competências, Motivações, Relações
- (Centro) Finalidade, Propósito, Estratégias

Fonte: *Psicologia para administradores*, de Paul Hersey e Kenneth H. Blanchard.[147]

A começar pela Arquitetura Organizacional, já que toda organização, independentemente do seu tamanho ou tempo de vida, tem ou precisa ter uma estrutura, clareza de papéis e responsabilidades. Essa arquitetura dá a noção de ordem no sistema. O conceito de definição, aqui, é a clareza das interpelações dos papéis: quem faz o quê, por ordem de quem, quem diz a quem o que fazer, quando e por quê. É a arquitetura que valida as relações interfuncionais.

Mais do que um bom desenho ou arquitetura, uma organização necessita de uma estrutura clara. Quem nunca se viu diante de uma organização com desenhos diferentes ou mesmo com confusão de papéis ou responsabilidades, gerando desentendimentos, ruídos de comunicação, problemas de motivação e muito desgaste interno?

---

147 | HERSEY, Paul; BLANCHARD, Kenneth H. *Psicologia para administradores*: A teoria e as técnicas de liderança situacional. São Paulo: EPU, 1968.

Vivemos em um ambiente cada dia mais complexo em que a especialidade e a liderança por conhecimento, comando e controle já não fazem mais sentido. Não há como empoderar as pessoas se o modelo de autoridade é mantido ou as relações funcionais não são alteradas. As pessoas trabalham, hoje, de todos os lugares e, a cada dia, com menos supervisão, em um mundo de relações cada vez mais horizontais, baseadas na confiança. Portanto, precisamos construir arquiteturas mais flat, menos hierárquicas, mais em rede, com estruturas mais autônomas e autogerenciáveis. Estruturas em squads, times multidisciplinares e poucas fronteiras entre departamentos e unidades de negócios e estruturas orgânicas, com papéis, círculos e interações bem definidas, são algumas das estruturas adotadas por organizações que ousam redesenhar sua arquitetura, de acordo com os seus valores, as novas necessidades e as suas aspirações.

Neste momento, faço uma breve pausa para conectar você a dois outros ensaios importantes sobre o tema: "Design de estruturas" e "Novos modelos de gestão",, assinados respectivamente, por Fabiana Dutra e Davi Gabriel.

Outro componente importante e foco do design organizacional são os processos de trabalho e as tecnologias, que configuram o modo como as atividades são executadas, as metas são atingidas e como as coisas acontecem dentro da organização. Refiro-me, aqui, a processos operacionais que constituem os instrumentos para tornar operante a estrutura e fazer com que a razão de ser ou a finalidade da empresa tenha efetividade. O "o quê" e "como" fazemos o que fazemos. É claro que isso passa pela adoção da tecnologia, incluindo o processo de automação de tarefas, planejamentos, controles e tudo mais que leva a cabo as metas da organização.

A origem desse componente vem desde a Revolução Industrial e inclui a divisão do trabalho, a especialização técnica, a economia de escala, a relação custo-benefício, a disposição física dos equipamentos, o fluxo de trabalho e a própria disposição dos equipamentos e materiais inerentes ao processo adotado. Os principais indicadores de sucesso e eficácia desse componente são o custo e a qualidade dos processos. O avanço da transformação digital e da automação de processos como respostas tecnológicas capazes de liberar a força de trabalho das rotinas e das atividades operacionais têm impacto na rapidez, eficiência e respostas seguras e confiáveis.

Todo sistema orgânico precisa se comunicar para dentro e para fora.

Por isso, outro componente do sistema interno refere-se aos fluxos de comunicação e decisão, fundamentais, ainda que muitas vezes preteridos, para manter o sistema em funcionamento. Os relatórios e as informações sobre propósito, missão, metas e prioridades, que fornecem às pessoas dados complexos sobre o funcionamento e o posicionamento da organização, permitem que diversos elementos sejam acompanhados e comparados, dando mais subsídios para a tomada de decisões sobre planos futuros e sua execução.

Integram esse escopo os processos interpessoais e as principais relações entre todos – sejam horizontais, sejam verticais. Esse componente é o principal responsável pela capacidade da organização de olhar para fora e se antecipar, se atualizar e/ou se adaptar às mudanças – tanto do ambiente interno, quanto do externo. Cabe aqui até uma analogia com o ar que um organismo respira, permite trocar com o meio e dá movimento e vida, já que sem o tal a sobrevivência fica comprometida.

Em um mundo e cenário exponenciais, um fluxo de comunicação e decisão extremamente ágil, no qual todos são capazes de acompanhar o que acontece dentro e fora da organização, é um fator de sobrevivência e de "futurizar" a organização, conforme comentado pela Rosa Alegria no início desta obra. Destaque seja dado ao que acontece fora da organização, visto que, historicamente, boa parte das nossas empresas se acostumaram a olhar para dentro, construir muros e sistemas reservados de escuta, com pouco relacionamento com o mercado.

Em um contexto de altíssima turbulência e transformações rápidas, esse componente é crítico, pois interfere diretamente na capacidade e no quociente de adaptação de empresas. É isso mesmo: além do QI (quociente de inteligência) e do QE (quociente emocional), as companhias também precisam se preocupar com o QA (quociente de adaptação). Essa é somente uma das novas competências exigidas.

Outro componente vital e importante desse processo são, obviamente, as pessoas – suas motivações, necessidades, propósito e interesses, bem como a liderança exercida ou requerida. Refiro-me, aqui, àquelas que operam a estrutura (a formação, o tipo e a natureza das competências, a preparação profissional, as necessidades, os interesses etc.. Analisa-se e desenha-se nesse componente o sistema retributivo, o conjunto dos modelos de comportamentos aprovados, apreciados e premiados (ou punidos) pela organização (os critérios com que são avaliados o desempenho e o potencial, os critérios, mais ou menos explícitos, com que são reconhecidos e privilegiados, os méritos e as carreiras).

Fazem parte desse componente também discussões relevantes como a diversidade, a inclusão, a colaboração, o ambiente e o clima que aproxima e integra a todos com sentimento de pertencimento e orgulho. O encontro de várias gerações, além da diversidade e da divergência de valores, crenças e gênero, entre outros fatores, obrigam as empresas a lidar com novos comportamentos e objetivos, como o já comentado desejo por mais autonomia. Relações desenhadas sem a influência do comando e controle, apoiadas no sentir e responder são apenas um pedaço das mudanças que estamos ver acontecer.

Falar de pessoas é também falar dos novos comportamentos e dos diferenciais de um profissional (líder ou não) interessado em prosperar nesse mundo, como a capacidade de aprender, desaprender e reaprender, em um ciclo cada vez mais rápido e contínuo. O pensamento crítico, a inteligência emocional e outras soft skills também integram a lista de qualificações de quem deseja manter a engrenagem da mudança em funcionamento.

Para uma organização se manter em evolução, é importante olhar para o futuro como uma visão de mudança que nasce e é determinado por uma escolha política da empresa, mas é estimulado e solicitado pelas mudanças que provêm sempre do ambiente externo. As estruturas mudam se os homens crescem. Estes mudam os seus comportamentos se os modelos do sistema retributivo mudam e se os instrumentos operativos de que dispõem permitem à estrutura uma forma diferente de operar.

O desenvolvimento, a maturidade e o caminho de consciência de uma organização são mais do que uma questão tecnológica. A transformação é uma questão de estrutura, tecnologia ou processos, e passa por cultura, pessoas e a forma como nos comunicamos internamente. Projetos de reestruturação organizacional, redução de custos, aquisição de novas tecnologias, quase sempre têm resultados no curto prazo e se perdem ao longo do tempo. Por quê?

Porque se fez uma abordagem apenas de processo, no sistema físico, sem mudança da cultura ou do sistema social, gerando o chamado efeito sanfona: emagrece, mas aos poucos engorda, até ter de fazer outro regime rigoroso.

É preciso uma visão sistêmica e complexa, entendendo a organização como um sistema vivo e em movimento, com capacidade de mobilizar todos os elementos integrados que potencializam a transformação, ao invés de tomar medidas paliativas, que na maioria das vezes trazem mais anomalias e disfuncionalidades. Em tempos passados, o cenário era mais generoso para os erros cometidos por essas abordagens; apesar dos custos, tínhamos tempo para reverter a direção e dar novo rumo. Hoje esse tempo não é mais possível – precisamos nos conectar com as exigências de fora e do futuro, viver o contexto, ser honesto nas respostas e permitir o fluir da mudança, dando direção à medida que vivemos a mudança – sentir e responder.

Doenças ainda existentes hoje, como a burocracia, têm tudo a ver com processos de trabalho muitas vezes arcaicos. Desentrosamento de equipes tem tudo a ver com estruturas separadas em departamentos e gerências com baixa comunicação e integração interna, gerando muitas vezes times isolados. Falta de agilidade, muitas vezes, está explicada em arquiteturas e estruturas muito hierárquicas e de baixa responsabilização e comprometimento das pessoas. Resistência a mudanças e dificuldade de ter uma visão sistêmica e um pensamento crítico são fruto do tipo de competência e habilidades das pessoas que compõem as organizações.

O mundo, cada dia mais, pede uma organização com uma cultura mais leve, ágil, criativa e inovadora, capaz de absorver e reter profissionais empoderados e conscientes do seu desejo e propósito, dispostos a operar em estruturas flexíveis e em forma de redes, em times diversos, plurais e multifuncionais, com processos automatizados que contribuem e colaboram com o que há de mais competente na fronteira da especialidade, e altamente comprometidos e engajados com o resultado que desejam criar.

Se levantar a cabeça da sua mesa, verá uma multidão de designers organizacionais, nexialistas, polímatas, hackers e disruptors inconformados com a realidade presente e animados para construir um mundo diferente.

Em uma cultura inovadora, valoriza-se o empoderamento, a autonomia e a capacidade de fazer escolhas das pessoas. Cada vez mais vemos o crescimento e a expansão das tecnologias e suas aplicações mudando a economia, o desenho das nossas organizações e as rotinas profissionais.

É evidente que o desenho, a arquitetura, os processos e os fluxos de comunicação e decisão precisarão urgentemente serem reinventados – do contrário, teremos um gap de atração de profissionais e talentos.

Os vários olhares do designer organizacional

A visão sistêmica pressupõe a percepção do quadro global, a identificação de contextos, a suposição e a investigação do que está além, a exploração do desafio ou problema, a liberdade para pensar fora das fronteiras, a abertura de novos caminhos, a expansão de limites e a integração de diferentes disciplinas, além da troca e da cooperação.

A visão linear e o olhar de perto pressupõem a atenção aos detalhes, a visão de curto prazo, o espírito analítico, de comparação e afinidades, a noção de classificação e prioridades, o sentido de síntese e de redução.

Distanciar-se e se aproximar é um movimento, em princípio, sequencial e, em seguida, simultâneo. Na caminhada, ele se traduz num balé contínuo e interessante, necessário e útil para vivermos em um mundo complexo.

MARCO ORNELLAS é psicólogo, coach e consultor com mestrado em biologia cultural no Chile, sob a orientação de Humberto Maturana. É um estudioso da complexidade, conceito base para um pensamento sistêmico.

CEO da Ornellas Consulting e Academy, já preparou e desenvolveu mais de 800 profissionais pelo Brasil (programas abertos e in company), com jornadas de formação em design organizacional, laboratório de inovação e pensamento disruptivo de RH.

Pai da Maria Fernanda, Mariana e Ana Beatriz e avô do Caique, Vitor e Olivia, mantendo-se em constante prototipagem, testando novas abordagens, comportamentos, aprendizagens e soluções, para seguir junto.

Autor dos livros *DesigneRHs para um novo mundo*, *Uma nova (des)ordem organizacional* e *Ensaios por uma Organização Consciente*.

CONECTE-SE A ELE

in https://www.linkedin.com/in/marcoornellas/

✉ marco.ornellas@ornellas.com.br

☎ (11) 99196-3120

🌐 www.ornellas.com.br

MERGULHANDO NA CULTURA ORGANIZACIONAL

GILBERTO *SHINYASHIKI* ─────

"A cultura é muito mais uma questão de fazer do que de dizer. Tentar mudar uma cultura puramente por meio de mensagens de cima para baixo, programas de treinamento e desenvolvimento e dicas identificáveis raramente altera as crenças ou os comportamentos das pessoas."

(cultura X)   (liderança X)
(valores X)   (sociedade X)
(interação X) (processos X)

A cultura organizacional está em evidência nas publicações na academia e nas atividades de consultoria. Líderes, na iniciativa privada e pública, destacam o tema por vários motivos. Tentam gerenciar a cultura de sua organização – questionando como podem fazer a empresa ter mais foco no cliente e ser mais inovadora neste mundo em transformação. Outros fazem um esforço para executar a nova estratégia, a frase atribuída ao Drucker que "a cultura come a estratégia no café da manhã" tem sido citada cada vez com maior frequência.

Importante lembrar que o tema ganhou popularidade nos anos 1980 com quatro livros com grande influência na difusão do tema:

1. *Theory Z: How American Business Can Meet the Japanese Challenge* (sem tradução no Brasil), de William G. Ouchi (1981).
2. *The Art of Japanese Management: Applications for American Executives* (sem tradução no Brasil), de Richard Tanner Pascale e Anthony G. Athos (1982).
3. *Corporate Cultures: The Rites and Rituals of Corporate Life* (sem tradução no Brasil), de Terrence E. Deal e Allan A. Kennedy (1982);
4. *In Search of Excellence: Lessons from America's Best Run Companies* (sem tradução no Brasil), de Thomas J. Peters e Robert H. Waterman Jr. (1982).

Os dois primeiros livros sugeriram que o sucesso empresarial japonês poderia ser atribuído em grande parte à cultura corporativa japonesa. As quatro obras atribuíram a ela o desempenho organizacional, destacando que o seu gerenciamento poderia melhorar a vantagem competitiva de uma empresa. Esses livros foram best-sellers, sendo que o último vendeu mais 4,5 milhões de cópias. Os autores destacaram que a cultura organizacional forte é uma das características das organizações americanas excelentes no período.

Em 2019, fiz um levantamento nas bases de dados acadêmicas e encontrei um crescimento da publicação de artigos específicos sobre cultura organizacional, sendo que o volume dobrou no período de 2012 a 2019.

A cultura pode ser definida como um conjunto compartilhado de valores (com o que nos importamos), crenças (o que acreditamos ser verdade) e normas de comportamento (como fazemos as coisas). Existem para alinhar esforços, gerar sentido compartilhado, aumentar a previsibilidade e codificar lições organizacionais sobre o que funciona e o que não funciona. (Hollister et al, 2021)[148]. A cultura influencia a forma como percebemos, pensamos e sentimos dentro da organização.

Formação da cultura

A origem da cultura está no começo da vida da organização. A cultura é resultado de um número significativo de experiências comuns de aprendizagem, quando se começa a lidar com problemas externos (sobrevivência) e internos (integração do grupo).

Com o decorrer do tempo, passa-se a ter uma visão compartilhada de como o mundo funciona e os métodos para resolver os problemas. Essa visão compartilhada leva à formação de algumas crenças e pressupostos básicos, pois funcionou bem e por bastante tempo. Aqui temos a primeira dificuldade de lidar com a cultura: só vai para dentro da cultura o que deu certo; foi com isso que a empresa chegou até aqui, o que não deu certo foi descartado lá atrás.

Na etapa seguinte, todas essas crenças sobre como resolver esses problemas se tornam naturais, porque funcionaram repetida e consistentemente. Você tem, aqui, a segunda dificuldade: as pessoas não têm consciência da cultura da organização. Se você perguntar aos nativos por que eles fazem algo daquele jeito, eles terão dificuldade de entender sua pergunta e responderão que "é assim que se faz". Por isso, para compreender a cultura, precisamos, muitas vezes, do "olhar do turista" que se surpreende e estranha as coisas que acontecem na organização.

Embora a cultura forneça a base para a estabilidade organizacional, é também a força que mantém os líderes presos às suas antigas formas de conduzir os negócios (Napier et al, 2021).[149]

O processo de formação tem um componente emocional muito intenso, fazendo com que algumas abordagens que prometem uma mudança rápida da cultura da organização sejam percebidas com reservas. O psicólogo Edgar Henry Schein faz uma analogia muito interessante: "Cultura está para o grupo, como personalidade está para um indivíduo".[150] Traz, assim, um pouco da complexidade da mudança da cultura de uma organização.

---

148 | HOLLISTER, R., TECOSKY, K., WATKINS, M, AND WOLPERT, C. Why Every Executive Should Be Focusing on Culture Change Now. *MIT Sloan Management Review*. August 10, 2021.

149 | NAPIER, L, LIBERT, B, DE VRIES, K.D. Changing Culture Is Central to Changing Business Models. *MIT Sloan Management Review*, November 23, 2020.

150 | SCHEIN, E. *Cultura organizacional e liderança*. Atlas Editora, São Paulo, 2009.

Subculturas organizacionais

Ao discutir cultura organizacional, estamos nos referindo àquela dominante, ou seja, aos valores e pressupostos compartilhados de forma mais consistente e ampla pelos membros da organização. A cultura dominante não é tão unificada ou clara como muitos supõem. Em vez disso, as organizações são compostas de subculturas localizadas em suas várias divisões, regiões geográficas e grupos ocupacionais. Algumas aprimoram a cultura dominante e adotam suposições e valores paralelos; outras diferem, mas não se opõem à cultura dominante.

As subculturas[151] cumprem duas funções importantes:
a) primeiro, mantêm os padrões de desempenho e comportamento ético da organização;
b) segundo, servem como base de geração de valores que mantêm a empresa alinhada às necessidades dos clientes, fornecedores, sociedade e outras partes interessadas. Eventualmente, é preciso substituir os valores dominantes por outros mais apropriados para o ambiente em mudança. Se as subculturas forem suprimidas, a organização pode demorar mais tempo para descobrir e adotar valores alinhados com o ambiente emergente.

Níveis da cultura

O primeiro nível são os artefatos. É o mais fácil de observar – são as construções físicas e o ambiente social, como as pessoas se comportam. Percebe-se imediatamente que organizações diferentes agem de forma diferente. Entretanto, é difícil entender o que isso significa. Nós vemos claramente o que acontece, mas não sabemos por que as pessoas se comportam do jeito que se comportam, nem por que a organização é construída daquela forma. É necessário conversar com um nativo e fazer perguntas sobre as coisas que você observa.

Nesse momento, estamos entrando no segundo nível – o dos valores. É preciso perguntar sobre as coisas que a organização valoriza, como as pessoas devem ser, como é o jeito certo de fazer as coisas. Aqui podemos ter confusão no entendimento dos valores – é o que é <u>falado</u> ou é o que é <u>feito</u> nas situações em que estes valores devem operar.

---

151 | MCSHANE, S. L.; VON GLINOW, MARY ANN. *Organizational behavior*. McGraw-Hill/Irwin, New York, NY, 2010

Estudo realizado pelo MIT,[152] em 2021, mostra que 73% das empresas declaram ter entre quatro e sete valores. Integridade, colaboração, foco no cliente e respeito são os mais frequentes. O mais dramático é que, quando os autores tentaram correlacionar os valores oficiais com os manifestados pelos empregados, o resultado é nulo. Essa situação nos leva para o próximo nível, o das premissas básicas, as implícitas, que guiam os comportamentos das pessoas. São inconscientes e invisíveis e tendem a não ser questionáveis, com pouca variação na unidade cultural. Nesse nível mais profundo, temos a cultura da organização (Fig. 1).

Decifrando a cultura organizacional por meio de artefatos

Não podemos ver diretamente as premissas e valores culturais de uma organização. Em vez disso, deciframos a cultura organizacional indiretamente por meio de artefatos, símbolos e sinais observáveis da cultura de uma empresa, como a forma como os visitantes são recebidos, o layout físico da organização e como os funcionários são recompensados. Alguns especialistas sugerem que os artefatos são a essência da cultura organizacional, enquanto a maioria dos outros os vê como símbolos ou indicadores de cultura. De qualquer forma, eles são importantes porque reforçam e, potencialmente, suportam mudanças na cultura.

FIGURA 1. Níveis da cultura organizacional, segundo Schein

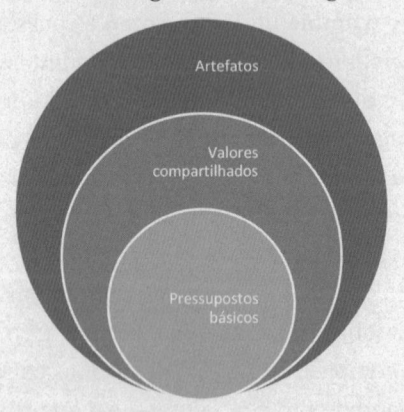

Artefatos
Valores compartilhados
Pressupostos básicos

Fonte: SCHEIN, E. *Cultura organizacional e liderança*[153]

---

152 | SULL, D., TURCONI, S., AND SULL, C. When It Comes to Culture, Does Your Company Walk the Talk? *MIT Sloan Management Review.* July 21, 2020

153 | Idem SCHEIN, E. *Cultura organizacional e liderança.*

Os artefatos fornecem evidências valiosas sobre a cultura de uma empresa, geralmente muito ambígua e complexa, com pressupostos culturais profundamente arraigados para serem medidos por meio de pesquisas. Em vez disso, precisamos observar o comportamento no local de trabalho, ouvir conversas cotidianas entre funcionários e clientes, estudar documentos escritos e e-mails, anotar estruturas e configurações físicas e entrevistar funcionários sobre histórias corporativas. Em outras palavras, precisamos coletar informações de uma série de artefatos organizacionais.

Os acadêmicos Harrison M. Trice, da Universidade de Cornell, e Janice M. Beyer, da Universidade do Texas, organizam em quatro grandes categorias os artefatos:

1. **Símbolos e estruturas físicas.** Símbolo é algo que significa ou sugere alguma outra coisa. O tamanho, a forma, a localização e a idade dos prédios podem sugerir a ênfase de uma empresa no trabalho em equipe, respeito ao meio ambiente, flexibilidade ou qualquer outro conjunto de valores. Mesmo que o edifício não faça muita diferença, há um tesouro de artefatos físicos dentro. Mesas, cadeiras, espaço de escritório e tapeçarias (ou a falta delas) são apenas alguns dos itens que podem transmitir significado cultural.
2. **Linguagem organizacional.** A linguagem do local de trabalho fala muito sobre a cultura da empresa. Como os funcionários se dirigem aos colegas, descrevem os clientes, expressam raiva e cumprimentam as partes interessadas são símbolos verbais de valores culturais. A organização emprega muitas formas de linguagem para criar certas imagens culturais: metáforas (somos uma grande família); provérbios; gestos; gírias compreensíveis somente pelos membros da cultura.
3. **Histórias e lendas organizacionais**. Ao permear culturas organizacionais fortes, histórias e lendas servem como poderosas prescrições sociais de como as coisas devem (ou não) ser feitas. Eles adicionam realismo humano às expectativas corporativas, aos padrões de desempenho individual e aos critérios de demissão. As histórias também produzem emoções nos ouvintes, e isso tende a melhorar a memória dos ouvintes da lição contida da história.

4. **Rituais e cerimônias.** São as rotinas programadas da vida organizacional diária que dramatizam a cultura de uma organização. Incluem como os visitantes são recebidos, com que frequência os executivos seniores visitam os subordinados, como as pessoas se comunicam, quanto tempo funcionários levam para o almoço e assim por diante. As cerimônias são artefatos mais formais do que rituais. São atividades planejadas e conduzidas especificamente para o benefício de um público. Isso inclui recompensar (ou punir) publicamente funcionários ou celebrar o lançamento de um novo produto ou contrato recém-conquistado, o relógio de 20 anos de empresa ou o crachá de cor diferente.

É possível mudar a cultura?

Ao ler relatos de pesquisa e de consultorias, deparamo-nos com duas abordagens: a mudança do modelo mental e a de comportamento.

O teórico americano Jeffrey Pfeffer, ao analisar as dificuldades das organizações de imitarem modelos gerenciais bem-sucedidos, cujos modelos são descritos em livros, com todas as etapas do processo, conclui que as organizações enfrentam problemas de saber e não fazer – não implementando o que sabem que deveriam fazer com base na experiência e percepção – ou problemas de fazer e não saber – as empresas não agem com base nas melhores evidências disponíveis.[154] Um fator destaca-se como explicação para as dificuldades: os modelos mentais ou mentalidades dos líderes seniores.

Para obter resultados diferentes, você deve fazer coisas diferentes; para fazer coisas diferentes, pelo menos de forma consistente e sistemática, durante um período de tempo, as empresas e seus funcionários devem realmente começar a pensar de forma diferente. É por isso que os modelos mentais afetam o desempenho organizacional e são um local de alta alavancagem para a área de Recursos Humanos focar suas intervenções organizacionais.

Jon Katzenbach, Carolin Oelschlegel e James Thomas colocam de outra forma: mude os comportamentos, e as mentalidades seguirão.[155] Na realidade, a cultura é muito mais uma questão de fazer do que de dizer.

---

154 | PFEFFER, J. Changing mental models: HR's most important task. *Human Resource Management,* Summer 2005, Vol. 44, No. 2, Pp. 123–128.

155 | KATZENBACH, J., OELSCHLEGEL, C., THOMAS, J. 10 Principles of Organizational Culture. *Strategy+Business.* Issue 82 Spring 2016.

Tentar mudar uma cultura puramente por meio de mensagens de cima para baixo, programas de treinamento e desenvolvimento e dicas identificáveis raramente altera as crenças ou os comportamentos das pessoas. Na verdade, pesquisa em Neurociência sugere que as pessoas agem de acordo com o que acreditam, em vez de pensar para agir. Mudanças nos principais comportamentos – tangíveis, acionáveis, repetíveis, observáveis e mensuráveis – são, portanto, um bom ponto de partida.

Como fazer a mudança

A lista é grande, mas algumas ideias podem mostrar o caminho:

1. **Alinhar as políticas de Recursos Humanos.** É frequente encontrar a frase "Cultura é quem você seleciona, desenvolve e remunera". Selecionar pessoas alinhadas como o novo perfil, gerenciar o desempenho e consequências, promover para as posições de liderança colaboradores que preenchem os novos critérios é essencial.
2. **O impacto das práticas de integração (onboarding) na socialização dos novatos.** Monitorar se o processo de socialização organizacional está garantindo que os novos empregados internalizem a cultura desejada. A integração (onboarding) é usada pelas organizações para agilizar a socialização, definida como o processo de aprendizado e ajuste pelo qual os indivíduos assumem um papel organizacional que atende às necessidades do indivíduo e da organização.
3. **Liderança.** O elemento mais importante na transmissão da cultura é o líder. Uma atenção deve ser dada ao aumento da complexidade cognitiva e comportamental exigida da liderança, normalmente a mudança cultural demanda maior complexidade de comportamento. Quando os comportamentos demandados dos líderes eram simples, exercer a gerência era fácil. Fazer a equipe dar resultados é simples, assim como fazer a equipe ficar satisfeita é simples. Complexo e difícil é fazer a equipe dar resultados e ficar feliz.

Katzenbach e coautores colocam esse ponto como crítico no processo de mudança e começam seu artigo com esta analogia:

> Estudos mostram que apenas 10% das pessoas que fizeram cirurgia de revascularização do miocárdio ou angioplastia fazem grandes modificações em suas dietas e estilos de vida

depois. Não alteramos nosso comportamento, mesmo diante de evidências contundentes de que deveríamos. A mudança é difícil. Então precisamos escolher nossas batalhas.[156]

Por onde começamos? Primeiro observamos o comportamento predominante na organização e imaginamos como as pessoas agiriam se a empresa estivesse no seu melhor, especialmente se o comportamento delas apoiasse seus objetivos de negócios. Pergunte às pessoas: "Se tivéssemos o tipo de cultura a que aspiramos, em busca da estratégia que escolhemos, que tipos de novos comportamentos seriam comuns? E que comportamentos arraigados desapareceriam?"

4. **Mensuração da evolução.** "Não se pode gerenciar o que não se mede", dizem. Mas medir a cultura pode ser difícil! Por fim, é essencial medir e monitorar o progresso cultural em cada estágio do seu esforço, assim como faria com qualquer outra iniciativa de negócios prioritária. A medição rigorosa permite que os executivos identifiquem retrocessos, corrijam o curso quando necessário e demonstrem evidências tangíveis de melhoria – o que pode ajudar a manter um impulso positivo a longo prazo.

---

156 | Ibidem KATZENBACH, J., OELSCHLEGEL, C., THOMAS, J. 10 *Principles of Organizational Culture.*

GILBERTO SHINYASHIKI é professor de recursos humanos na FEARP-USP, campus de Ribeirão Preto. Mestre e doutor em administração de recursos humanos pela FEA – USP. Visiting student na ESSEC – França e Visiting Fulbright Scholar na Wharton School – USA. Tem realizado projetos de consultoria na área de cultura organizacional e gestão de Recursos Humanos. Psicólogo.

CONECTE-SE A ELE

- in www.linkedin.com/in/professor-gilberto-23989916/
- gtshinya@usp.br
- http://lattes.cnpq.br/6069570887409418

DESIGN DE ESTRUTURAS

FABIANA DUTRA

"Falar dos conceitos que envolve a criação de um desenho de estrutura dentro das empresas sempre foi um assunto desafiador, porque a cultura corporativa, muitas vezes, não consegue construir estruturas que, de fato, entreguem maiores resultados e/ou transformem a cultura."

- estruturas X
- significados X
- processos X
- negócios X
- planejamento X
- cultura X

O que é um desenho de estrutura?

Para entendermos o conceito, a importância e o impacto desse desenho no ambiente interno e na competitividade das empresas no mercado, precisamos compreender que o termo *organizational design*, traduzido para o português como desenho organizacional, vai muito além da simples representação de um gráfico. O design de uma estrutura representa o significado da organização. Ou seja, o design de estruturas está totalmente relacionado com a cultura, a performance e o momento da organização.

Organizational | indivíduo + momento da organização
Design | dedicar atenção à estética na execução de qualquer tarefa

Falar dos conceitos que envolve a criação de um desenho de estrutura dentro das empresas sempre foi um assunto desafiador, porque a cultura corporativa, muitas vezes, não consegue construir estruturas que, de fato, entreguem maiores resultados e/ou transformem a cultura. Esse tema, apesar de não ser novo, sempre foi tratado de forma orgânica dentro das empresas e não como uma estratégia de performance. Entender essa diferença na prática nos traz mais clareza do porquê de algumas empresas não conseguirem acelerar a sua transformação.

Então, o primeiro conceito que eu gostaria de deixar aqui como ideia central de um desenho de estrutura é: o desenho organizacional é como a performance da sua empresa é estruturada e irá fomentar diariamente a sua cultura organizacional.

Para muitas lideranças e pessoas que não se aprofundaram nos temas de gestão estratégica, isso pode significar apenas "caixinhas". Mas sabemos que diferenciar "caixinhas" de pessoas é um fator crítico de sucesso quando falamos em design de estruturas, que não pode ser baseado em pessoas e, sim, na cadeia de valor do negócio, que executará uma estratégia.

Você já deve ter ouvido algo parecido como: "Esse organograma são apenas caixinhas, que representam a burocracia da empresa. Algumas empresas já nem utilizam mais o organograma".

Cuidado. Isso não condiz com o conceito e o propósito de um desenho de estruturas. Todas as empresas, sem exceção, sempre terão um desenho da sua organização – o que pode mudar é o formato do desenho (caixinhas, bolinhas, triângulos, fluxos etc.).

Um desenho organizacional representa o modus operandi do ecossistema do negócio e da sua estratégia. Uma estrutura é o resultado de uma análise organizacional, a qual pode ter diferentes objetivos – desde a criação de um novo produto/serviço até a otimização de processos e da força de trabalho.

Por que é preciso ter o desenho da estrutura?

Porque esse desenho traz uma visão integrada de como fazer o trabalho com as pessoas certas, e como garantir o conhecimento de entradas, saídas, interfaces e habilidades necessárias para gerar a vantagem competitiva.

Ter uma estrutura organizacional desenhada significa que a empresa tem o seu propósito e objetivos claros, organizados e articulados para o alcance dos melhores resultados.

Toda empresa, por maior ou menor que seja, tem na sua base os seus processos, elaborados com foco em COMO o trabalho deve ser realizado. Ou seja, organizam o fluxo das atividades, entradas e saídas, ligações interfuncionais, métricas de performance e qualidade. E é essa lógica que determinará o seu desenho da estrutura.

O desenho organizacional representa essa lógica processual com foco em sinalizar QUEM deve realizar o trabalho. Sendo assim, enquanto o processo determina como o trabalho será realizado, o desenho da estrutura, como consequência, indica o escopo de responsabilidades, divisões e atribuições do trabalho.

O desenho da estrutura é o resultado de como as coisas acontecem ou acontecerão dentro da sua organização, além de também apresentá-la para o mercado. Por meio dele, é possível ler os prováveis comportamentos, relacionamentos, processos, modelos mentais, mecanismos de gestão das pessoas e da performance de uma empresa.

Dicas de perguntas para realizar uma leitura dos desenhos de estruturas (organogramas):
- Essa estrutura representa qual ramo de negócio? Esse ramo de atuação é tradicional (mineração) ou moderno (tecnologias)?
- Qual o foco da estrutura? A estrutura está dividida por processos, segmentos de mercado, produtos, clientes ou regiões?
- Qual a profundidade da organização (layers)?
- Qual a quantidade de líderes por liderados (*span of control*)?

Precisamos ter um desenho de estrutura organizacional porque é a partir dela que a cultura é fomentada ou transformada!

Quer uma cultura mais ágil? Desenhe processos mais ágeis.

Quer uma cultura mais inclusiva? Desenhe processos e políticas de gestão de pessoas inclusivos. Defina uma área de Diversidade & Inclusão.

Quer uma cultura mais centrada no cliente? Defina uma área responsável por construir essa cultura.

Para exemplificar como esse conceito pode ser aplicado na prática, vamos usar o exemplo da própria evolução da estrutura organizacional de Recursos Humanos (RH).

Há 20 anos, essa estrutura tinha como foco a gestão de processos, como atração & seleção, treinamento & desenvolvimento, remuneração e relações trabalhistas. Basicamente, essas "caixinhas" constituíam o organograma de quase 100% das estruturas organizacionais da área de Pessoas no mundo.

Quando o comércio online começou a crescer, o uso dos aparelhos de telefone ampliou a sua utilidade e as barreiras de comunicação foram reduzidas com o uso do Skype, o comportamento do consumidor mudou radicalmente e gerou um novo contexto para as empresas. Foi necessário evoluir e acelerar os processos, pois os consumidores aumentaram o seu nível de exigência no que tange a qualidade, tecnologia e agilidade. E é nesse momento que começamos a perceber a criação de uma área nos organogramas chamada de Transformação Digital.

No RH não foi diferente, já que começamos a nos questionar drasticamente sobre como suportar a liderança na aceleração da transformação do negócio. Por uma necessidade externa do negócio, a área criou uma nova função, representada na sua estrutura organizacional como o *business partner* (parceiro de negócio), com o objetivo de entregar uma gestão mais integrada com a necessidade do negócio e acompanhar as evoluções do mercado interno e externo.

Dessa forma, o conceito de parceiro de negócios evoluiu. Uma nova lógica de como o RH entrega valor aos funcionários, organizações, clientes, investidores e comunidades, por meio do talento individual (competência, força de trabalho, pessoas) das lideranças, definiu novas capacidades da organização (cultura, local de trabalho, sistemas), que elevam as vantagens competitivas, finalizando no redesenho da estrutura da área.

Fica claro que, sem a necessidade de mudança do negócio, a estrutura organizacional do RH poderia não ter evoluído? E, também, fica clara a conexão da necessidade de criar uma nova atuação e formalizá-la no desenho da estrutura?

Essa é a maior justificativa da importância de uma estrutura organizacional. Um desenho mal elaborado, sem estratégia e sem foco no resultado, pode promover um ambiente confuso, com perda de energia, retrabalhos e falta de engajamento. Já um desenho bem estruturado e conectado aos objetivos estratégicos pode mover o negócio, sinalizar transformações, clarear propósitos, engajar o time e gerar vantagens competitivas únicas para a organização.

Como realizar o desenho de uma estrutura organizacional?

Para realizarmos o desenho de uma estrutura organizacional que gere uma vantagem competitiva para as empresas é importante entender o seu ponto de partida. O que seria isso? Bom, significa responder a seguinte pergunta: A sua empresa já tem um organograma oficial? Ou seja, todos da empresa o conhecem?

Se a sua resposta for não, siga as instruções do Item A; se a sua resposta for sim, siga as instruções do Item B.

Item A

Quando uma empresa não oficializa a sua estrutura organizacional, isso pode significar duas coisas: a empresa é nova e seu tamanho não "justifica" um organograma; ou a empresa cresceu muito rápido e cada liderança construiu sua estrutura individualmente, conforme a necessidade.

Essas situações são frequentemente encontradas em startups, mas, para uma empresa garantir um crescimento sustentável, ela precisa organizar a sua atuação – caso contrário, o crescimento será desorganizado e com muita perda de oportunidades.

Seguem as etapas para a construção do desenho do organograma:
1. Conscientize a liderança responsável pela organização da importância de estruturar os processos e atuações dentro da organização. A ausência dessa formalização poderá resultar em perda de performance, além de conflitos de interesses, papeis e responsabilidades, incluindo questões trabalhistas.

2. Envolva todas as lideranças ou figuras principais do negócio. Todas as pessoas que ocupam alguma função de tomada de decisão dentro do negócio e que de alguma forma gerenciam o capital financeiro da empresa, precisa ser entrevistado(a). A pauta deve conter as seguintes perguntas:
    - Quantas pessoas você tem no seu time?
    - Quais delas atuam como líderes de pessoas?
    - Quais os processos pelos quais cada pessoa está responsável?
    - Qual o principal objetivo da sua área?
    - Como a sua área entrega valor para o cliente final?
    - Como você desenharia a sua estrutura organizacional?
    - Quais áreas têm maior interface? Qual área lhe oferece suporte para entregar o seu resultado?
    - Alguma outra área da empresa precisa ser envolvida ou recebe alguma informação ou produto da sua área?

Com base nessas informações, você conseguirá desenhar o organograma e conectar as interfaces dentro da empresa. Lembre-se de que, neste momento, o seu maior objetivo é formalizar uma estrutura, definir papeis e responsabilidades, e fortalecer os processos da área. Se após esse trabalho a liderança principal do negócio pedir para avaliar se essa estrutura suportará os objetivos estratégicos, aplique os passos do item B.

Item B
Uma vez que o desenho de estrutura é conhecido e está em funcionamento na organização, chegou a vez de realizar uma análise. Nesse próximo passo, alterações são feitas, e este é sempre um processo de mudança de cultura. Após o entendimento de que o design da estrutura de uma empresa fomenta a cultura e a performance organizacional, transformar uma estrutura já atuante e conhecida exigirá sempre cuidados e etapas para garantir que o desenho seja de fato implementado na prática da organização.

Muitas vezes estruturas são alteradas, mas, no dia a dia, o time não consegue implementar ou prefere seguir como antes; por isso, ao realizar uma análise organizacional, lembre-se de seguir como se este fosse um processo de gestão de mudança.

Construí para você um guia, passo a passo, de como iniciar uma análise organizacional. Lembre-se: o desenho de uma estrutura é o resultado de uma análise organizacional.

1. Planejamento

Nesta fase, o objetivo é organizar a sequência de acontecimentos necessários para a realização da análise. Neste momento, defina:

1.a. Os resultados da análise na performance do negócio. Entenda e busque de forma muito cuidadosa e assertiva descrever qual o objetivo que a nova estrutura organizacional deverá entregar no resultado da empresa. Argumentos – como promover talentos, dividir a complexidade do processo, criar posições para alocar uma pessoa – não são justificativas de negócio e, sim, falha na gestão de pessoas. Justificativas de negócio estão sempre vinculadas aos resultados da performance organizacional, isto é, agilidade, redução de custos, otimização de processos, experiência do cliente, transformação digital.

1.b. Qual é o nível de abrangência da sua análise. Para entender o que é o nível de abrangência, veja a figura abaixo:

- Cultural: é o nível que impactará diretamente em COMO o trabalho é realizado, podendo redirecionar esforços, reestabelecer métricas e ou até novos comportamentos e mentalidades;
- Modelo de negócio: definição de novas áreas, novos produtos/serviços e ou novos mecanismos de gestão das atividades;
- Processos: redesenho de processos, otimização, eliminação, automatização ou implementação de novos processos organizacionais.

FIGURA 1. Nível de abrangência análise organizacional

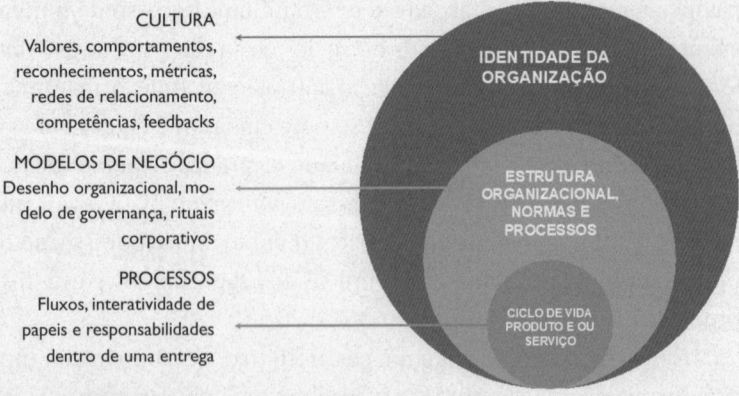

CULTURA
Valores, comportamentos, reconhecimentos, métricas, redes de relacionamento, competências, feedbacks

MODELOS DE NEGÓCIO
Desenho organizacional, modelo de governança, rituais corporativos

PROCESSOS
Fluxos, interatividade de papeis e responsabilidades dentro de uma entrega

IDENTIDADE DA ORGANIZAÇÃO

ESTRUTURA ORGANIZACIONAL, NORMAS E PROCESSOS

CICLO DE VIDA PRODUTO E OU SERVIÇO

Fonte: Fabiana Dutra

1.c. Defina os KPIs que irão suportar a análise antes, durante e depois. Os indicadores de performance são importantes para, antes da análise, definir os parâmetros de comparação; durante o processo, acompanhar pequenas ou nenhuma alteração da performance; e, depois, certificar a efetividade da mudança da estrutura organizacional.

2. Coleta de Dados

Reúna todas as informações necessárias referentes às áreas envolvidas na análise, incluindo últimas alterações de departamentos, processos e lideranças. Entenda o papel de cada área dentro do objetivo da empresa. Outra atividade importante para uma análise organizacional é a realização do benchmarking, para entender o que outras empresas estão realizando e/ou praticando como processos e governanças.

3. Análise

Encontre pontos de conexão entre as áreas e possíveis consequências transversais, ou seja, fora da área principal da análise organizacional. Entenda os fluxos de comunicação e desenhe, a partir dessas análises, os novos processos e estruturas.

Após a validação do novo desenho da estrutura, bem como dos seus impactos nos processos e na governança, é importante iniciar a formalização. Nesta etapa, a comunicação é extremamente importante para gerar engajamento sobre a nova estrutura.

FIGURA 2. Jornada para a realização de uma análise organizacional

Planejamento	Data Collecting	Analysis	Communication	Decision Feedback
Definir os resultados da análise na performance do negócio	Entrevistar todos os envolvidos direta ou indiretamente nos processos de análise	Interfaces e impactos (negócios e pessoas)	De baixo para cima	Novos rumos e KPIs
Analisar o nível de abrangência	Benchmarking	Desenho das redes de relacionamentos x processos	Causa e consequência	Monitoramento a cada três meses dos KPIs
Estabelecer o time do projeto e o treinamento (análise do processo)	KPIs Gestão e performance	Análises de fluxo de comunicação	Ganhos e perdas de poder	
Metodologias e framework	Entrevista por Competências	Entendimento do ambiente físico x impacto	Formalização oficial (100% da organização)	

Fonte: Fabiana Dutra

Ao longo da sua jornada como profissional de Recursos Humanos ou líder de área, o profissional será provocado a identificar e desenhar estruturas por diversas motivações:
- Uma nova posição de liderança: o importante é estar sempre atrelada a uma etapa do processo.
- Otimização da força de trabalho: a empresa decide reduzir o número de pessoas e áreas precisam se unir.
- Criação de áreas ou funções temporárias: cumprimento de um objetivo específico na implementação de um projeto estratégico, por exemplo.

Enfim, a minha última recomendação ao desenhar ou realizar uma alteração em uma estrutura é ter uma visão sistêmica do funcionamento do negócio. Sendo assim, busque envolver o máximo de pessoas de áreas distintas para assegurar que o novo desenho não atrapalhará a performance de um outro departamento ou unidade. Até porque as empresas cada vez mais atuarão como um ecossistema, e em consequência haverá impactos, independentemente do nível do seu desenho de estrutura.

FABIANA DUTRA é CEO e fundadora da Elox Employee Experience e executiva em gestão de pessoas. É especialista nas áreas de desenho organizacional, people experience, cultura de alta performance, aprendizagem e gestão estratégica de pessoas. É administradora de empresas, com MBA em marketing e finanças pela Fundação Getúlio Vargas e gestão estratégica de pessoas pela Universidade de Michigan (EUA).

CONECTE-SE A ELA

in https://www.linkedin.com/in/fabiana-dutra-49b06716/

✉ fabianadutra@eloxlab.com

REFLEXÕES SOBRE O FUTURO: LIDERANÇA E TRABALHO

PATRICK SCHNEIDER

"Gerar conexão com a equipe a partir do seu contexto e entorno, acolhendo e compreendendo a realidade vivida a partir das lentes das pessoas que consigo trabalham, é um elemento chave para o profissional que se propõe a ocupar um papel de líder nos anos que se seguem."

- liderança X
- sociedade X
- impacto X
- conexão X
- propósito X
- colaboração X

Houve um tempo, durante o período de industrialização da relação de trabalho, em que para ser líder você precisava dominar suficientemente as funções executadas dentro de um departamento, para que o time de trabalho não deixasse passar algo ou cometesse uma falha que comprometesse a organização como um todo.[157]

Em um segundo momento da história das empresas, já perto dos anos de 1990, liderar significava obter de um time o máximo resultado em um menor custo para a organização.[158]

Chegando a um cenário um pouco mais atual, liderar implicava em gerir uma equipe de trabalho de modo que os objetivos da organização fossem atingidos, agregando o componente engajamento dos profissionais para as estratégias organizacionais.[159] Embora este último elemento soe um pouco mais contemporâneo, estamos falando em engajamento profissional desde a metade da primeira década dos anos 2000. E isso nos leva para distantes 17 anos atrás.

Se considerarmos os desafios transformacionais impostos pela pandemia do vírus Sars-Cov-2, aliados ao levante da sociedade para temáticas que até então passavam desapercebidas na agenda das empresas, seria inútil tentarmos limitar o papel da liderança a uma ou duas atribuições apenas. Falar em futuro da liderança exige percutir em elementos diversificados e distintos do elo que conecta os três formatos apresentados acima, reconhecidos pelo binômio "comando e controle".

Para Eric Mosley e Derek Irvine (2021), autores do livro *Making Work Human*, sem tradução no Brasil, muitos dos melhores empregos do futuro, bem como os trabalhos que geram um crescimento acelerado nos dias de hoje, são os que combinam hard skills técnicos com soft skills relacionais[160] – este segundo é apontado por grandes autores da temática futuro do trabalho como um elemento cada vez mais relevante nas próximas páginas da história das organizações. Ao abordarem elementos relacionais, percebe-se, a partir dos pensamentos dos autores, a crescente importân-

---

157 | ZUBOFF, S. *A era do capitalismo de vigilância:* a luta por um futuro humano na nova fronteira do poder. Rio de Janeiro: Intrínseca, 2020.

158 | RIFIKIN, J. *O fim dos empregos:* o contínuo crescimento do desemprego em todo o mundo. São Paulo: M Brooks do Brasil, 2005.

159 | LENCIONI, P. *The truth about employee engagement.* Jossey Bass: USA, 2016.

160 | MOSLEY, E. & IRVINE, D. *Making Work Human:* how human-centered companies are changing the future of work and the world. McGraw-Hill: USA, 2021.

cia de alinhamento entre as expectativas da sociedade e a capacidade de participação da liderança ante essas temáticas.

Entretanto, estariam os gestores do presente preparados para que elementos relacionais lhes sejam demandados como contrapeso ao arcabouço técnico colhido ao longo de anos dedicados aos bancos acadêmicos, lapidados por décadas de dedicação a um determinado segmento de atuação?

Esta questão tenta ser respondida por Thomas Kochan (2016), professor e líder de pesquisa para a temática futuro do trabalho no Massachusetts Institute of Technology (MIT), em seu livro intitulado *Shaping the Future of Work*, ao afirmar que a fórmula "trabalhe duro na escola, obtenha o máximo de educação que você consiga, siga as regras e serás bem-sucedido"[161] não funciona nos tempos de rápida mudança e transformação social que vivemos. Para o autor, "a economia global, os avanços tecnológicos e outras forças oriundas da sociedade"[162] afetam o mundo dos negócios e fogem do controle da liderança. Fortalece o último ponto quando parte dessas forças passam pelas expectativas dos profissionais dos dias de hoje frente a uma companhia.

Até pouco tempo atrás, as empresas podiam escolher uma pauta social a incorporar como um estandarte a ser empunhado por sua liderança e, assim, institutos voltados para a proteção de crianças em situação de fragilidade social, organizações de educação para o consumo consciente ou de amparo ambiental ganharam relevância e passaram a ser disputadas no mercado empresarial brasileiro.

O fato é que, hoje, empresa e sociedade não são mais elementos que caminham em separado, parcialmente alheios um ao comportamento do outro. Pelo contrário, uma entrevista de uma liderança empresarial para um veículo de mídia, na qual discurso e prática são percebidos como desconectados, pode significar um arranhão irreversível na reputação de uma empresa, bem como movimentos sociais não incorporados pelas companhias podem diminuir sua capacidade de atração de um determinado grupo profissional (Fig.1).

---

161 | KOCHAN, T.A. *Shaping the future of work:* What future worker, business, government, and education leaders need to do for all to prosper. Business Expert Press: EUA, 2016.

162 | Idem.

FIGURA 1. Comparação entre o paradigma anterior e o atual do universo do trabalho

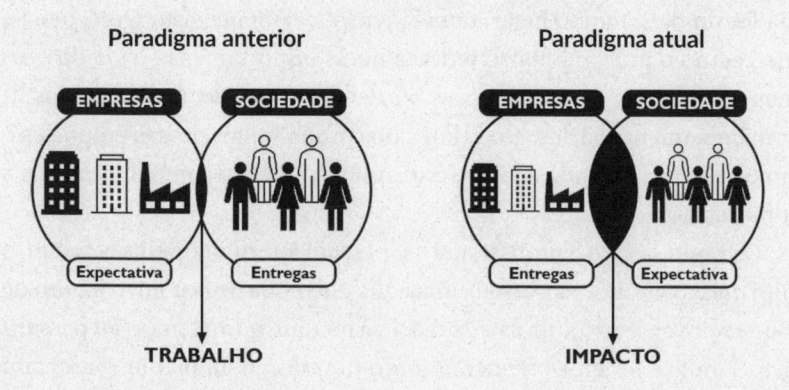

Paradigma anterior → TRABALHO

Paradigma atual → IMPACTO

Fonte: Patrick Schneider.

O sonho de entrar em uma organização e nela permanecer até a aposentadoria, em troca de longas jornadas de trabalho, inquestionável lealdade a uma marca, pouco ou nenhum espaço para compartilhar suas ideias e, ainda, o baixo envolvimento da empresa em importantes causas sociais dentro e/ou fora do país onde está baseada, ficou desbotado e perdeu seu encanto quando o assunto é atratividade. E não me refiro aqui somente às gerações que acabam de entrar no mercado de trabalho, lidas como profissionais com alto envolvimento nessas temáticas; pelo contrário, o significado do trabalho em um ambiente pandêmico trouxe fenômenos não vividos em outros momentos na história das organizações e levou profissionais com décadas de experiência a repensarem o papel e o sentido do trabalho em suas vidas.

Vivemos um período em que uma empresa que não respeita a agenda de reivindicações da própria sociedade desumaniza-se e perde a oportunidade de liderar as necessárias mudanças nos campos do meio ambiente, da equidade frente à diversidade e à distribuição justa de oportunidades de ascensão para todas as pessoas presentes na sociedade em questão – três elementos de forte demanda dentro dos distintos ambientes, sejam eles digitais ou não, no mundo que vivemos.

Geração de impacto organizacional passou a ser uma expectativa fundamental para que profissionais vinculem seus nomes às marcas as quais se propõe a operar no país.

Novos formatos de trabalho

Rapidamente a pandemia esvaziou as grandes avenidas nas maiores cidades do país, dando lugar a um silêncio raramente visto. Percebeu-se então como o tráfego intenso retirava horas importantes da vida de centenas de milhares de profissionais ao redor do mundo. Os escritórios ficaram igualmente vazios, e nos lares dos profissionais dessas empresas o som de vídeos chamadas passou a disputar a atenção com filhos, pets e a rotina da casa.

Os limites entre o profissional e o pessoal foram rompidos e, enfim, o velho *dress code* deu espaço a roupas que acomodassem o novo hábito de ter que reinventar a rotina a cada dia. E, à medida que o tempo foi passando, as famílias foram se reencontrando no mesmo ambiente. Nasceram novas percepções. O tempo dedicado anteriormente ao trânsito ou a horas extras, para entrega de importantes trabalhos, deram lugar à oportunidade de ver os primeiros passos de um filho durante o intervalo de almoço.

A verdade é que o formato do trabalho se atualizou e passou a navegar mares de complexidade e não linearidade sem paralelo até aqui. A produtividade noturna e o rendimento no ambiente doméstico surgiram em meio à necessidade de aprendizado rápido. Um novo capítulo da história do significado do trabalho para o ser humano revelou-se e, com este, novas prioridades passaram a figurar entre as aspirações de carreira dos profissionais, nos mais distintos segmentos. Flexibilidade e equilíbrio entre o tempo dedicado à carreira, os projetos pessoais e a família passaram a ter um peso muito maior do que status social laboral, a partir de cargos ou benefícios tratados com distinção e até certo fetichismo dentro da sociedade pré-pandemia.

O salário também foi relativizado, segundo aponta pesquisa realizada pelo Glassdoor com mais de 1.000 profissionais, logo nos primeiros meses da pandemia, evidenciamdo que ter mais tempo para acompanhar a educação e o crescimento dos filhos ou poder dedicar-se a uma atividade engavetada pela correria do dia a dia, em troca de uma moderada redução ou estabilização salarial, passou a ser considerada uma alternativa viável.[163]

Uma nova forma de lidar com a carreira revela-se diante de nossos olhos. E a liderança, em meio a tantas mudanças, não passou desaperce-

---

163 | "O que é melhor? Ter mais flexibilidade no trabalho ou ganhar mais?" *Glassdoor*, 14 de maio de 2020. Disponível em: https://www.glassdoor.com.br/blog/o-que-melhor-ter-mais-flexibilidade-no-trabalho-ou-ganhar-mais/. Último acesso: 13 de fevereiro de 2022.

bida frente a essas expectativas. Ao se afirmar que gerar impacto passou a ser um elemento importante na tomada de decisão na hora de aceitar uma oferta de trabalho, junto com a busca por maior flexibilidade por parte dos profissionais, quem dentro das empresas pode alavancar tal resultado?

Lembrando que "empresas" são apenas um conjunto de tijolos, untados por cimento, revestindo vergalhões de aço (até o presente momento, porque isso também está mudando rapidamente). A resposta que primeiro vem à minha cabeça é: o líder.

Uma liderança que aponta para o futuro

A pergunta com maior recorrência em grupos de discussão de lideranças de RH que participo, superados dois anos de pandemia, tem sido: "Qual a data e como vocês pensam em voltar ao escritório?". Um questionamento aparentemente desconectado dos caminhos que nos trouxeram até aqui neste ensaio.

Ao aprofundar o debate nesses ambientes de discussão, percebe-se um time de liderança de Recursos Humanos sob pressão – uma demanda forte vinda da alta gestão de suas companhias, exigindo que o mundo regresse ao estágio que vivíamos antes do primeiro médico da província de Wuhan, na China, ter declarado que havia um novo vírus mortal entre nós, que desafiaria a medicina nos anos à frente e mudaria o planeta como conhecíamos até então.

Independente do formato de trabalho em acelerada transformação, apesar da resistência ainda presente em muitas das organizações tradicionais no Brasil, não importando se híbrido, presencial ou remoto, nenhum outro papel demanda uma mudança rápida quanto a sua função dentro de uma estrutura organizacional como o da liderança, que passa a figurar como um interlocutor entre as pautas emergentes da sociedade, dos clientes e das equipes. Em muitos casos, apresentar para a alta gestão as necessidades vindas desses três agentes é a oportunidade de guiar a organização como um todo ao futuro.

Tudo isso só começa a fazer sentido a partir do entendimento de que entramos em uma era em que as empresas passam a ser opção enquanto contratante ao alinhar o seu propósito ao das pessoas, invertendo a lógica pré-Covid, quando as pessoas se alinhavam a determinadas marcas, colocando as empresas em um status de sonho a ser perseguido com afinco enquanto contratante. Alguns casos de *greenwash* e *socialwash* depois, percebe-se que as redes sociais passaram a figurar fortemente como um catalizador de "denúncias" voltadas a escancarar que algumas marcas empregadoras bem ranqueadas em listas de bons lugares para se desenvolver carreira não praticavam sequer com seus funcionários o cuidado que diziam ter com as temáticas da sociedade destacadas em ações estratégicas de construção de marca.

Com tantas mudanças no mundo do trabalho, novos fatores apareceram no radar do líder mais comprometido com o seu papel. A gestão por contexto e atenta ao entorno da equipe revelou-se como um motor importante para levar o papel do líder para um futuro possível. Em nenhum outro momento evolutivo da relação de trabalho, compreender o contexto pessoal da equipe foi tão importante para um líder. Entender o microcosmo ao qual cada membro pertence e interage diariamente tornou-se vital para ser aceito e, assim, seguir pertencendo ao time, sendo acolhido pelos demais integrantes, que alinharam rapidamente sua finalidade na equipe, nutrida por desafios comuns enfrentados dentro de seus lares, independentemente da conjuntura pessoal vivida.

Embora este seja um elemento tardiamente capturado pelo universo do trabalho promovido dentro dos escritórios, percebo, a cada dia, que a gestão por contexto de fato veio para ficar, independentemente da pandemia. Fornecer alternativas para a participação integral do time na dinâmica empreendida pela empresa, colaborando para que os desafios pessoais não sejam elementos de exclusão profissional, mas sim de inclusão, passou a ser um fator de destaque na agenda da liderança.

Essa dimensão demanda que a liderança oportunize ambientes assíncronos de colaboração, onde não se pressuponha que os liderados estarão à disposição para uma atualização a partir da perspectiva da agenda do líder, mas, sim, a partir do entorno vivido pelos profissionais nesse novo formato de trabalho. Certamente, para que isso seja possibilitado, compreender e desenvolver-se nos novos formatos de comunicação através de plataformas de interação humana, as quais muitas vezes emulam o ambiente vivido nas redes sociais, é uma questão vital. Juntamente com essa expectativa, pressupõe-se que a comunicação deixe de ser a relação entre emissor e receptor, passando a figurar entre quem compartilha e quem é alcançado pela mensagem, o que exige que o líder participe ativamente daquela comunidade, para não correr o risco de ser deixado para trás ou abandonado em meio a evolução sinérgica do time.

Percebe-se, ainda aqui, uma necessária capacidade de facilitar a escuta por parte do time, partilhando o espaço de construção de direção, dando voz às pessoas, independentemente do lócus social ocupado por estas, e colocando luz, assim, na potência que cada indivíduo carrega consigo todos os dias. Essa é uma maneira possível de conexão com liderados no contexto atual, compreendendo que podem ter pessoas enfrentando momentos de extrema solidão ou saudade de entes que partiram sem a possibilidade de uma despedida em meio à longa pandemia iniciada em 2020.

Ainda percebo que, embora pessoas tenham atribuído à sua identidade profissional ser o pai da "Amandinha" ou a mãe do "Pedrinho" nos perfis do LinkedIn, existem profissionais com cargos de liderança respondendo postagens com conteúdo voltado para D&I na mesma plataforma com comentário do tipo "isso é mimimi", o que aponta para uma relevante desconexão com o movimento evolutivo da sociedade.

Gerar conexão com a equipe a partir do seu contexto e entorno, acolhendo e compreendendo a realidade vivida pelas lentes das pessoas que consigo trabalham, é um elemento-chave para o profissional que se propõe a ocupar um papel de líder nos anos que se seguem.

Para além da equipe, identificar o entorno do seu produto, avaliando os impactos que promove na sociedade, no meio ambiente e para todos os stakeholders da sua cadeia produtiva, precisa ser igualmente alvo da liderança, independente da área em que desempenhe suas atividades. Uma das revoluções no futuro das empresas aponta para uma revisão massiva da matéria-prima utilizada nos produtos, bem como das atividades aceitas no passado como etapa de controle de qualidade e testagem do que era produzido.

O reconhecimento por parte da empresa de que vivemos um momento singular, em que imergimos em uma nova economia, pautada por hábitos de consumo em transformação, expectativas por parte dos clientes não mais dispostos a investir em geração de resíduos ou processos que degradem o meio ambiente, existirá somente se à frente dessa interlocução estiver um líder – uma pessoa capaz de traduzir essas demandas emergentes da sociedade em um caminho viável para a longevidade da organização dentro do segmento em que atua.

A atividade econômica realizada pelas companhias aponta para a intersecção entre o modo como tratam os clientes que consomem seus produtos com a forma como são tratados os profissionais para com os quais possuem responsabilidade direta. O fato é que há todo o entorno de sua atividade central, que impacta a sociedade de modo significativamente sensível e se afasta, em certa medida, de seu papel enquanto negócio, por entender em alguns casos a desconexão com pautas ligadas à sustentabilidade.

Isso é um equívoco, pois, como leciona o professor da Universidade de São Paulo (USP) Ricardo Abramovay, em seu livro *Muito além da economia verde*, a sustentabilidade deixa de ser um paradigma orientado apenas para o meio ambiente, embora este seja um elemento vital desse campo de estudo. A desigualdade gerada pela atividade econômica passou a importar em tantas outras dimensões, muitas vezes não percebidas como elementos críticos para uma comunidade, independentemente do seu tamanho[164].

O líder que não está atento a essas pautas fundamentais naufraga antes mesmo da largada nessa jornada rumo a um horizonte de futuro do seu papel. Interconectar as três dimensões já mencionadas de atenção do líder – liderar por contexto e entorno do time, dos clientes, e, ao fim do dia, a sociedade de modo expandido – pode perceber um levante de profissionais que optam por não mais colaborarem com a missão proposta pela empresa, em busca do alinhamento de seu propósito pessoal com o de outra companhia à disposição no mercado.

E a velha máxima "de onde saem cinco, entram cinquenta" não parece mais fazer sentido. Justamente no ano em que o centenário da grande depressão econômica nos Estados Unidos é rememorado, um marco histórico sem precedentes, quando muitas eram as pessoas sem ocupação no país por falta de oportunidades, percebe-se um movimento crescente de pedidos de demissão e falta de mão de obra com disposição para trabalhar em um modelo existente antes da pandemia. Vive-se um apagão amplo, com impacto significativo na economia americana, reflexo de uma mudança importante de contexto da sociedade. Somente as lideranças dispostas a entender a nova lógica que paulatinamente ganha escala poderão fazer planos para o futuro a partir de uma posição de gestão.

---

164 | ABRAMOVAY, R. *Muito além da economia verde*. São Paulo: Ed. Abril, 2012.

Enfim, chegamos a um momento ímpar vivido em sociedade, em que o tempo de vida não necessariamente precisa ser comprado para que se transmute em "trabalho". Pessoas e empresas podem se unir para romper com uma lógica econômica ultrapassada, com líderes e liderados ocupando ambientes distintos dentro da sociedade. Nesta nova economia que se insurge, na qual gerar impacto ganha uma relevância maior do que somente comercializar produtos e soluções, o líder que se engaja ao seu time possui uma carreira mais longeva no mercado.

PATRICK SCHNEIDER é gestor de recursos humanos, com 20 anos de atuação em organizações globais. Pesquisador sobre as temáticas futuro do trabalho e trabalho decente (ODS08). Mestre em sustentabilidade pela PUC Campinas, com certificação executiva em Leading the Future of Work pelo MIT. Devoto de design thinking e design sprint como motores para a evolução da área de recursos humanos. Autor do livro *Futuro do Trabalho da Pessoa com Deficiência: da Lei de Cotas à Agenda 2030*.

CONECTE-SE A ELE

in https://www.linkedin.com/in/patrickschneiderhr/

✉ schneider.hr@icloud.com

NOVOS MODELOS PARA NOVOS HUMANOS

/ DEGENERAÇÃO E REGENERAÇÃO
/ UM NOVO CAPITALISMO
/ O PAPEL DOS NEGÓCIOS PARA O FUTURO
/ NOVOS MODELOS DE GESTÃO

Há muito tempo eu trouxe a discussão de que mais do que uma era de mudança, vivemos uma mudança de era, com a ampliação da consciência sobre o que se faz, como se faz e os resultados alcançados.

Nesta seção, os quatro ensaios, escritos por profissionais com experiências completamente diferentes, não destacam somente que uma nova era requer um novo humano – esta nova era já começou.

A reflexão profunda de Carlos Piazza vem exatamente nessa direção. Em suas palavras: "tudo que colapsa, renasce". Estamos assistindo à degeneração de uma infinidade de modelos e comportamentos que já não fazem mais qualquer sentido; ao mesmo tempo, assistimos nascer novos modelos. "Criar padrões de novas crenças é ser um pouco mago de destinos", reforça o autor.

Seguindo essa *thread*, com um olhar sobre o modelo de negócio que nos trouxe até aqui, Graziela Merlina coloca o Capitalismo no centro da conversa, como se esse tivesse vida própria e pudesse responder perguntas, como um convidado do *Roda Viva*. E, sob os holofotes, esse Capitalismo se vulnerabiliza, se assume falido, apresenta suas contradições, além dos vieses que distorceram seus princípios iniciais. Graziela, encantadoramente, propõe que o Novo Capitalismo "defenda a alta performance para que as riquezas possam estar a serviço de circular no sistema socioeconômico, onde saúde, educação e moradia sejam para todos, e assim ser um lugar de equilíbrio entre desempenho e humanidade e onde impacto positivo supere lucros insaciáveis."

Pedro Paro segue sustentando, com números, que há cada vez mais evidências da existência de organizações e líderes abertos e preparados para atuar nessa Nova Economia, alavancando as oportunidades de diferenciação na proposta de valor do modelo de negócio, e tornando o negócio protagonista da transformação para o futuro.

Fechamos esse bloco com o ensaio de Davi Gabriel que, na mesma direção dos nossos colegas Piazza e Grazi, destaca que, "apesar da sua dominância, podemos citar inúmeras evidências de que os atuais modelos de gestão estão falidos." Além de apresentar o modelo de gestão vigente na Target Teal, o autor propõe a autogestão como um novo modelo para substituir a velha pirâmide e garantir mais distribuição de autoridade e relações de poder mais explícitas, mesmo que sua implantação não seja um processo simples, mas possível.

DEGENERAÇÃO E REGENERAÇÃO

CARLOS PIAZZA ───────────

"Muitos não sabem por que nasceram, para onde vão, como colaborarão, mas, no fim, estamos todos a serviço da própria humanidade."

(expansão X) (futuros X)
(propósito X) (narrativas X)
(cultura X) (ciclos X)

Talvez passe desapercebido pela maioria das pessoas que todo fato novo não é tão novo assim, ele traz um padrão raramente estudado. São os elementos que perderam sustentabilidade, que perderam permanência e se arrumaram em outras realidades.

Não é raro lidarmos com o mundo do curto prazo, com atos que mais parecem *pop-ups* de eventos novos, sem necessariamente serem – muito pelo contrário, as coisas seguem um padrão a ser largamente compreendido e, claro, absorvido, para que se possa tirar o melhor proveito das análises de fatos correntes, do passado e, principalmente, do futuro.

A relação de causa e efeito em uma jornada deve ser expandida para além dos limites do óbvio. A mente humana é viciada naquilo que a autora Anaïs Nin menciona: "Não vemos o mundo como ele é. Vemos o mundo de acordo com aquilo que somos".[165]

Nada pior do que a obviedade para matar qualquer conhecimento baseado em pensamento futuro, justamente porque não se tem a elasticidade mental, muito menos a curiosidade, de entender a dinâmica dos fatos. Eles, claro, não vêm do acaso. Muito improvável haver um fato novo, oriundo de um acaso enorme, num efeito big bang no cérebro humano[166].

Não há nada mais óbvio do que o mundo não óbvio. Tudo está sustentado em uma enorme teia de correlações, de relações equitativas, não equitativas, com efeitos dos mais inesperados – isso, sim, dependendo das reações contempladas nas diferentes culturas, nas arquiteturas das crenças mantidas e naquilo que queremos para nós mesmos e que pautam os mapas de significados.[167]

Não obstante, há uma permanência calcada pela memética, quando os códigos e os significados se expandem no tempo, no espaço, nas culturas e, consequentemente, na linguagem, dando substrato e permanência às questões sociais. Apesar de tanto se falar de hipermídia ou de intermídia, não se pode esquecer que a poesia concreta já utilizava o recurso na segunda metade do século 20.[168]

---

165 | NIN, A. *Pequenos pássaros*. São Paulo: L&PM Pocket, 2005.
166 | BHARGAVA, R. *Não óbvio*. São Paulo: Buzz, 2021.
167 | PETERSON, J. B. *Mapas de significado* – A arquitetura da crença. São Paulo: É Realizações Editora, 2018.
168 | LEAL-TOLEDO, G. *Os memes e a memética*: O uso de modelos biológicos na cultura. São Paulo: Editora FiloCzar, 2017.

Não se pode deixar de mencionar que coube à poesia concreta, assim como à Semana de Arte Moderna, a conhecida Semana de 22, restabelecer o contato com a poesia das vanguardas europeias, como o Cubismo, o Futurismo e o Dadaísmo: o novo e o antigo (passado e futuro), amalgamados em uma poesia apátrida, como sugere o próprio poeta concreto Augusto de Campos:[169]

Assim como há gente que tem medo do novo,
há gente que tem medo do antigo.
Eu defenderei até a morte o novo por causa do antigo.
E até a vida, o antigo, por causa do novo.
O antigo que foi novo é tão novo como o mais novo novo.
A poesia é uma família dispersa de náufragos
Bracejando no tempo e no espaço.

Há, nitidamente, a questão colocada da degeneração e da regeneração no poema em questão, mas aparece também um conceito que tem tomado alguma expressão ultimamente: a retrotopia, que é a utopia do passado. Vive-se uma perda completa da esperança de alcançar a felicidade em algum lugar idealizado do futuro, pois parece que esse lugar nunca chega.

A volta ao passado mistificado parece muito sedutora para muitos – então, resumindo em uma metáfora, a retrotopia pode ser considerada a saudade do futuro que nunca chegou. Assim sendo, passa a ser melhor viver as utopias do passado. O saudosismo, a cultura da obsolescência e a nostalgia trazem à tona o mundo touch em um cenário tech, mas oxida visões mais utópicas de um futuro mais proeminente.[170]

O que permanece é o que fez sentido ao inconsciente coletivo – e a ele devemos o conhecimento que temos e as verdades postas, do darwinismo, da replicação viral, que denota um contágio evolutivo capaz de moldar uma cultura, permitindo uma coevolução transcendente às bases de uma cultura.

Há uma profunda e não visível teia de conhecimento dos fatos do passado que orientam a permanência no presente e que pode, ou não, orientar os futuros possíveis ou prováveis. Para tanto é necessário estudar muito as relações de causa e efeito, lembrando que a complexidade é o que traduz a questão e é definida por um conjunto de partes completamente independentes, intimamen-

---

169 | CAMPOS, A. d. *Verso, Reverso e Controverso*. São Paulo: Perspectiva, 2009.
170 | BAUMAN, Z. *Retrotopia*. Rio de Janeiro: Zahar, 2017.

te conectadas entre si, sustentadas pelo peso da sua própria complexidade, o que naturalmente aumenta barbaramente a ambiguidade de tudo[171].

Como um organismo vivo, os fatos são resultados de uma pressão do passado, ao mesmo tempo que orienta visões de permanência ou não, dependendo do peso dos vetores que a sustentam. Por esta razão, a equação, que parece ser tão simples, é absolutamente complexa na cabeça de muitos, por não entenderem que as coisas estão intimamente conectadas ao peso da sua própria complexidade.

Talvez deva-se estimular uma visão da composição de cenários contrapostos e não se fixar somente no fato em si – isto é, não no "que", mas no "se". Se tivesse acontecido isso, ou se tivesse acontecido aquilo, e se acontecer algo que está fora do ângulo de captura, e se houver uma saída não visível, ou mesmo uma muito visível.[172]

A futurista Rosa Alegria, precursora do tema no Brasil, minha colega nesses ensaios, usa uma figura de inspiração muito própria deste mundo. Uma equação simples, mas não óbvia: a soma do hindsight com o foresight nos traz insights. Explicando melhor, o hindsight é considerado todo o peso do passado em suas relações e interconexões. O foresight são as visões dos futuros possíveis, dos futuros prováveis, dos vetores de arraste, do rastro de permanência ou do colapso dos fatos e significados.

O conjunto, então, de insights possíveis depende, obviamente, de nossa capacidade mental de capturar os fatos e as reações do passado e vislumbrar qual é o caminho percorrido no presente – isto é, como tal questão se alterou ou não, além de como se projeta para além deste presente.

O pensamento do "e se" em detrimento do "o quê" abre um leque absurdo de novas possibilidades futuras e é por isso, exatamente, que se propala que futuros são plurais. Eles não são, nem nunca serão determinísticos. Ao se perceber o nexo de causa e efeito, pode-se, então, vislumbrar o que se quer e o que não se quer, construindo corredores de futuros prováveis.[173]

Isso está intrinsecamente ligado aos padrões de colapso: tudo que colapsa, renasce, como o movimento que reformulou a vida na Idade Média, dando início à Idade Moderna, em um reordenamento, um rearranjo, uma nova janela, um novo ciclo, como muitos se recorrem.

---

171 | WEST, G. *Scale – The Universal Laws of Life, Growth, and Death in Organisms, Cities, and Companies*. New York: Penguin Books, 2018.

172 | HOPKINS, R. *From What is to What If*. London: Chelsea Green, 2019.

173 | Idem.

Esta visão está presente em muitas culturas. A que mais chama a atenção é o Deus Hindu Shiva Nataraja, conhecido como o dançarino cósmico que realiza sua performance divina para destruir um universo fatigado e realizar os preparativos para o início do processo da Criação por parte do Deus Brahma. É a cultura da Degeneração e da Regeneração.

A passagem de algo que degenera para algo que se regenera pode ser, então, perfeitamente comparada a uma coreografia, a uma dança de contraposições, a um ritual de passagem, a uma visão de um passado colapsado, em busca de um futuro mais promissor. Shiva Nataraja é conhecido como o grande Deus da destruição e da transformação.

Para dar tangibilidade possível e para ilustrar, o artista Vimal Varman nos oferece a seguinte visão de Shiva Nataraja (Fig. 1):

FIGURA 1. Shiva Nataraja

Fonte: Vimal Varman[174]

Traduzindo a imagem, Shiva Nataraja é o dançarino que, por ser cósmico, age na esfera que representa o planeta Terra, o globo terrestre, o mundo. Portanto, age sobre todas as forças da natureza. Shiva Nataraja dança com seus braços que portam quatro elementos diametralmente opostos. Na mão direita, há o fogo.

Em muitas versões, enquanto uma estátua, Shiva Nataraja aparece circunscrito em um anel de fogo, que representa o colapso, algo que perde o significado, algo que perdeu sustentabilidade, pois tudo que queima vira passado, é aquilo que degenera, aquilo que se esgota.

Na outra mão, diametralmente oposta, Shiva Nataraja porta o damru, um tambor em forma de ampulheta usado principalmente na Índia e no Tibete. Ele representa o som da criação do Universo, que emerge, segundo o Hinduísmo,

---

174 | https://www.artstation.com/artwork/nQ8Xqr

da sílaba ôm. É com o som do damru que Shiva Nataraja marca o novo ritmo do Universo e o compasso de sua dança. Às vezes, ele deixa de tocar por um instante, para ajustar o som do tambor ou para achar um ritmo melhor. Todo o Universo, então, se desfaz e só reaparece quando a música recomeça.

Nas outras mãos, Shiva Nataraja tem a cornucópia da abundância, ao mesmo tempo que porta, em outra mão diametralmente oposta, o cetro, que denota a regência, o protagonismo do ato, sintetizando que o mundo pode ser de abundância. O cetro te dá a posse de ser o protagonista de todas as ações, dando-lhe a condição de reger o Universo, queimando o que perdeu sentido e dançando para a criação de um novo "novo".

Degeneração e Regeneração, ao mesmo tempo, ato contínuo de reflexos planetários e cósmicos. Shiva Nataraja dança com os cabelos soltos no Rio Ganges, pisa sobre o anão mítico da ignorância e tem três cobras, uma em cada braço e uma no pescoço. Representam o passado e o futuro pelos braços. A cobra, localizada no pescoço, faz referência, por sua vez, ao presente, apontando que há um momento certo no presente para determinar o que fica no passado e o que segue para o futuro, o que degenera e o que regenera.

A Mitologia Japonesa, por sua vez, oferece a face do Tengu (Fig. 2).

Os Tengus são criaturas fantásticas do folclore japonês. Eles têm nariz proeminente e asas enormes; muitos têm barba. São goblins das florestas e das montanhas, cujas lendas possuem traços, tanto da religião budista, quanto da xintoísta. Alguns Tengus têm cabeça de pássaro — esses eram tidos como grandes artistas marciais e remontam ao Século VI.

FIGURA 2. Estátua de Tengu

Fonte: DayDayNews[175]

---

175 | "Why does Tengu, one of Japan's three big monsters, look nothing like a dog?". *DayDayNews*, 14 de março de 2021. Disponível em: https://daydaynews.cc/en/emotion/why-does-tengu-one-of-japans-three-big-monsters-look-nothing.html. Último acesso: 25/03/2022.

Acreditava-se que possuíam vários poderes sobrenaturais, entre eles a capacidade de mudar de forma, o ventriloquismo, o teletransporte e a telecinese, que é a capacidade de uma pessoa se movimentar, manipular, abalar ou exercer força sobre um sistema físico, sem interação, apenas usando a mente. É uma habilidade singular de penetrar no sonho dos mortais. O Tengu é um guerreiro habilidoso, mas sua principal diversão é causar desordem. Eles gostam de pregar peças em sacerdotes budistas que incorrem no pecado do orgulho, nas autoridades que usam seu poder ou sabedoria para adquirir fama, ou nos samurais que se tornavam arrogantes, por exemplo.

Os Tengus antipatizam com aqueles que contrariam as três leis do Dharma:

1. Cada um de nós está neste mundo para descobrir seu verdadeiro "eu". Somos em essência seres espirituais, que adotaram uma forma física para se manifestar. Não somos seres humanos com experiências espirituais ocasionais, mas o contrário, seres espirituais com experiências humanas ocasionais.
2. Cada um de nós tem um talento tão único em sua expressão que não há outro ser sobre o Planeta Terra com a mesma capacidade. Quando se desenvolve essa habilidade, perde-se a noção de tempo. A expressão desse talento único, ou mais de um em muitos casos, nos induz a um estado de consciência temporal.
3. Estamos todos a serviço da humanidade. Servir aos demais seres humanos é se perguntar sistematicamente: como posso ajudar pessoas com quem mantenho relacionamento? Quando se combina a capacidade de expressar nosso talento único com a humanidade, usamos plenamente a Lei do Dharma.

Ora, nada mais contemporâneo do que isso. As questões da necessidade de um propósito claro e urgente, assim como a busca desse talento único, entram com um peso enorme sobre a jornada humana.

Muitos não sabem por que nasceram, para onde vão, como colaborarão, mas, no fim, estamos todos a serviço da própria humanidade. A nova revolução noética é a disciplina que estuda os fenômenos subjetivos da consciência, da mente, do espírito e da vida humana, a partir do ponto de vista da ciência.[176] Como conceito filosófico que também

---

176 | Halévy, M. *A Era do Conhecimento*. São Paulo: Editora Unesp, 2005.

é, define, em linhas gerais, a dimensão espiritual do homem. Entenda: nada disso se refere a religiões.

O cenário pós-pandemia colocou globalmente um chamamento do Fórum Econômico Mundial (WEF) de que, quando morre muita gente de uma doença desconhecida, talvez deva-se considerar que a Covid-19 pode representar uma excelente oportunidade de se colocar pessoas e planeta em primeiro lugar; todo o resto viria depois. Isso tem a ver com a expressão "o grande reset" que predefine o capitalismo verde.[177]

Essa convocação foi tão poderosa, que criou o corredor para se destacar a necessidade do contexto ESG, que representa Environmental, Social and Corporate Governance (em tradução literal, ambiente, social e governança corporativa), praticamente desfibrilado durante a pandemia, algo que parecia tão novo, mas em realidade não é. A preocupação sobre a sustentabilidade como modelo de gestão das empresas foi ativado em 1972, na Convenção de Estocolmo, e se regenerou durante a pandemia.

Ao contrário do que se imaginava, a iniciativa de ressaltar a necessidade de se agir de acordo com as regras ESG traz um respiro urgente sobre as questões fundamentais que o colocam em pé, como as ambientais (Environment), as sociais (Social) e as de funcionamento das empresas, como padrões éticos de atuação, transparência, declarações, políticas afirmativas e redução de externalidades negativas, todas sob o bojo da governança (Governance).

Não é só a questão pontuada do ESG, mas também da guerra da Rússia contra a Ucrânia, que se pronuncia sobre nós. É um paradoxo anacrônico de uma guerra que não é uma guerra, mas uma invasão injustificada, com uma reação a uma ameaça do passado, da tentativa retrotópica de construção de uma nova URSS, conforme pontuam analistas internacionais.

Há narrativas sobre as ameaças que a OTAN representa: das questões tensas relacionadas à presença massiva de artefatos nucleares, pois envolve o país mais poderoso nesse tipo de armamento; e, também, das muitas lições de que o mundo, em muitos casos, se renegera, apesar de trazer a grande ambiguidade característica do chamos, o extremo agressivo do caos.

---

177 | "Klaus Schwab e o grande "reset"". *Euronews*, 19 de novembro de 2020. Disponível em: https://www.youtube.com/watch?v=QZSIkoL0a1o. Último acesso: 28/04/2022.

Fazendo uma análise rápida, o cenário de guerra que se assiste hoje, através de múltiplas telas, nos mostra destruição: a vida das pessoas brutalmente interrompida, descontinuada, fragmentada, por bombardeios que destroem grande parte de um legado de país existente muito antes da própria Rússia. São cenas chocantes de gente fugindo, de comida escasseando, da presença do inimigo agressor nas ruas, em um cenário claro de degeneração agressivamente colocada.

Por outro lado, há a regeneração pautada no mesmo pé e com igual poder de reação. Mais de 50 marcas tiveram suas governanças colocadas à disposição do conflito, recusando-se a operar a favor dos agressores. Embargos multilaterais são diariamente declarados, além de sanções políticas e econômicas seríissimas, capazes de levar o planeta a uma recessão desconhecida, a um aumento global da inflação, das questões de distribuição de matéria-prima e commodities que movem o mundo.

Não se pode perder de vista que, no meio de tanta degeneração, há a regeneração, e que se registre o fato de que tanto os Estados Unidos, quanto a Alemanha, anunciaram a aceleração de seus programas de substituição do uso de combustíveis fósseis por geração e distribuição de fontes renováveis em larga escala. Isso é algo que, dentro do Fórum de Mudanças Climáticas, representa um avanço. De um lado, se libertam da dependência desses insumos; de outro, estimulam a tecnologia em busca de uma regeneração mais limpa.

Reforça-se, assim, um pouco do conceito de que tudo se desenvolve em um trilho, em que nem sempre a ordem e o controle imperam. Nos tempos atuais, é necessário entender que o sistema caórdico impõe o pensamento em outras dimensões, como se pode ver, abaixo (Fig. 3):

FIGURA 3. Mapa esquemático de organizações caórdicas

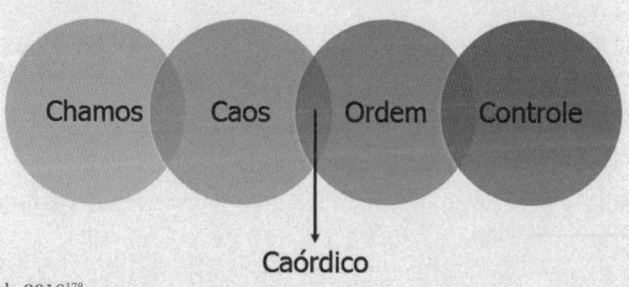

Chamos — Caos — Ordem — Controle

Caórdico

Fonte: Hock, 2016[178]

---

178 | Hock, D. *Nascimento da Era Caórdica.* São Paulo: Cultrix, 2016.

Na figura acima, vemos os quatro elementos envolvidos na discussão. Desde sempre, somos todos treinados para promover a ordem e o controle, comportamentos típicos de empresas fordistas. Todo o aprendizado é posto para o treinamento de ambas as habilidades.

O grande problema, em tempos exponenciais de enorme velocidade, é a impossibilidade de imaginar que qualquer coisa possa estar perfeitamente controlável e ordenada em um formato confortável. Vive-se muito mais o ambiente caótico, aparentemente hostil, sem conforto para imaginar algum sossego, além do que o caos representado que não é compreendido, de não se saber o que carreia, de não ser pacificado.[179]

Para piorar tudo, então se assiste uma diminuição brutal dos níveis de controle, chamado chamos, localizado do outro lado do diagrama. É o extremo agressivo do caos, onde moram os padrões destrutivos, o desmantelamento das estruturas, a perda da sustentabilidade, a ausência abrupta de significados. São opostos que se se alimentam em mesma intensidade.

O caos, pouca gente sabe, é um Deus da mitologia grega. Caos foi considerado a primeira divindade a surgir no Universo, sendo, portanto, o mais velho de todos os Deuses, também conhecidos como Deuses Primordiais.

É difícil estabelecer a natureza de Caos, pois sofreu diversas mutações com o tempo e há muitas versões e interpretações sobre sua existência. Inicialmente, era tomado como o ar que preenchia o espaço entre o Éter e a Terra; posteriormente, passou a ser visto como mistura primordial dos elementos.

Seu nome tem origem no verbo grego χαίνω, que significa "separar", "ser amplo", isto é, o espaço vazio primordial. O conceito que conhecemos hoje, de desordem, confusão, só seria atribuído à divindade posteriormente[180] (Wikipedia)[181].

Caos é, então, percebido como o Deus que representa a escuridão, a cisão, a fragmentação; é o grande Deus do escuro, dos inícios, do caldeirão criativo e da fertilização de novos padrões. Apesar de não estarmos treinados para conviver com o caos, ele não pode ser visto de maneira ruim ou ameaçadora – pelo contrário, nele residem a criatividade, a incerteza, o

---

179 | Idem.

180 | Idem.

181 | Wikipedia. Caos (mitologia). Disponível em: https://pt.wikipedia.org/wiki/Caos_(mitologia). Último acesso: 28/04/2022.

improviso, a espontaneidade, o surgimento e a curiosidade do novo, além da quase impossível estabilidade.

O mundo caórdico, então, equilibra as questões do caos e da ordem, buscando um equilíbrio difícil de se imaginar, mas possível. A pergunta cabal aparece, portanto, em ato contínuo. Você está pronto para nunca mais estar pronto? Você se volta para o caos como forma de se buscar uma nova ordem? Tudo que se degenera está no chamos, enquanto tudo que se regenera está em uma nova ordem, então, no equilíbrio caórdico.

Isso impõe a todos novos padrões de inovação – claro, é ela que está no centro de tudo e não é difícil imaginar por qual motivo os futuristas se cercam do entendimento polímata, que traz o destravamento da versatilidade humana como aliado poderoso nas análises de causa e efeito.

Há a metodologia dos três horizontes, conhecido de todos os planejadores estratégicos e carinhosamente chamado também de 3H. A metodologia coloca frente a frente a descrição de padrões de culturas degenerativas e regenerativas e as pontes possíveis.

Para facilitar, importante navegar na Figura 4 abaixo:

FIGURA 4. Três horizontes (Janus Effect) adaptado para visões de culturas de inovação e futurismo estratégico

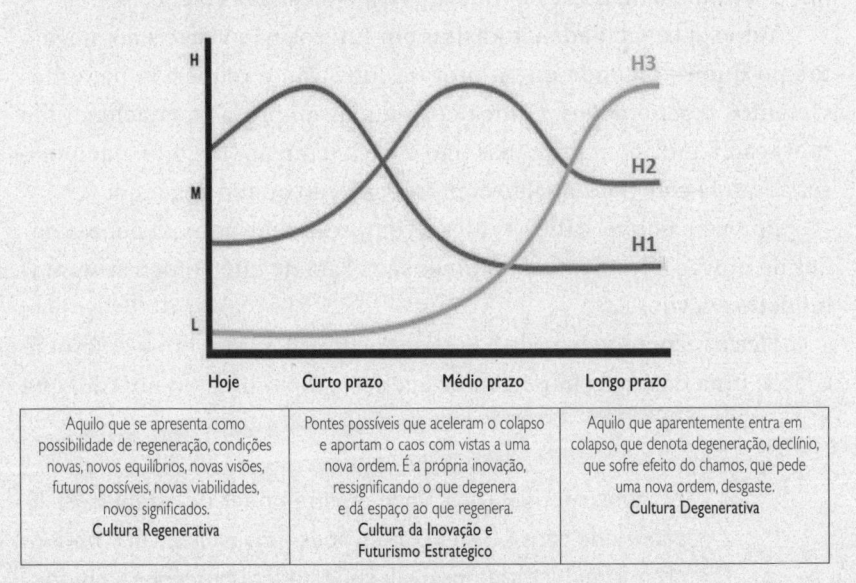

Aquilo que se apresenta como possibilidade de regeneração, condições novas, novos equilíbrios, novas visões, futuros possíveis, novas viabilidades, novos significados. **Cultura Regenerativa**	Pontes possíveis que aceleram o colapso e aportam o caos com vistas a uma nova ordem. É a própria inovação, ressignificando o que degenera e dá espaço ao que regenera. **Cultura da Inovação e Futurismo Estratégico**	Aquilo que aparentemente entra em colapso, que denota degeneração, declínio, que sofre efeito do chamos, que pede uma nova ordem, desgaste. **Cultura Degenerativa**

Fonte: Carlos Piazza

A linha azul do horizonte 2 reflete a inovação possível, como uma ponte para criar a visão do chamado Efeito Janus, que olha para o passado e olha para o futuro, com vistas ao que equilibra uma velocidade maior de declaração de futuros possíveis e futuros prováveis, agindo como um grande catalizador para os cenários de esclarecimento de futuros preferíveis.

Longe de ser um processo estático, está em permanente mudança, porque o chamos não escolhe data de mudança – é obrigação das pessoas estudar e permanecer atentas aos menores sinais de mudanças, para que movimentos de degeneração sejam percebidos. Sem respeitar especialidades, permeia todas, exigindo uma visão espacial muito grande, no sentido de entender os sinais e os projetar em vetores de futuro, para tentar observar para onde se dirige, se fica forte ou fraco, se sucumbe no caminho, se é simplesmente possível ser substituído por outro sinal mais forte.

Ter esta capacidade é bastante interessante, porque nos liga em um estado de atenção extremo, capaz de nos trazer uma visão não só dos acontecimentos do mundo, mas também deste meio do caminho, principalmente quando temos tecnologias no centro, que podem mudar o sentido, o mapa de significados e até mesmo as crenças.

Ter esta capacidade é transitar em futuros não visíveis ao mesmo tempo que se entende que a própria inovação é requerida para movimentos regenerativos. Crítica corrente às empresas que acham que inovação é uma condição, mas não é – ela é uma ponte, que não pode ser adotada com base na não compreensão do que se degenera.

Por este motivo, cabe a crítica às empresas que adotam necessidades de inovação sem uma compreensão exata de que perdeu sustentabilidade em voo.

Fica a recomendação do CEO Global do Millenium Project, Jerome Glenn, uma das mais importantes agências de futuros do mundo, que diz o seguinte:

> Ao construir cenários, você mostra poder de estabelecer ligações de causa e efeito, conexões prováveis... Você poderá criar uma história possível; você poderá perceber o chamamento do que se quer ou não. Se não o fizermos, tudo pode

sair do controle. O futuro está nas nossas mãos. Isso é tecnologia e filosofia. Construa.[182]

Entenda o degenera e tenha coragem de propor a regeneração ao usar as pontes da inovação disponíveis e não disponíveis. Em um pensamento moonshot, largamente usado no Vale do Silício, tem-se o entendimento de que, se tivermos que fazer algo que dependa de uma determinada tecnologia não disponível, não tem problema – crie uma.

Isso denota necessidade de extrema curiosidade, criatividade, visão de futuro e coragem para acelerar a degeneração, ser visionário para criar a regeneração possível e ainda dar sentido, novos significados e novas crenças para construir um mundo abundante e mais próprio para a vida de uma maneira geral.

Criar padrões de novas crenças é ser um pouco mago de destinos. Por que não? Esteja pronto para nunca mais estar pronto e seja malcriadamente e incansavelmente provocador de novas realidades. Uma nobre missão.

---

182 | "Three Scenarios for the Future of Work in an AI Economy". *Emerj*, 3 de fevereiro de 2019. Disponível em: https://emerj.com/ai-podcast-interviews/three-scenarios-for-the-future-of--work-in-an-ai-economy/. Último acesso: 28/04/2022.

CARLOS PIAZZA é darwinista digital, nexialista, futurista practioner certified Millenium Project, fundador da CPC, empresa focada em negócios digitais, disrupção, aceleração digital e seus impactos na sociedade, 4IR, 5IR, Sociedade 5.0, gestão da inovação, tecnologias disruptivas e suas contribuições, Life 3.0. Polímata, nexialista, professor de pós-graduação, de mbas, palestrante key note nacional e internacional, agilista, autor, conteudista, escritor, mentor de hackathons, hackathinking e hackamilk, TED talker. Embaixador do Teach the Future no Brasil, membro e Brazil Partner do Millenium Project.

CONECTE-SE A ELE

in https://www.linkedin.com/in/carlos-alberto-piazza-timo-iaria-89b93931/

✉ carlos.piazza@carlospiazzaconsultoria.com.br

UM NOVO CAPITALISMO

GRAZIELA MERLINA

"O Novo Capitalismo nos exige muito mais do que boas práticas de gestão. Nos exige liderar de forma consciente a cultura do negócio e o seu impacto nas pessoas e no entorno."

NOVOS MODELOS PARA NOVOS HUMANOS

- colaboração X
- sociedade X
- propósito X
- negócio X
- impacto X
- valores X

Por vezes tenho o hábito de imaginar que as coisas e os conceitos têm vida própria e me flagro criando alguns diálogos imaginários. Uma dessas conversas foi com o Sr. Capitalismo. Sem pretensão, perguntei se ele se considerava velho demais para o mundo atual. Quase que num desabafo ele começou a discorrer.

— Sabe, minha querida, envelhecer é uma arte. Cabe a nós reconhecermos que já vivemos muita coisa, já fizemos parte de tantas vidas e histórias, mas se quisermos permanecer ativos e úteis, precisamos nos atualizar. Eu tenho buscado isso, usando as práticas da Nova Economia. Você sabe, né!? Mais colaboração, criatividade, abundância, acesso, circulação de riqueza, impacto socioambiental positivo. Mas sinto que sou constantemente desafiado por aqueles que insistem em viver no passado, naquele capitalismo que perdeu seu significado. Por isso, não me importo de me chamarem de Novo Capitalismo. Aliás, é nisso que eu acredito.

— E o que é esse Capitalismo que perdeu o significado? — pergunto.

— Bom. Eu nasci numa época que você não tem nem ideia do que foi. Nasci no pós-feudalismo. Então se acreditava que as pessoas nascem, crescem e morrem no mesmo estado social: nobre, clero ou servo. Não havia mobilidade. Acredite! Eu fui bem transgressor e regenerei esse conceito. Com o Capitalismo Comercial veio a possibilidade de reconhecer que o trabalho tem seu valor e, portanto, ele pode ser uma moeda de troca, assim como objetos, dinheiro e outros ativos. Acreditou-se, então, que trocar riquezas era algo possível. Mas não se enxergava a possibilidade de aumentá-las, ou seja, tínhamos que lidar com a troca dos recursos e bens já existentes. Isso fez nascer uma nova crença: a riqueza existente pode ser redistribuída. Assim, não precisávamos mais ficar presos ao estado social no qual nascemos.

— E, além da mobilidade social, o que mais isso provocou?

— Um sistema econômico nunca é só econômico — ele também é social, político, e outros mais. A mobilidade social despertou a consciência de que as pessoas têm talentos e podem transformá-los em moedas de troca. Isso é muito maior do que nascer nobre ou servo. Gerar valor a partir do que somos e fazemos passou a ser central. Algo que prevalece até hoje nos negócios.

— Entendo. Geração de valor é a busca de toda e qualquer relação nos dias de hoje. Mas isso fica distorcido quando o valor é determinado por quem detém o poder econômico sobre os bens e o capital, não é!?

— Essa é uma grande distorção do princípio da livre troca entre trabalho e capital. Quando essa troca deixa de ser livre, é porque ela está trabalhando em função do acúmulo de riqueza na mão de poucos. A busca pelo enriquecimento rápido tira a liberdade como uma componente dessa equação de troca. De um lado tem a exploração e, do outro, a submissão. Se não me engano, hoje chamam isso de relação abusiva.

Nesse momento, eu fiz uma pausa. Precisava de um fôlego. O Novo Capitalismo, esse que estamos aqui para reinventar, tem que fazer valer essa liberdade. Isso implica em mentalidades que tenham um propósito elevado, além do lucro. Que geram riquezas para fazê-las circular no sistema. Que olhem de verdade para aquilo que aprisiona ao invés de libertar: desigualdades, racismo, discriminação, alterações climáticas, destruição ambiental, violência. Assim, subitamente, me ocorreu a próxima pergunta:

— E o que deu errado com essa crença de troca de riquezas?

— Um simples grande detalhe: não se acreditava que a riqueza poderia ser aumentada, apenas redistribuída. E a exploração tomou conta. A preocupação não estava em gerar riquezas, mas em deslocá-las de lugar.

Comentei, quase que lamentando:

— Explorar, extrair, usufruir foram fontes de muita degeneração. Sinto, então, que, depois disso, fomos para um outro extremo: passamos a nos preocupar em aumentar a riqueza sem importar como.

— Foi daí, filha, que entrei na segunda fase da minha vida. O Capitalismo Industrial. Foi uma revolução. O crescimento demográfico levou à necessidade de se produzir mais e melhor. Por um lado, tivemos avanços tecnológicos, aumento da produtividade e diminuição do valor da mercadoria. Por outro, no entanto, o produzir mais e melhor foi alcançado às custas de extensas jornadas de trabalho, baixos salários e condições precárias no ambiente de trabalho.

— Exatamente a imagem que o filme *Tempos Modernos* eternizou em nossas mentes... Então, primeiro, acreditamos que a riqueza precisava ser redistribuída (ou você estava do lado de quem toma ou de quem é tomado); depois acreditamos que dava para aumentar a riqueza, produzindo mais e gastando menos (ou você estava do lado de quem ganha ou de quem vira custo). Me parece que só o capital econômico entrava na equação. Onde estavam os outros tipos de capital: social, ambiental, cultural, emocional, intelectual?

— Por favor, não me faça rir. Eu poderia fazer a você a mesma pergunta sobre os dias de hoje. Ou você acha que, nos dias atuais, esses outros tipos de capital entram na equação?

— Sei que nem sempre são levados em conta como deveriam, mas eles são a essência do Novo Capitalismo. Quando falamos em movimentos e práticas de Capitalismo Consciente, Capitalismo para Stakeholders, Pacto Global, Sistema B e ESG, é o impacto sócio-ambiental-econômico que está no centro das decisões dos negócios. Ainda temos muito a fazer, mas estamos claramente vivendo uma era de transição. Uma era de disrupção de verdades construídas para a valorização da essência humana criativa e cooperativa.

— Durante muitos e muitos anos, fomos míopes para esses impactos. Acredito que isso se acentuou ainda mais quando entrei na minha terceira fase de vida – o Capitalismo Financeiro. Esse nome foi motivado pela união entre bancos e empresas. Quando estas passaram a vender parcelas de seu capital na Bolsa de Valores, o conceito de troca livre entre talento e capital foi deixado de lado, e o retorno máximo e rápido sobre o capital investido passou a ser a ordem da vez. Essa nova forma de fazer dinheiro gerou acúmulo de capital de forma cada vez mais desigual, dando a poucos os benefícios reais dos avanços da tecnologia, da globalização e do crescimento no fluxo de informações e conhecimento.

— Temos muitas lições aprendidas até aqui, não é mesmo!? Temos consciência de que precisamos de um novo modelo socioeconômico. Algumas coragens nos têm sido requeridas para que os contornos desse Novo Capitalismo consigam dar conta de tanta desigualdade social. Que coragens precisamos ter? Que medos precisamos enfrentar? — pergunto, depositando todas as minhas esperanças nessa resposta.

Fico um tempo à espera dela, mas daí me lembro de que esse papo é apenas imaginário. Não há respostas prontas, nem tão pouco um grande sábio que nos dirá o que fazer. Essas coragens requeridas cabem a nós, novos humanos de negócios.

Coragem para abrir mão daquilo que traz retorno rápido para poucos por aquilo que traz retorno sustentável para muitos e para o planeta. Para que o propósito de existir de um negócio esteja a serviço de curar as dores do mundo, regenerando e/ou deixando de degenerar os capitais ambiental, social, emocional, físico, humano.

Coragem para incluir todas as partes interessadas de um negócio em suas estratégias e práticas. Dar espaço àqueles que convergem e que divergem. Aprender a escutar necessidades, mesmo quando não são iguais às nossas. Ter a humildade de reconhecer que as boas ideias vêm da combinação entre o melhor de cada um. E que não adianta cada um dar o seu melhor isoladamente.

Coragem para liderar de forma humanizada e consciente. Colocar o cuidado e o respeito no centro das relações e das decisões. Compartilhar tanto os momentos de prosperidade, quanto os de crise. Boas decisões nascem da inclusão e não da exclusão. Tornar o ambiente seguro o suficiente para que a colaboração e a criatividade superem a competição e o medo.

Coragem para incentivar aspectos da cultura organizacional que fortaleçam sua evolução e não permitir que se perpetuem comportamentos e hábitos tóxicos. Evoluir é se adaptar, renovar, recriar e, se preciso for, ter coragem para refundar o negócio para que ele possa ocupar seu lugar de criador do futuro.

Que tal recapitularmos as fases do Capitalismo e como suas crenças atuam em nosso mundo de hoje?

O Capitalismo Comercial, baseado na troca de riquezas, tirou as pessoas da crença da não mobilidade social. E como se dá isso atualmente? Podemos pensar, por exemplo, em pessoas que nascem sem condições mínimas de saúde, educação e moradia; ou em grupos de gênero, raça, religião, orientação sexual, etc., alvos de preconceitos, discriminação e racismo; ou em regiões cuja extrema pobreza é cada vez mais acentuada por mudanças climáticas, desmatamentos, moradias irregulares, falta de saneamento básico. Daí vem a pergunta: a mobilidade social é, de fato, possível? Ou a distribuição de riqueza praticada atualmente está desbalanceada a ponto de enriquecer alguns bolsos enquanto outros permanecem na linha da pobreza?

O Novo Capitalismo segue baseado no crescimento econômico, mas pressupõe que o ganho é coletivo. Não estar bom para todos é não estar bom para ninguém. O Novo Capitalismo coloca impacto socioambiental positivo à frente das decisões. Isso implica diretamente sermos intolerantes, vigilantes e denunciantes quanto à corrupção, à falta de ética nos negócios, à arrecadação e uso incoerente dos impostos, ao não cumprimento das leis, às condições não favoráveis de trabalho, à diversidade e inclusão não legítimas.

Havia uma época em que cheguei a acreditar que as pessoas que não se desenvolviam e não cresciam pessoal e profissionalmente simplesmente não se esforçavam o suficiente. Aprendi, na prática, que esforço com fome, sede e falta de higiene são ilusórios. Portanto, o Novo Capitalismo pressupõe vigiarmos, sim, os esforços, mas os esforços dos negócios em ter clareza de seu papel social; transparência em suas ações; mapear seus stakeholders e respectivos impactos a cada um deles (isso inclui o planeta); tomar medidas para eliminar impactos negativos e criar impactos positivos; colocar na equação do lucro aquilo que acrescenta e aquilo que elimina valor em todo tipo de capital. E isso vai muito além de receitas e despesas.

Já o Capitalismo Industrial trouxe para as mesas de negócios aspectos como escala, acesso, valor do trabalho. Isso tirou as pessoas da crença de que não era possível aumentar riquezas. Ao contrário, evidenciou-se que é possível ter mais, fazer mais, ganhar mais – uma verdade perseguida ainda nos dias de hoje. Em algum momento de nossa história, começamos a lembrar na prática que onde há "mais", há "menos" também. Os índices de poluição, violência, pobreza, analfabetismo, mortalidade, entre outros, evidenciaram que não se trata simplesmente de ganhar mais. Acima de tudo, é sobre "como" ganhamos mais.

O Novo Capitalismo nos exige muito mais do que boas práticas de gestão. Exige liderar de forma consciente a cultura do negócio e o seu impacto nas pessoas e no entorno. Isso implica não restringir as decisões apenas pela viabilidade econômica de um projeto ou ideia, muito menos olhar apenas para o curto prazo. Tudo o que precisamos está no nosso sistema, na natureza. Cabe a nós cuidar para que essa abundância possa estar no lugar certo, na hora certa, ao invés de se tornar escassez e, assim, encarecer recursos tão abundantes na natureza.

O surgimento do Capitalismo Financeiro trouxe a possibilidade real de sermos ao mesmo tempo investidores e investidos. Isso é fundamental para criar um fluxo de circulação do dinheiro. Como explicar então a falta de dinheiro, por exemplo, na Educação? Em 2022, cerca de 12 milhões de jovens, entre 15 e 29 anos, no Brasil, fazem parte da geração "nem nem", nem estudam, nem trabalham[183]. Soma-se a isso o dado publicado recentemente pelo Fórum Econômico Mundial que constata que 43% das empresas pesquisadas indicaram que devem reduzir sua força de traba-

---

[183] | "iDados no Estadão: 12 milhões de jovens no Brasil não estudam nem trabalham". *Blog iDados*, 12 de janeiro de 2022. Disponível em: https://blog.idados.id/idados-no-estadao--12-milhoes-de-jovens-no-brasil-nao-estudam-nem-trabalham/. Último acesso: 15/03/2022.

lho devido à integração de tecnologia.[184] Sendo essa uma realidade, não estamos falando em falta de dinheiro, mas em como e onde ele é aplicado.

Lembro fortemente quando iniciei minha jornada como consultora no ano 2000. Ao atender uma empresa do segmento industrial, havia uma inquietação sobre a automatização da fábrica versus o preparo das equipes operacionais para lidar com o gerenciamento de informações e indicadores. A decisão, na época, foi a de implementar uma escola dentro da empresa, para o letramento básico de seus colaboradores em Português e Matemática. Sinto-me privilegiada ao viver esse exemplo prático de alocação do dinheiro em prol de um impacto social positivo. A empresa poderia ter optado por trocar seu quadro de colaboradores sem a qualificação mínima, mas isso iria resolver somente o seu próprio problema, trazendo um enorme impacto social negativo. Ao invés disso, ela assumiu sua responsabilidade e papel social, direcionando o seu capital financeiro e intelectual para mudar a condição de vida daqueles colaboradores, muitos dos quais pais e mães, que mudaram, também, sua condição familiar, social, emocional e moral.

Trazendo para o Novo Capitalismo, podemos nos questionar qual o papel dos negócios nos novos letramentos: tecnológico, digital, empreendedor, emocional, e tantos outros que não devem estar a serviço de elitizar o trabalhador. Se um negócio prevê a diminuição da sua força de trabalho por conta da integração tecnológica, por que não investir no letramento digital de tantos jovens, pais, mães, cidadãos em geral, que podem ter a oportunidade de permanecerem ativos na sociedade? Lembrando, novamente, que para muitos deles não é apenas uma questão de fazer esforço – é uma questão de ter acesso.

Dessa vez, eu resolvi assumir a palavra do meu imaginário, resumindo:
— O Novo Capitalismo defende a alta performance para que as riquezas possam estar a serviço de circular no sistema socioeconômico, no qual a saúde, a educação e a moradia sejam para todos. E, assim, alta performance pode ser um lugar de equilíbrio entre desempenho e humanidade. Onde impacto positivo supera lucros insaciáveis. Onde a livre troca entre talento e capital nos faça reconhecer que cada potência humana é fundamental para sustentar o Novo Capitalismo.

---

184 | "Recession and Automation Changes Our Future of Work, But There are Jobs Coming, Report Says". *World Economic Forum*, 20 de outubro de 202. Disponível em: https://www.weforum.org/press/2020/10/recession-and-automation-changes-our-future-of-work-but-there-are-jobs-coming-report-says-52c5162fce/. Último acesso: 15/03/2022.

GRAZIELA MERLINA é inquieta, determinada, otimista. Como uma boa italiana, é amorosa e impaciente na mesma medida. Ama livros, vinhos, café. Curte estar com a família e escrever poesias. Formada em engenharia de produção, empreende desde os 17 anos, quando teve o seu primeiro negócio – uma escola preparatória para vestibular. Com pós-graduação em administração de empresas e mestrado em comportamento organizacional, após experiência executiva na área de supply chain, tem empreendido em negócios que tenham o propósito de expandir a atuação consciente de pessoas, organizações e sociedade. Cofundadora do Instituto Emana e Idealizadora da Casa Merlina, Graziela é quem faz a operação brasileira do FRESHBIZ GAME. É conselheira do Instituto Capitalism Consciente Brasil e mentora da TRIBO. Atua como palestrante, investidora e mentora de negócios de impacto. Patrocinadora da tradução dos livros Empresas Humanizadas, Liderança Shakti e Os Novos EmpreendedoreZ.

CONECTE-SE A ELA

in https://www.linkedin.com/in/graziela-merlina-7b9296/

@casamerlina.oficial

O PAPEL DOS NEGÓCIOS PARA O FUTURO

PEDRO PARO

"Já não basta apenas produzir bons produtos e serviços; precisamos de boas instituições para todas as partes interessadas no sucesso do negócio – investidores, acionistas, executivos, colaboradores, clientes, fornecedores, parceiros, sociedade e meio ambiente."

- sociedade X
- negócios X
- liderança X
- propósito X
- impacto X
- humano X

O Fórum Econômico Mundial definiu como tema do seu encontro anual em 2022 a "História em um Ponto de Inflexão".[185] A escolha não foi por acaso. Inflação, perda de confiança e bem-estar nas relações, aumento de estresse, queda de faturamento, aumento de turnover, perda de produtividade e redução de investimentos em desenvolvimento sustentável. Polarização política, declínio de instituições públicas, enfraquecimento da democracia, feminicídio, aumento da violência, intolerância, racismo, desigualdade social, insegurança alimentar, guerra. As evidências estão bem diante de nós. O mundo, assim como o Brasil, vive um momento muito delicado, um momento de transição, um momento de decisão sobre o futuro.

Nos últimos 50 anos, o Fórum vem reunindo lideranças globais para discutir o impacto das políticas governamentais e das estratégias de negócios. Defende uma nova economia, na qual as empresas também assumem um papel de protagonismo na resolução de problemas econômicos, sociais e ambientais. "As questões que o mundo enfrenta hoje são complexas demais para que uma parte aborde sozinha. Precisamos que empresas, governos, organizações internacionais e sociedade civil façam parte das soluções", reforçou o presidente do Fórum Børge Brende a uma rede norte-americana[186].

E essa, também, é uma demanda da sociedade. Em 2021, o "Barômetro de Confiança" da Edelman, pesquisa realizada anualmente pela agência global de comunicação, reforçou que as empresas são consideradas no mundo inteiro mais confiáveis do que ONGs, mídia e governo.[187] Essa credibilidade faz com que a expectativa e a pressão sobre as ações e o posicionamento das companhias também aumentem, extrapolando as fronteiras de negócios até então conhecidas.

Uma edição especial do Barômetro, lançada durante o encontro em Davos em maio de 2022, mostrou que, para os 14 mil participantes da pes-

---

185 | "Davos 2022: 'Trust-based and action-oriented cooperation". *WEF*, 22 de maio de 2022. Disponível em: https://www.weforum.org/agenda/2022/05/davos-2022-klaus-schwab--trust-based-and-action-oriented-cooperation/. Último Acesso: 24/05/2022.

186 | "Opinion: WEF president: How the world can rebuild cooperation". *CNN*, 21 de maio de 2022. Disponível em: https://edition.cnn.com/2022/05/21/perspectives/davos-wef-president-cooperation/index.html. Último Acesso: 24/05/2022.

187 | Edelman – "Empresas são a única instituição considerada confiável, competente e ética pelos brasileiros, aponta o estudo global Edelman Trust Barometer 2021." Disponível em: https://www.edelman.com.br/sites/g/files/aatuss291/files/2021-03/Edelman%20Trust%20Barometer%20Brasil%202021_Press%20Release_Final_0.pdf. Último Acesso: 25/05/2022.

quisa realizada em 14 países, as empresas, bem como os seus líderes, devem se envolver em questões geopolíticas.[188] À luz da guerra na Ucrânia, cerca de 95% das pessoas exigem pressão política ou econômica por parte das companhias a invasões não provocadas. Pouco menos de seis em cada dez entrevistados consideram que a geopolítica deve estar na pauta de prioridades dos líderes empresariais, ao lado de responsabilidades econômicas e sociais.[189]

Outros estudos reforçam que as novas gerações, os consumidores e os investidores estão exercendo pressão social por mudanças nos negócios. Em pesquisas aqui no Brasil, realizadas pela Humanizadas, identificamos que os millenials e a geração Z já representam 61% dos stakeholders das organizações. Outro estudo, realizado pela Delloite, aponta que as novas gerações já representam 50%[190] da força de trabalho no mundo, e até 2030 devem representar mais de 60%[191]. Esses dados revelam a ascensão de uma nova economia, em linha com os valores e a conectividade dessas novas gerações, que não apenas mudam os hábitos de trabalho, consumo e investimento, como também demandam novas tecnologias, novos modelos e novas respostas para desafios fundamentais vigentes na sociedade. Em contrapartida, também desejam investir, trabalhar e comprar produtos e serviços de instituições nas quais confiam. Em 2025, a geração alfa, reconhecida por ser a primeira geração 100% digital, que não considera os dispositivos digitais como ferramentas, mas como parte integrada em suas vidas, serão 2 bilhões de pessoas no mundo, prometendo mudanças ainda mais profundas.[192]

Para Klaus Schwab, fundador e presidente executivo do Fórum Econômico Mundial, este é o momento para a "cooperação baseada na confiança e na ação orientada." Estudo do Banco Interamericano de Desenvolvimento (BID), publicado no início de 2022, corrobora com

---

188 | 2022 Edelman Trust Barometer – Special Report: The Geopolitical Business. Disponível em: https://www.edelman.com/trust/2022-trust-barometer/special-report-geopolitical-business. Último Acesso: 25/05/2022.

189 | Idem.

190 | "Delloite", 2019, data from "The Global Millennial Survey", dados disponíveis em: https://www2.deloitte.com/br/pt/pages/human-capital/articles/millennials-survey.html.

191 | Idem.

192 | "O que é a geração alfa, a 1ª a ser 100% digital". *G1*, 29 de maio de 2019. Disponível em: https://g1.globo.com/economia/tecnologia/noticia/2019/05/29/o-que-e-a-geracao-alfa-a--1a-a-ser-100-digital.ghtml. Último Acesso: 08/06/2022.

essa questão ao relacionar a confiança dos cidadãos a problemas econômicos, como baixa produtividade, menor capacidade de inovação e ambiente menos favorável aos negócios. Países com baixos índices de confiança têm menor renda *per capita*. Na América Latina, a questão é crucial para a retomada do desenvolvimento, sobretudo em um cenário pós-pandêmico.[193]

No Brasil, a partir dos dados de pesquisa da Humanizadas, notamos que houve queda na percepção de confiança e transparência dos stakeholders com as organizações durante a pandemia. Além da crise econômica, o país enfrenta uma profunda desconfiança em relação às suas instituições do primeiro, segundo e terceiro setor, gerando um círculo vicioso nos negócios, como perda de produtividade, potencial humano e capacidade de inovação. Essa crise de confiança é reflexo de uma lentidão e inércia para a solução de uma série de problemas econômicos, sociais e ambientais com os quais o brasileiro convive há décadas.

Do ponto de vista econômico, o Brasil acumula anos de baixo crescimento, sendo considerado um dos piores países para se fazer negócios no mundo. Somam-se a isso crises de saúde pública, educação, governança, social e ambiental. Relatório da Credit Suisse aponta, por exemplo, que o Brasil é uma das nações mais desiguais do mundo, onde o 1% mais rico detém 58,2% da renda nacional.[194] É também o país com o maior número de homicídios no mundo, onde 137 pessoas são assassinadas todos os dias, sendo que quase 80% das vítimas são pessoas pretas.[195] O ambiente político está extremamente polarizado. Mesmo diante de inúmeras crises, os partidos políticos e algumas das principais instituições públicas do país insistem em disputas por interesses próprios com a intenção de se perpetuar no poder. Estudo da FIESP revela que o custo anual da corrupção no Brasil pode represen-

---

193 | Inter-American Development Bank. "More Trust will Power a Stronger Recovery in Latin America and Caribbean: IDB Report", 13 de janeiro de 2022. Disponível em: https://www.iadb.org/en/news/more-trust-will-power-stronger-recovery-latin-america-and-caribbean-idb-report. Último Acesso: 26/05/2022.

194 | "Credit Suisse Research Institute", 2021. *Global wealth report.* Junho de 2021

195 | "Instituto Brasileiro de Geografia e Estatística (BGE)", 2019, dados do "Anuário Brasileiro de Segurança Pública", disponíveis em: https://agenciabrasil.ebc.com.br/geral/noticia/2021-07/mortes-intencionais-crescem-4-em-2020-revela-pesquisa#:~:text=Publicado%20em%2015%2F07%2F2021,emprego%20de%20arma%20de%20fogo. Último acesso: 26/05/2022.

tar até 2,30% do PIB,[196] uma estimativa superior a R$ 100 bilhões por ano em subornos, desvio de fundos e receitas fiscais perdidas. Em função desse contexto, não é surpresa o fato do país ter uma das maiores taxas de morte causadas pela Covid-19 no mundo.

Mesmo diante de tantos desafios, o Brasil continua sendo um dos maiores mercados consumidores globais, o detentor da maior biodiversidade do mundo e um centro com alto potencial de empreendedorismo via movimento de startups que começam a ganhar projeção internacional. O país tem uma série de virtudes que ainda não foram exploradas, favorecendo a reconstrução da economia de uma maneira mais consciente. Temos uma série de desafios pela frente, porém também temos uma série de oportunidades e potenciais não aproveitados.

Uma nova dinâmica está emergindo

Toda organização – seja ela uma indústria de moda, de cosméticos, de máquinas agrícolas, hospital, fazenda ou startup – é formada por pessoas. São pessoas que se relacionam com pessoas e geram valor para outras pessoas todos os dias. No fim das contas, fazer negócios é se relacionar. Se os mercados são formados por negócios, portanto, eles são formados por redes de relações que realizam trocas em múltiplos capitais – o financeiro, o social, o cultural, o humano, o intelectual, entre outros.

Na minha percepção, essa nova economia é uma jornada do EGO para o ECO, isto é, as lideranças e as organizações migram para uma lógica na qual as necessidades de sobrevivência mais básicas evoluem ao longo do tempo, a partir de um olhar que reconhece, compreende e busca gerar impacto positivo na vida das pessoas e também no planeta, equilibrando lucro e propósito.

Assim, já não basta apenas produzir bons produtos e serviços; precisamos de boas instituições para todas as partes interessadas no sucesso do negócio – investidores, acionistas, executivos, colaboradores, clientes, fornecedores, parceiros, sociedade e meio ambiente. Essa nova economia, por sua vez, pressupõe uma profunda mudança de paradigma nos negócios, como ilustrado no quadro a seguir.

---

196 | "Federação das Indústrias do Estado de São Paulo", FIESP, 2012, dados do "Custo Econômico da Corrupção", disponível em: http://www.fiesp.com.br/indices-pesquisas-e-publicacoes/relatorio-corrupcao-custos-economicos-e-propostas-de-combate/. Último Acesso: 26/05/2022.

VELHA ECONOMIA X NOVA ECONOMIA

Dimensão	Velha economia	Nova economia
Pensamento	Egocêntrico	Ecocêntrico
Crença	Escassez	Escassez e abundância
Olhar	Curto prazo	Curto e longo prazo
Foco	Acionistas	*Stakeholders*
Objetivo	Resultado financeiro	Impacto gerado
Medida	Lucro e Vendas	Econômico, Social e Ambiental
Relações	Ganha - Perde	Ganha - Ganha - Ganha

Fonte: Humanizadas

Parece impossível ou improvável? Bem, posso garantir que não.

No mundo todo, existem vários movimentos direcionando uma nova economia orientada aos stakeholders, em que o objetivo dos negócios é gerar valor para todas as partes interessadas. Além do Fórum Econômico Mundial, BlackRock, The Business Roundtable, Capitalismo Consciente e Sistema B são exemplos de organizações que promovem uma nova dinâmica econômica e apresentam novos modelos de trabalho, consumo e investimento.

Aqui no Brasil, os casos negativos de organizações envolvidas em esquemas de corrupção e em graves crimes sociais e ambientais me fizeram sair em busca de contrapontos. A questão central do início da minha pesquisa de doutorado na Universidade de São Paulo (EESC/USP) foi: será que existem bons exemplos de organizações no país, operando sob as lentes dessa nova economia? Existem exemplos de empresas mais éticas, humanas, conscientes, sustentáveis e inovadoras? Se sim, quem são essas organizações? E como elas performam quando comparadas ao mercado?

A ascensão no Brasil

Assim nasceu, há três anos, a pesquisa *Melhores para o Brasil,* que avalia e reconhece justamente as organizações e empresas que se destacam na percepção dos seus respectivos stakeholders. Para chegar a esse resultado com lisura, a avaliação é conduzida pela Humanizadas, uma empresa de inteligência de dados, spin-off do Grupo de Gestão de Mudanças e Inovação da EESC/USP, com base em uma metodologia inédita, na qual sai de cena a tradicional autodeclararão das avaliações de ESG das empresas para se escutar a verdadeira voz plural das partes interessadas no sucesso do negócio – lideranças, conselho, colaboradores, clientes, consumidores, parceiros, comunidades, familiares, ex-colaboradores e sociedade em geral.

Do ponto de vista da participação na pesquisa, qualquer organização do país – empresa, startup, negócios de impacto social, mídia, ONG e órgãos públicos – pode participar do levantamento e ser avaliada de acordo com a percepção de seus stakeholders. No processo de inscrição e participação, é relevante ressaltar que as organizações devem estar abertas a receber feedback sobre a real necessidade de seus stakeholders e, além disso, se comprometerem a solucionar problemas, ser sustentáveis, inovar e investir em melhoria contínua. É preciso ter coragem para verdadeiramente ouvir os stakeholders.

Após anos de estudo, posso afirmar que as organizações de destaque reconhecem a importância sistêmica dessas relações e, assim, buscam gerar valor compartilhado para todos. Elas possuem melhores práticas ESG e revelam estágios mais avançados de maturidade do seu modelo de gestão. É como se elas tivessem várias "antenas", para capturar, sentir e responder de maneira dinâmica às necessidades e oportunidades do ecossistema de negócios.

Foi assim que descobri o trabalho realizado pela Fazenda da Toca, de produtos orgânicos, que desenvolveu um modelo de agricultura que imita os ciclos e os movimentos da própria floresta, aproveitando-se de diferentes elementos orgânicos já presentes na mesma área. Além de inspirar, mobilizar e alinhar os interesses dos stakeholders em torno de um objetivo comum, a percepção de valor nas práticas ESG é cerca de 1,41 vezes superior à média das organizações brasileiras.

Ou que cheguei à agência de marketing digital Raccoon, que não demite somente os colaboradores por mau comportamento – os clientes, também. Na Raccoon, já foram registrados casos de demissão de clientes por mau comportamento diante dos colaboradores. Afinal, a qualidade de vida do time é fator crítico de sucesso para um atendimento de qualidade e resultados superiores. Aliás, a empresa conta até com um papel inusitado – o do Prefeito, pessoa eleita anualmente pelos colaboradores com a responsabilidade de gerir um orçamento mensal voltado às necessidades do time.

Ou, ainda, que conheci melhor a estratégia de valor compartilhado da Natura, que busca um sistema que produz e se regenera, desenvolvendo tecnologias que se inspiram no movimento da natureza, para trazer impacto positivo para as pessoas e o planeta. A linha Ekos, uma das primeiras no Brasil a obter o Selo UEBT, que reconhece o abastecimento ético de ingredientes naturais, impacta a vida de 5,5 mil famílias na Amazônia e já gerou R$ 1,8 bilhão em volume de negócios, garantindo a viabilidade de um modelo no qual a floresta vale mais ficando em pé do que sendo derrubada. Além disso, a Natura apresentou recentemente ao mercado uma ferramenta tecnológica exclusiva, o Integrated Profit and Loss (IP&L), que permite a expressão dos impactos socioambientais em valores econômicos. "O desafio da construção de uma economia regenerativa nos impulsionou a desenvolver um modelo pioneiro, que permite uma nova leitura do significado de sucesso nos negócios, reconhecendo que só os padrões financeiros não são suficientes para demonstrar o valor gerado pela empresa para a sociedade", disse João Paulo Ferreira, presidente da Natura e CEO do grupo Natura & Co para a América Latina ao Reset.[197]

Essas são somente três da Humanizadas (Hu), nome dado às empresas com a melhor performance em uma avaliação dos modelos de gestão. A terceira edição da pesquisa contou com 300 empresas, que se submeteram a uma avaliação multistakeholders, a partir da perspectiva de mais de 86 mil pessoas no Brasil.

Essas organizações estão ressignificando o sucesso no mundo empresarial, junto com movimentos como o Sistema B e o Capitalismo Consciente. Elas não consideram os negócios como uma máquina de fazer dinheiro, mas como um tecido social, com todas as suas interdependências e com potencial para curar as dores da sociedade e do planeta. Dispõem de cinco Princípios de Gestão para alcançar resultados superiores para todos os stakeholders. São eles:

---

197 | "Na Natura, impactos sociais e ambientais entram na conta". *Reset*, 24 de maio de 2022. Disponível em: https://www.capitalreset.com/na-natura-impactos-sociais-e-ambientais--entram-na-conta/?utm_campaign=240522_-_branded_natura_convite_ipl&utm_medium=email&utm_source=RD+Station. Último Acesso: 27/05/2022.

1. Propósito Maior.
2. Estratégia de Valor Compartilhado.
3. Cultura Consciente.
4. Liderança Consciente.
5. Aprendizado & Mudança.

Para tornar mais tangível esse desempenho, destaco que as *Melhores para o Brasil*, como gosto de chamá-las, têm:
- uma performance financeira 4,5 vezes superior em médio e longo prazo;
- a confiança nas relações é 105% superior à das demais empresas;
- a reputação de marca é 44% maior, englobando a relação com investidores, clientes, colaboradores, parceiros e sociedade em geral;
- o desempenho em práticas ESG é 76% superior;
- a experiência dos clientes está 48% acima das demais.

Os índices da pesquisa avaliam múltiplos capitais (cultural, social, ambiental e governança), dos quais também podemos citar:
- o bem-estar dos colaboradores: 116% superior às demais empresas;
- a perspectiva de futuro: 45% superior;
- segurança psicológica dos colaboradores: 49% superior;
- ambiente inclusão e diversidade: 40% superior;
- capacidade de inovação: 91% acima das demais.

Para os céticos, reforço que as Humanizadas (Hu) também possuem rentabilidade financeira maior no médio e longo prazo. Ao fazer uma comparação das oito empresas de capital aberto entre as organizações de destaque na pesquisa (Natura, Magalu, Localiza, Cielo e outras quatro que não temos autorização para citar) com o histórico da B3 (Bolsa de Valores do Brasil), em um período de 32 anos, é possível afirmar que, mesmo passando por diversas crises políticas e econômicas, passando até mesmo pela pandemia de Covid-19, as Humanizadas tiveram uma performance financeira acumulada 5,52 vezes superior à média da B3 (674% versus 122%).

Performance das ações (% acumulada)

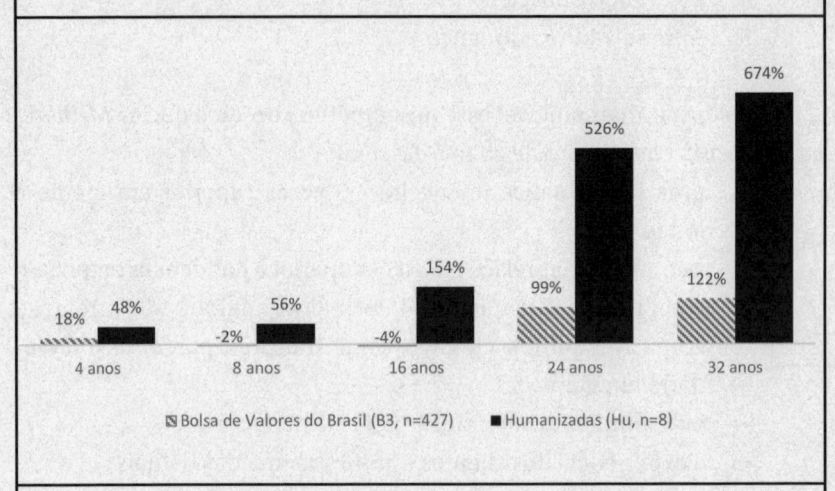

	4 anos	8 anos	16 anos	24 anos	32 anos
Bolsa de Valores do Brasil (B3, n=427)	18%	-2%	-4%	99%	122%
Humanizadas (Hu, n=8)	48%	56%	154%	526%	674%

Fonte: Dados extraídos da Economática no período de dez/1988 a dez/2020, considerando apenas organizações de capital aberto.

Nota 1: Consideramos apenas 8 Humanizadas (Hu) por serem as únicas de capital aberto do país.
Nota 2: uma das limitações do estudo é o fato de não termos realizado avaliações multistakeholders em profundidade de todas as empresas de capital aberto do país.

Obviamente, as Humanizadas não são perfeitas, assim como nós, Humanos, também não somos. O estudo busca iluminar a jornada evolutiva das organizações, de forma a ajudá-las a assumir o papel de protagonismo necessário para garantir o futuro do Brasil e do planeta.

Dentro desse contexto, torna-se fundamental a ascensão de profissionais, não só de RH, que entendam essa dinâmica sistêmica dos negócios e construam equipes de maneira mais transparente, autêntica e aberta. Esses líderes inspiram confiança, desenvolvimento humano e alta performance, além de provar, dia após dia, que é possível fazer negócios de uma maneira mais ética, consciente, humana, sustentável e inovadora – mesmo diante de um ambiente repleto de crises das mais diferentes naturezas.

A boa notícia é que há cada vez mais evidências da existência de organizações e líderes abertos e preparados para atuar nessa Nova Economia, alavancando as oportunidades de diferenciação na proposta de valor do modelo de negócio, produtos e serviços. De maneira análoga, para as empresas que não estiverem preparadas, essa nova dinâmica pode significar a perda de competividade e risco à sustentabilidade do negócio.

E qual é o papel da sua organização nessa nova economia? Ela irá liderar ou apenas acompanhar essa transformação?

O alerta foi dado em Davos: este é o momento de virada.

PEDRO ERNESTO PARO é o fundador e CEO da Humanizadas, uma empresa de inteligência de dados para uma nova economia. Mestre e pesquisador de doutorado da Universidade de São Paulo (EESC/USP). TedX Speaker. Membro da rede de especialistas do World Economic Forum. Coautor do livro *Empreendedorismo Consciente*. Trabalhou com mais de 500 organizações no Brasil nos últimos anos, incluindo marcas como Movida, Localiza, Reserva, Magalu, ClearSale e diversas outras. Sua intenção é apoiar a ascensão de uma Nova Economia orientada aos stakeholders, onde tenhamos lideranças e organizações mais éticas, humanas, conscientes, sustentáveis e inovadoras.

CONECTE-SE A ELE

in https://www.linkedin.com/in/pedroernestoparo/

@pedroernestoparo

pedro@humanizadas.com

NOVOS MODELOS DE GESTÃO

DAVI GABRIEL

"Acredito que mudar os modelos de gestão e acabar com a lógica de comando é um imperativo moral. Ao mesmo tempo que a pirâmide hierárquica nos permitiu prosperar como civilização, ela também possibilitou alguns grandes horrores do mundo."

- dinâmicas X
- narrativas X
- autogestão X
- interação X
- estruturas X
- comunicação X

Quando pensamos em gestão de organizações, há um elemento que é quase impossível deixar de fora. Temos dificuldade em imaginar um local de trabalho no qual preocupações como "para quem eu respondo?", "quem é o meu gerente?" ou "o que o presidente pensa?" não sejam relevantes. Na realidade, se você fizer uma boa pesquisa em livros de administração, vai ter dificuldade em encontrar autores que não tenham esse elemento como pressuposto básico das organizações. Estou me referindo à cadeia de comando, elemento estruturante presente em praticamente todas as organizações, sejam elas empresas com fins lucrativos ou ONGs.

A história da cadeia de comando é longa e teve início nos nossos antepassados caçadores-coletores, que provavelmente dividiam o trabalho por gênero, alguma forma incipiente de patriarcado (homens adultos dominam) ou gerontocracia (anciões dominam).[198] Muitos creditam a predominância da hierarquia de comando no meio corporativo a Frederick Taylor, que criou a "administração científica" e tornou (quase) definitiva a separação entre os que pensam (administradores) e os que executam ordens (operários).

Apesar da sua dominância, podemos citar inúmeras evidências de que os atuais modelos de gestão – e por consequência seu elemento estruturante – estão falidos. Começando com as motivações práticas, percebemos as organizações com cada vez mais dificuldade de se adaptar às demandas do seu consumidor e às mudanças no cenário global. Até as grandes empresas cotadas no índice S&P 500 têm visto seu tempo de vida médio drasticamente reduzido.[199]

Não é de se espantar também que o engajamento no trabalho seja um problema crônico. A Gallup estima que apenas 20% da força de trabalho global[200] esteja engajada com seu ofício, enquanto os demais 80% não veem tanto sentido no que fazem. Me parece que esses números podem ser explicados pela grande incoerência que o trabalhador moderno vive. As organizações têm diversas expectativas explícitas dos seus colaboradores, como "confiança na empresa e nos colegas", "que assumam riscos",

---

198 | "A história da cadeia de comando". *Target Teal*. Disponível em: https://targetteal.com/pt/blog/cadeia-de-comando/. Último acesso:07/02/2022.

199 | "2021 Corporate Longevity Forecast". *Innosight*, Maio de 202. Disponível em: Último acesso: 07/02/2022.

200 | "U.S. Employee Engagement Holds Steady in First Half of 2021". *Gallup*, 29 de julho de 2021. Disponível em: https://www.gallup.com/workplace/352949/employee-engagement--holds-steady-first-half-2021.aspx. Último acesso: 07/02/2022.

"que trabalhem em equipe" e "que tenham espírito de dono". Mas na prática o colaborador encontra diversas barreiras implícitas que impedem tais comportamentos, como sistemas de controle, mecanismos de punição, metas individuais e a própria subordinação a um chefe.

As motivações práticas e econômicas que apresentei até agora são interessantes, mas de longe as mais importantes para mim. Acredito que mudar os modelos de gestão e acabar com a lógica de comando é um imperativo moral. Ao mesmo tempo que a pirâmide hierárquica nos permitiu prosperar como civilização, ela também possibilitou alguns grandes horrores do mundo, como o holocausto.[201] Indivíduos mal-intencionados sempre vão existir, e não há nada que possamos fazer para evitar isso. No entanto, podemos construir nossas organizações e nações de uma forma que os mal-intencionados não possam subir na hierarquia e multiplicar sua capacidade de causar danos através da autoridade. Ou seja, podemos mudar os nossos sistemas sociais de modo que muito poder não caia na mão de poucos. Distribuir autoridade, buscar formas mais auto-organizadas e conscientes de lidar com o poder no trabalho é o caminho que acredito possibilitar isso.

Uma nova metáfora

Já reparou na quantidade de termos industriais e mecanicistas que utilizamos para descrever nossas organizações? Vou listar aqui alguns: funcionário, recurso, desempenho, departamento, máquina de vendas, funil de aquisição etc. Toda essa linguagem é uma herança de períodos históricos que vivemos. Nesse caso, a linguagem mecanicista nasceu junto com a Primeira Revolução Industrial, responsável por dar origem à máquina de fiar, ao tear mecânico e à máquina a vapor.[202]

As organizações podem ser estudadas a partir de cinco diferentes estágios de desenvolvimento,[203] ou paradigmas, de acordo com Frederic Laloux.[204] Cada estágio carrega novas descobertas e transcende o anterior,

---

201 | Holocausto. Disponível em https://bit.ly/2AKsO9g. Último acesso: 07/02/2022.
202 | Primeira Revolução Industrial. Disponível em https://bit.ly/2rNcyik. Último acesso: 07/02/2022.
203 | DA SILVA, Davi. *Os cinco estágios de desenvolvimento organizacional*. Disponível em: <https://bit.ly/2FYubWu>.
204 | LALOUX, Frederick. *Reinventando as organizações*: um guia para criar organizações inspiradas no próximo estágio da consciência humana. Belo Horizonte: Editora Voo, 2017.

sem excluí-lo. Assim como um adulto não é melhor que uma criança, um estágio não é "melhor" que o outro (Fig. 1).

FIGURA 1. Os estágios evolutivos da gestão

	EVOLUTIVA Favi, Buurtzorg, Morning Star, Zappos	Autogestão substitui a pirâmide. Organizações vistas como sistemas vivos, orientadas a realizar seu potencial.	**Avanços:** Autogestão, propósito evolutivo e integralidade.
	PLURALISTA Ben & Jerry's, Southwest Airlines	Foco na cultura e no empoderamento para aumentar motivação dos colaboradores.	**Avanços:** Empoderamento, gestão igualitária, múltiplas partes interessadas.
	CONQUISTADORA Bancos, grandes corporações	O objetivo é vencer a competição, lucrar e crescer. Gestão por objetivos e liberdade no como fazer.	**Avanços:** Inovação, responsabilização e meritocracia..
	CONFORMISTA Organizações públicas ou militares	Posições formais em uma pirâmide hierárquica. Controle de cima para baixo. Futuro é a repetição do passado.	**Avanços:** Posições formais (hierarquias), processos replicáveis e perspectiva de longo prazo.
	IMPULSIVA Gangues de rua, milícias tribais	Exercício constante do poder por um líder para manter os soldados em linha. Sobrevive no caos.	**Avanços:** Divisão do trabalho, autoridade de comando.

Fonte: Adaptação Frederick Laloux /Reinventando as organizações.

Boa parte das grandes corporações encontram-se no estágio conquistador. Não é à toa que a nossa linguagem corporativa reflete exatamente a metáfora do estágio, que é a máquina.

Na tentativa de fugir das limitações desse paradigma, muitas organizações abraçam o que chamamos de "gestão horizontal". A aversão à hierarquia é tamanha que elas embarcam em uma jornada para eliminar qualquer tipo de estrutura ou poder formal. Nesses lugares, prega-se que todos são iguais, as decisões são todas tomadas em conjunto e não existe nenhum tipo de liderança. Entretanto, a história nos mostra que não existe vácuo nas relações de poder humanas. Onde existe um espaço, uma estrutura vai se formar. E se ela não for explícita, será implícita. Foi isso que a Jo Freeman descobriu em sua pesquisa na década de 1970.[205]

O que acredito ser o caminho para as organizações atuais lidarem com a complexidade do século 21 é o que Laloux e outros autores denominaram

---

[205] | "The Tyranny Of Structurelessness". Jo Freeman.com. Disponível em: https://www.jo-freeman.com/joreen/tyranny.htm. Último acesso: 07/02/2022.

autogestão. A autogestão no meio organizacional busca substituir a velha pirâmide por outro tipo de estrutura formal que garanta a distribuição de autoridade e relações de poder explícitas. Em outras palavras, é uma forma consciente e intencional de lidar com o poder, buscando distribuí-lo.

Existem diversos tipos e formas de autogestão, como o próprio Laloux expôs em seu livro.[206] Aqui, neste ensaio, vou me concentrar nas formas originárias da Sociocracia, o campo onde tenho mais experiência, em especial a Organização Orgânica, abordagem brasileira e desenvolvida pela Target Teal.

Transferindo o poder das relações para os acordos

Um aspecto inerente à lógica de subordinação nas organizações é o poder centrado nas relações. Sabemos que, no final das contas, as pessoas mais próximas, que constroem laços de amizade e boas relações com quem tem poder, se beneficiam de diversas formas. No meio organizacional é muito comum utilizarmos dessas relações para conseguirmos tratar das questões organizacionais.

Por exemplo, imagine que estou precisando de uma aprovação para uma compra importante para o meu departamento. Também sei que, se esperar pelo processo normal de compras, terei que aguardar pelo menos 30 dias, e isso pode atrapalhar os objetivos da minha área. Por sorte, sou próximo do diretor de Compras, e posso em uma conversa informal comentar sobre o assunto com ele, que rapidamente concorda em me dar uma "ajudinha" e agilizar o processo. Nessa hora sei que fiquei devendo um favor a ele.

Numa cultura como essa, ficamos reféns das relações para tratar dos problemas organizacionais. Além de "poluirmos" o espaço das pessoas com questões de trabalho, também fortalecemos uma estrutura informal que se manifesta nas sombras e na pouco podemos influir. E essa estrutura é muito mais acidental do que intencional.

Na autogestão buscamos fortalecer a autoridade nos acordos mais do que nas relações. Quando existe dúvida sobre uma regra, o funcionamento de um processo ou de quem é a autoridade para decidir, em vez de perguntarmos para a pessoa mais influente, o diretor dessa ou daquela área, consultamos a estrutura organizacional – os acordos.

---

206 | Ibidem *Reinventando as organizações.*

O organograma tradicional dá lugar a uma nova estrutura, geralmente na forma de papéis e círculos, com mais clareza sobre as responsabilidades de cada um e também sobre o que é restrito. Se tivermos dúvidas sobre a interpretação dos acordos, consultamos o secretário, um papel especial com autoridade sobre isso. E, mais importante de tudo, temos um processo que permite que qualquer membro da organização possa alterar esses acordos.

Na mesma situação que citei sobre uma compra que desejava fazer, eu poderia em uma organização autogerida perceber isso como uma tensão criativa. A tensão, nesde caso, é que o processo de compras não é ágil o suficiente para atender as necessidades da minha área. Eu poderia, então, propor um ajuste, tornando-o mais flexível, ao mesmo tempo que respeitando a necessidade de organização e estabilidade que provavelmente a área de Compras tem.

Papéis dinâmicos

Estamos acostumados com a lógica das posições hierárquicas e dos cargos. Infelizmente, boa parte das *job descriptions* que vejo são extremamente ambíguas, focadas em resultados mais do que em ações esperadas e orientadas a interesses pessoais mais do que a problemas organizacionais.

Na autogestão, substituímos a lógica de cargos por papéis dinâmicos. Primeiro de tudo, um papel é muito menor que um cargo, e uma pessoa geralmente está em diversos papéis. Como exemplo, listo a descrição de um papel que hoje desempenho na organização de que faço parte:

Nome: Tutor de Cursos
Propósito: Interações de cursos abertos facilitadas com maestria e experiência de aprendizagem incrível
Responsabilidades:
- Preparar aulas e facilitar interações de acordo com a estrutura e a proposta de valor do curso definida pelo @LX Designer.
- Evoluir conteúdo e experiência nos encontros ouvindo sugestões do @LX Designer.
- Manter e atualizar videoaulas do curso.

O papel é bastante específico e busca dar clareza sobre o que é esperado. Na autogestão dizemos que as expectativas implícitas não valem nada – o que importa é o que está descrito na estrutura. Ao desempenhar esse papel, meus colegas de trabalho ganham autorização para me questionar e cobrar sobre as atividades aí descritas. Mas se alguém perguntar: "Davi, já publicou os conteúdos do curso no nosso blog?", posso gentilmente responder: "Não entendo isso como minha responsabilidade."

Outro elemento bastante importante do papel é o seu propósito. Ele permite que a pessoa que o desempenha tenha liberdade para realizar outras ações, além das suas responsabilidades, para atender ao propósito. Apesar dos meus colegas não poderem me cobrar ou esperar que eu publique conteúdos do curso no blog, se eu julgar que isso é importante para o propósito, já tenho autorização para tal. Não tenho que pedir permissão para meu chefe ou para o grupo.

Por fim, é importante ressaltar que os papéis são extremamente dinâmicos. Eles podem mudar nas reuniões de círculo – encontros regulares de grupos na autogestão – mediante uma proposta. Geralmente as organizações autogeridas passam por pequenos e constantes ajustes nas suas estruturas, deixando de lado aquelas grandes reorganizações estruturais observadas nas corporações convencionais.

Reuniões facilitadas

Na autogestão, cada grupo de trabalho – os círculos – têm suas próprias reuniões regulares, para lidar com problemas operacionais e questões de governança, como alterações nos papéis e acordos. Essas reuniões são sempre conduzidas por um participante do grupo, eleito facilitador ou facilitadora do círculo. A pessoa que facilita não guia a reunião simplesmente em função das suas preferências, mas segue os acordos estruturantes da autogestão.

As reuniões de círculo são encontros com pauta aberta e estabelecida no ato, quando os membros do grupo declaram que tensões criativas gostariam de tratar. Cada pessoa diz apenas "duas palavras" para nomear seu tópico, e a pessoa que facilita conduz a reunião passando um tópico de cada vez. Então o facilitador pergunta "o que você precisa?" e a pessoa que trouxe a tensão engaja seus colegas nos seus papéis para atender sua tensão.

Todas as "saídas" da reunião são registradas pelo secretário, outro papel especial que é eleito. Por exemplo, posso pedir ao produtor de conteúdo que publique um artigo escrito por um convidado. Então, o secretário registraria como saída um projeto para a pessoa que realiza o papel destinado: "Artigo escrito pelo convidado publicado no blog". A partir da próxima reunião, a pessoa que recebeu a demanda passaria a trazer atualizações sobre ela.

Se alguém tem dúvidas sobre os acordos, se uma responsabilidade é de um papel ou de outro, o grupo consulta a governança ou estrutura organizacional.

Esse texto – geralmente um sistema ou aplicativo feito para isso – contém a lista de todos os papéis e acordos de cada círculo da organização. As pessoas interpretam, então, esse texto e se guiam a partir dele. Se há algum conflito, o secretário entra em jogo e determina qual interpretação é válida. Ao contrário do que geralmente imaginamos, a autogestão pode ser bastante formal. Eu diria que a quantidade de acordos e regras ultrapassa, e muito, a das organizações tradicionais. Mas, paradoxalmente, isso traz uma grande humanidade e também permite muitos momentos informais e descontraídos. Isso se deve ao que mencionei anteriormente sobre as relações: quando mantemos o poder nos acordos, conseguimos tornar o espaço entre as pessoas mais autêntico e vivo. Não precisamos utilizar da politicagem para resolver as questões organizacionais.

Decisões integrativas

Outro grande engano sobre a autogestão é que as decisões são todas tomadas de forma coletiva. A verdade é o oposto disso: um dos grandes propósitos das reuniões de círculo é liberar e dar autonomia para que os papéis possam decidir individualmente. Quando alguém desempenha um papel, já é um pressuposto que essa pessoa tem autonomia para executar suas responsabilidades sem necessariamente consultar ou pedir permissão para os demais membros do círculo. Claro que se alguém julgar valioso ouvir a opinião de outra pessoa antes de agir, não há problema. Mas isso não é um requisito, pelo menos como ponto de partida.

Obviamente podem surgir situações em que é importante exigir aconselhamento, aprovação ou revisão de algo. Esses acordos de "restrição" podem ser propostos por qualquer pessoa. A diferença é que, como ponto de partida, a autonomia está dada – ela não precisa ser "delegada".

No entanto, existem alguns tipos de decisões na autogestão que são obrigatoriamente coletivas e envolvem mudanças nos próprios acordos:

papéis, círculos, políticas organizacionais. Quando algum membro do círculo quer propor a criação de um novo papel, ele pode fazer isso, desde que apresente uma proposta na reunião de círculo aos demais membros.

Todas as propostas, que buscam mudar a estrutura organizacional ou os acordos, devem obter o consentimento dos membros do círculo presentes na reunião. Cada membro tem a oportunidade de declarar se tem alguma objeção, ou seja, se vê algum mal na proposta. O facilitador segue, então, alguns critérios bem específicos para ajudar os participantes a integrar aquela objeção se pertinente.

A tomada de decisão integrativa é utilizada para que os acordos sejam construídos de uma forma consciente, sempre avaliando o impacto no grupo.

Uma jornada para transformar as relações poder

Neste ensaio apresentei de forma resumida as motivações para abrir mão da cadeia de comando, bem como uma rápida descrição de como uma organização autogerida funciona. Existem diversos elementos bastante importantes nas práticas deixadas de lado, no intuito de manter a explicação breve. Acima de tudo, gostaria de fazer um convite para que você possa experimentar e explorar mais a autogestão.

Existem diversas organizações no Brasil e no mundo experimentando novos modelos de gestão – restaurantes, salões de beleza, empresas de tecnologia, setores da administração pública e ONGs. As motivações são as mais diversas, mas todas buscam de uma forma ou de outra enfraquecer o "poder sobre" e fortalecer o "poder com". A transição de uma organização para a autogestão não é um processo simples, mas é uma jornada possível. Mesmo que você não consiga trazer esse universo todo para a sua empresa, um passo nessa direção já é uma evolução.

DAVI GABRIEL ZIMMER DA SILVA é designer organizacional e facilitador na Target Teal, especializado em melhorar interações entre times e indivíduos no ambiente corporativo. É pioneiro na prática de holacracia no Brasil e coautor da Organização Orgânica, uma abordagem brasileira para a autogestão. Davi é formado em sistemas de informação pela UNISINOS e pós-graduado em psicologia positiva pela PUCRS. É amante dos temas desenvolvimento humano e de organizações, produtividade, futuro do trabalho e cultura organizacional.

CONECTE-SE A ELE

in https://www.linkedin.com/in/davigbr/
@davi.gbr

A CONSTRUÇÃO DO NOVO JUNTOS

/ O OLHAR HUMANO NAS MUDANÇAS ORGANIZACIONAIS
/ IMPLEMENTANDO A GESTÃO ÁGIL
/ O RH ÁGIL

SPOILER /

    Aposto que esse último bloco gerou inúmeros insights, reflexões e inspiração com tantas possibilidades que foram apresentadas. Vivemos a abundância. E se é uma verdade que precisamos de novos modelos para os novos humanos, a pergunta que fica é: como faremos essa construção? Quais caminhos?
    Iniciamos esta seção com uma visão sobre o que é a gestão de mudanças, e a importância do olhar para o humano e da aplicação de um modelo estruturado para guiar nossas intenções e ações. Pesquisas demonstraram, como Ana Chiabi enfatiza, que sem conhecimento e entendimento profundo da mudança e ausência de direcionamento só resultará em mais e mais resistências, medos, insegurança e muita ansiedade.
    Aos mais céticos, ainda que a mudança seja complexa e com muitos elementos a serem explorados, uma abordagem estruturada e mais linear pode trazer mais tranquilidade e assertividade na jornada. Não se esqueça de que estamos em um mundo da adição e multiplicação e não da exclusão ou subtração.
    Essa mesma crença e premissa é validada pelo Andy Barbosa quando reforça que "atuar com uma gestão ágil é trabalhar de maneira mais inteligente, em vez de mais difícil. Não se trata de fazer mais trabalho em menos tempo: é gerar mais valor com menos trabalho".[207]

\ A CONSTRUÇÃO DO NOVO JUNTOS

---

207 | DENNING, Stephen. *The Age of Agile:* How Smart Companies Are Transforming the Way Work Gets Done. Amacom, 2018.

Ser ágil é ser rápido com qualidade e assertividade, é aceitar e viver as mudanças, é gerenciar os desperdícios e simplificar a complexidade e é ter a prontidão para mudar de acordo com o contexto, as adversidades, os resultados e as oportunidades.

Fechamos este bloco com o ensaio do JP Coutinho que, dentre várias coisas, destaca três pontos muito importantes:

1. Já se vão quase 10 anos desde que um grupo de profissionais de RH reinventa a área, declara que o colaborador e suas necessidades são o centro e a essência das práticas e da entrega de valor, e assina o manifesto do RH Ágil. Portanto, já temos milhares de experiências testadas e comprovadas.
2. O RH Ágil é antes de tudo um mindset e está ligado a uma cultura Ágil em toda a organização. Não é possível uma mudança de cultura sem alinhamento e mudança nos processos e métodos de trabalho.
3. Se mudamos a cultura precisamos mudar o conjunto dos comportamentos, portanto, para uma cultura e um RH Ágil, precisamos desenvolver um conjunto de competências conectadas com o mindset Ágil.

O OLHAR HUMANO NAS MUDANÇAS ORGANIZACIONAIS

ANA LUIZA CHIABI ───────

"Sabemos que o processo de mudança é desafiador, porque mudar é difícil, mas na minha opinião, o maior desafio está na compreensão das pessoas de que, para iniciar uma mudança, precisamos confiar no caminho a percorrer."

- estruturas X
- comunicação X
- impacto X
- processos X
- propósito X
- desafios X

Gestão de Mudanças Organizacionais (GMO), ou Organizational Change Management (OCM), é a disciplina que promove o olhar humano para as iniciativas de mudança. Podemos encontrar por aí outras siglas ou apelidos, mas se você usar um desses dois termos, com certeza irá acertar.

O termo GMO nem sempre é compreendido da mesma forma. Alguns acreditam que é focar em comunicação e treinamentos; outros já ficam mais no campo das ideias e da teoria; e muitos querem aplicar suas ferramentas no dia a dia de trabalho.

De acordo com a consultoria Prosci,[208] a Gestão de Mudanças[209] pode ser definida em nível organizacional como uma competência de liderança para ativar mudanças, ou uma capacidade estratégica projetada para aumentar a capacidade de mudança e a capacidade de resposta.

Colaborando com essa definição, o Project Management Institute (PMI)[210] traz que GMO é a aplicação de um processo estruturado e um conjunto de ferramentas para conduzir e capturar a parte dos benefícios do projeto que depende da adoção e do uso pelas pessoas.

Esse processo teve início em 1909 com Arnold Van Gennep,[211] antropólogo cultural que se dedicou aos estudos dos ritos de passagem.[212] Em 1948 esse conceito foi reforçado pelo psicólogo e acadêmico Kurt Lewin[213] e, daí em diante, tivemos vários outros autores discorrendo sobre o tema.

A Figura 1 ilustra como as práticas de Change Management evoluíram desde o modelo de "descongelar – mudar – congelar", passando pelas ferramentas de engajamento e comportamento humano.

Destaco que, apesar de termos diferentes autores e metodologias em GMO, todas possuem um fator em comum: o olhar das mudanças para as pessoas.

---

208 | Prosci. https://peoplechange.com.br/. Último acesso: 24/02/2022.

209 | "O que é gestão de mudanças?". *Prosci*, 5 de junho de 2019. Disponível em: https://gestaodemudanca.com.br/gestao-de-mudancas/o-que-e-gestao-de-mudancas/. Último acesso: 18/03/2022.

210 | PMI. https://www.pmi.org/brasil. Último acesso: 24/02/2022.

211 | Arnold Van Gennep. Wikipedia: https://pt.wikipedia.org/wiki/Arnold_Van_Gennep. Último acesso: 24/02/2022.

212 | PEIXOTO, Lorena; RUA, Marcia. *Gestão de mudanças organizacionais na prática*. 1 ed, setembro 2021. Rio de Janeiro: Editora Autografia.

213 | Kurt Lewin. Wikipedia: https://pt.wikipedia.org/wiki/Kurt_Lewin. Último acesso: 24/02/2022.

FIGURA 1. A evolução de Gestão de Mudanças

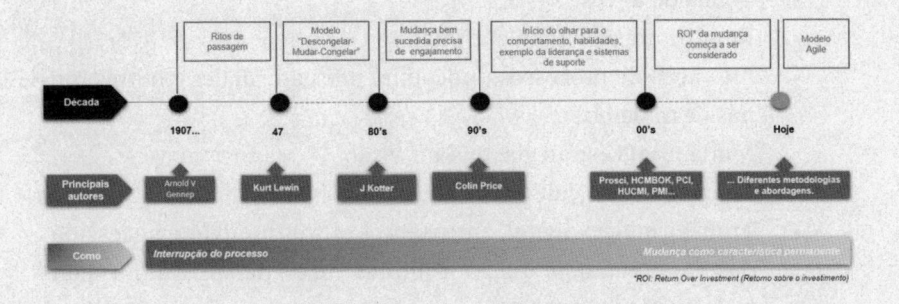

Fonte adaptada através de estudos e autores sobre GMO: Ana Luiza Chiabi

De acordo com Jeffrey M. Hiatt e Timothy J. Creasey, autores de *Change Management: The People Side of Change*,[214] traduzido no Brasil, em e-book, para *Gestão de Mudanças: O lado humano da mudança*,[215] os princípios básicos da mudança são:
1. Nós mudamos por alguma razão.
2. Mudanças organizacionais requerem mudança individual.
3. Resultados organizacionais são o resultado coletivo da mudança individual.
4. Gestão de Mudanças é uma estrutura de trabalho que possibilita o gerenciamento do lado humano da mudança.
5. Aplicamos gestão de mudanças para alcançar os benefícios e os resultados desejados da mudança.

Atualmente o mercado oferece várias metodologias que abordam a GMO de uma forma estruturada. Seguiremos, aqui, com a metodologia da All Change,[216] consultoria especializada em Gestão de Mudanças Organizacionais, da qual eu sou a fundadora. Está baseada em quatro pilares humanos: stakeholders, impactos organizacionais, comunicação e treinamento. Para falarmos um pouco sobre cada um, vou primeiro exemplificar como uma iniciativa de mudança pode nascer:

---

214 | HIATT, Jeffrey M.; CREASEY, Timothy J.. *Change Management*: The people side of change. Prosci Learning Center Publications, 2 ed, 2012.
215 | HIATT, Jeffrey M.; CREASEY, Timothy J.. *Gestão de Mudanças*: O Lado Humano da Mudança. Ebook Kindle.
216 | All Change. https://www.allchange.com.br/. Último acesso: 24/02/2022.

- Fusão de empresas ou negócios.
- Venda de ativos.
- Reestruturação organizacional.
- Alteração de processos, procedimentos, atividades e outras rotinas de trabalho.
- Mudança na estratégia, missão, visão.
- Transformação cultural.
- Transformação digital, entre tantos outros motivos e necessidades para mudar, já que, por muitas vezes, não possuímos controle ou planejamento.

A reflexão que eu gostaria de trazer é que qualquer iniciativa de mudança requer um olhar humano para tal. E se faz necessária a aplicação de um modelo estruturado para guiar a sua condução, com o objetivo de facilitar o processo humano da mudança.

Para começarmos, é importante dizer que mudar é desafiador, e muitas organizações falham. Além disso, a GMO não elimina resistências, muito menos faz com que as pessoas adotem a mudança. É fundamental entendermos que elas são comportamentos naturais do ser humano, inerentes à função, cargo, título ou poder que a pessoa exerce no processo de mudança. O fato é que todos nós estamos suscetíveis a ser resistentes a uma mudança.

O que a GMO oferece é uma forma de gerir as resistências, antecipá-las e, assim, minimizá-las, contribuindo com o sucesso do processo e, dessa forma, com a sua adoção.

Conhecer os fatores considerados causas de comportamentos resistentes é um bom caminho para gerenciá-la:

- Falta de conhecimento sobre a mudança.
- Ausência de um direcionamento.
- Medo, insegurança, ansiedade.
- Falta de liderança.
- Traumas e experiências passadas.

As lideranças que conduzirão uma iniciativa de mudança precisam estar dispostas a lidar com adaptabilidade, flexibilidade e coragem. Essas pessoas precisam ter a cabeça aberta para receber o diferente e conduzir o processo, capturando o estágio de mudança de cada indivíduo que fará parte dela.

O primeiro passo é entender o escopo dessa mudança: o que está por trás dela, quais foram seus motivadores e em qual contexto ela acontecerá. Para apoiar esse entendimento, sugiro fortemente que você faça uma projeção da sua mudança, separando-a em etapas. Mesmo que ela seja não linear, esse exercício nos ajuda a entender melhor e nos organizar inicialmente para o que vem pela frente.

Similar à gestão de projetos, a gestão de mudanças também requer escopo, custo e prazo. Por isso, reforço que toda mudança precisa ter início, meio e fim.

O passo a passo
Passo 1: O sponsor da mudança
Definir quem será o sponsor (patrocinador) da mudança, aquele que apoiará todo o processo, de forma ativa e visível.

Essa pessoa deve ter as características de um líder e estar posicionada estruturalmente de acordo com as tomadas de decisões necessárias durante o processo.

Responsabilidades do sponsor da mudança:
- Dar os recursos financeiros e técnicos necessários para a mudança.
- Disponibilizar equipe adequada para liderar a mudança e executá-la.
- Oferecer suporte durante todo o processo.
- Participar ativamente das atividades da mudança.
- Tomar decisões, orientar as estratégias.
- Redefinir os caminhos quando necessário.
- Colocar senso de urgência.
- Criar reconhecimento e celebrações.
- Alinhar a mudança à estratégia da empresa.
- Promover a comunicação direta.
- Criar patrocínio entre seus pares e liderados.

Após a definição do patrocinador, é chegada a hora de construir o "propósito da mudança", isto é, o objetivo que guiará as pessoas a serem envolvidas e impactadas nesse processo.

O propósito ajuda as pessoas a entenderem o porquê da mudança, desenvolvendo a consciência dessa iniciativa.

Mas como construo o propósito da mudança?

É necessário, primeiramente, envolver as pessoas que permitiram o nascimento dessa mudança, para entender a necessidade subjacente. Depois de ter esse grupo reunido, o propósito pode ser desenvolvido em três perguntas de apoio:

1. O que queremos mudar?
2. Como iremos mudar?
3. Onde queremos chegar com essa mudança?

É claro que você pode elaborar melhor suas perguntas de apoio, mas é importante que esses três tópicos estejam contemplados no roteiro. Com o propósito em mãos, já é possível iniciar as comunicações da mudança e, também, mapear os stakeholders iniciais, com quem começaremos as nossas conversas para despertar a consciência e o desejo de mudar.

Passo 2: Stakeholders

Se você chegou até aqui é porque já tem um patrocinador para a sua mudança e também já conhece o propósito que a orienta. Podemos dar início ao mapeamento das nossas partes interessadas, pessoas que serão afetadas pela mudança e que também podem apoiar sua gestão, os chamados stakeholders.

Comece com uma lista das áreas impactadas e, na sequência, distribua os nomes, cargos e funções que sofrerão a mudança. É natural não ter todas as informações no início desse mapeamento, ou os nomes das pessoas impactadas, pois estamos evoluindo no escopo em conjunto com o amadurecimento da mudança. Na maioria dos processos é assim que acontece. À medida que nós nos aprofundamos nas informações, nas conversas e nos alinhamentos com as equipes envolvidas, criamos, também, maturidade na gestão de mudanças, conhecendo mais detalhes de seu escopo técnico.

É sugerido que, após levantar esses nomes ou áreas impactadas, seja realizada, ainda, a inclusão de pessoas não necessariamente impactadas pela mudança, mas que devem ser evolvidas no processo pois são influenciadoras, seja de forma positiva ou negativa. Elas merecem a atenção do líder e da equipe de GMO para serem engajadas na mudança.

Após o levantamento, trabalhamos a "matriz de stakeholder", que oferece uma gestão visual de como as partes interessadas estão posicionadas e o que se deve traçar como plano de ação para cada quadrante (Fig. 2).

FIGURA 2. Matriz de stakeholders

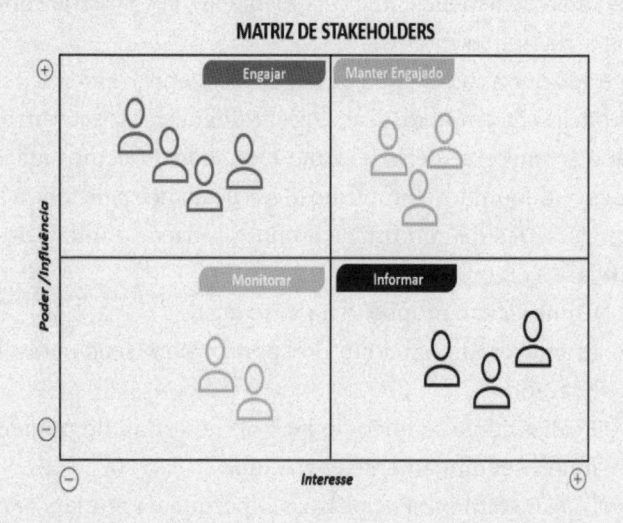

Modelo ilustrativo de uma matriz de stakeholders. (Fonte: Ana Luiza Chiabi)

A estratégia de relacionamento é a avaliação do "Poder/Influência" versus o "Interesse" que o stakeholder demonstra pela mudança. Essa análise direciona para o tipo de ação e atenção necessária a cada parte interessada do projeto.

Passo 3: Comunicações

Reparem que a organização dos passos é meramente um processo linear para apoiar a nossa mente no entendimento da Gestão de Mudanças; em um mundo não linear, no qual a complexidade é mais atuante do que a normalidade, é importante termos em mente que os processos de Gestão de Mudança muitas vezes não acontecem no "passo a passo" e, sim, no contexto Vuca[217] ou Bani,[218] como referem-se os mais modernos. Por isso,

---

217 | VUCA. Wikipedia: https://pt.wikipedia.org/wiki/Volatilidade,_incerteza,_complexidade_e_ambiguidade. Último acesso: 24/02/2022.

218 | "O que é Mundo BANI e quais competências você precisa conhecer?". Marcelo Pimenta, 17 de fevereiro de 2021. Disponível em: O que é Mundo BANI e quais competências você precisa conhecer?. Último acesso: 24/02/2022.

esteja preparado para projetos que iniciam sem sponsor ou até mesmo com um propósito ainda difusos, a serem definidos e colocados no lugar ao longo da jornada. Assim também acontece com as comunicações.

Voltando ao formato que a nossa mente entende melhor, se já possuo um patrocinador, sei o objetivo da minha mudança e tenho os stakeholders mapeados (pelo menos uma versão inicial), já é possível comunicar a mudança para as partes interessadas.

É sugerido que as primeiras comunicações sobre a mudança sigam pelos canais oficiais da empresa, desde que as lideranças já estejam alinhadas sobre o que acontecerá, além de como e quando. Podemos iniciar as comunicações que abordam o propósito dessa mudança para toda a empresa.

Algumas ações de comunicação para nortear o início da jornada de mudança:
- Comunicar o propósito da mudança.
- Promover alinhamento do sponsor com seus pares, líderes e liderados.
- Realizar uma reunião de kick-off (abertura do projeto) com o time a ser diretamente envolvido.
- Deixar claro para as pessoas o porquê da mudança, como ela será conduzida, quem faz parte, o que será mudado e aonde queremos chegar, em diferentes canais de comunicação.

No decorrer da jornada, novas comunicações serão necessárias, por isso é importante traçar um plano de comunicação integrado, que deve conversar com os demais pilares da mudança (stakeholders, impactos organizacionais e treinamentos), além de abastecer as pessoas com informações do escopo técnico.

Na Gestão de Mudança, o pilar de comunicação requer um viés lúdico. Os cases de mudança em que obtive resultados melhores, com orgulho de ter feito parte do processo, foram aqueles em que conseguimos vincular o viés técnico com comunicações lúdicas de engajamento.

Exemplo: criar um nome para o projeto, uma identidade, uma história capaz de colaborar para o melhor entendimento das pessoas. Em um case, é possível trabalhar o conceito de uma missão espacial, com o objetivo de fazer um paralelo entre a implementação de um sistema ERP[219] e

---

219 | ERP: "Enterprise Resource Planning", ou Sistema de Gestão Integrado.

uma viagem à lua em um foguete. A equipe se torna astronautas, o sponsor é o líder da torre de comando na Terra, e assim por diante... Explorar todo o tema da comunicação da mudança baseado em um storytelling. A imaginação e a criatividade é o limite para engajar e despertar o desejo pela mudança!

Lembrando que, de acordo com as principais metodologias, uma comunicação para mudança deve ser dita no mínimo sete vezes para ser entendida. E a sua principal ferramenta é o face-a-face, ou olho-no-olho, mesmo que virtual.

Passo 4: Impactos organizacionais

Impactos organizacionais são as diferenças entre a "situação atual" e a "situação futura", ou seja, como trabalhamos hoje, "DE" onde partimos, e como trabalharemos após a mudança, "PARA" onde vamos.

Esse processo acontece ao longo da jornada de mudança e tem como objetivo mapear os impactos que a mudança causará nas pessoas, processos e sistemas, em uma visão mais organizacional e menos técnica.

Como identificar os impactos de uma mudança?

1. **Mapeamento.** Reúna as pessoas responsáveis pelos processos em cada área da mudança. Exemplo: se estivermos falando da implementação de um sistema integrado, com impacto em várias áreas de uma empresa, é necessário fazer reuniões com todos esses departamentos: financeiro, suprimentos, comercial, fiscal etc. Essas discussões devem acontecer após o lado técnico do projeto ter evoluído na definição do escopo da mudança. É muito comum a equipe de GMO começar a mapear os impactos organizacionais no início da mudança, às vezes devido à ansiedade das lideranças, e não obter o resultado esperado do trabalho. O motivo? As pessoas envolvidas ainda não possuem o conhecimento necessário para apontar como será o futuro, o PARA.

2. **Análise.** Após mapear os impactos é a hora de avaliar cada um deles através de alguns pilares: pessoas, processos e sistemas. Cada impacto pode ser encaixado em um pilar através de perguntas apoiadoras.
   Pessoas
   - Haverá mudança organizacional?

- Funções serão criadas ou eliminadas?
- As atividades de uma determinada área pode ser transferidas para outra?

Processos
- Algum procedimento e/ou política de trabalho deve ser criado ou alterado?
- Os fluxos de aprovações serão alterados?
- Haverá mudanças na forma de trabalhar?

Sistemas
- Sistemas serão desligados ou substituídos?
- A infraestrutura tecnológica é adequada para suportar a mudança?
- Haverá mudança na infraestrutura física?

3. **Mitigação.** A etapa de mitigação dos impactos organizacionais nada mais é do que criar um plano de ação para minimizar os efeitos negativos dos impactos encontrados, ou potencializar os benefícios da mudança. Um bom plano de mitigação deve conter muitas ações de alinhamento, comunicação, treinamentos e compartilhamento de conhecimento, habilidades e tomada de decisão para que a mudança flua sem impedimentos.

Esse passo a passo nos conduz em um caminho simples e objetivo para aplicar a Gestão de Mudança Organizacional, mas é importante dizer que existem várias metodologias para guiar a aplicação. Como se fosse uma caixa de ferramentas, à medida que evolui no seu processo, você adquire novas ferramentas de trabalho para incluir no seu repertório. Aqui, começamos com o bom martelo e prego! Agora, cabe a você adquirir novos instrumentos!

Passo 5: Treinamentos
O processo de treinamento acontece ao longo da jornada de mudança, pois muitas serão as oportunidades de desenvolvimento.

É sugerido começar com os treinamentos do time de projeto, logo no início, preparando-os para o que é a mudança e o que é esperado de cada um. Após a construção da mudança, é chegada a hora de treinar as pessoas que serão impactadas pela mudança, também chamadas de usuárias finais.

Nesse momento, é importante mapear quem são essas pessoas e estruturar como serão os treinamentos: planejar, mapear e realizar. Todo esse processo deve ser conduzido em parceria com a área responsável por treinamentos dentro da organização.

O que devemos considerar em uma jornada de mudança é que as pessoas precisam ser envolvidas ao longo do projeto e não apenas no momento dos treinamentos formais. Dessa forma, é possível construir a mentalidade do processo de mudança e preparar as pessoas, dando o tempo necessário para que elas possam absorver os novos conhecimentos e habilidades requeridas.

Passo 6: Sustentação da mudança

Por vezes, sustentar uma mudança torna-se mais desafiador do que implementá-la. Essa afirmativa, é claro, dependerá muito de como foi a sua jornada de mudança, ou seja, do caminho trilhado até aqui.

Se conseguimos compreender o propósito, ter consciência da sua necessidade e, por meio dos patrocinadores, aprender, é muito provável que o processo de mudança tenha sucesso também na sustentação. Ainda assim, é preciso planejar essa etapa e conversar sobre ela com as áreas que assumirão a rotina, isto é, o jeito como as coisas "passarão a ser por aqui".

A primeira etapa de um plano de sustentação é entender que vamos precisar de pessoas e da organização. As pessoas são aquelas que fortalecerão a mudança no dia a dia de trabalho; já a organização garantirá a preservação da mudança até a sua incorporação pela cultura.

É importante identificar quem são as pessoas que farão parte da sustentação e alinhar suas responsabilidades e papéis. A transferência de conhecimento da equipe de projeto para o time de negócio deverá acontecer – assim, os líderes das áreas assumem o reforço da mudança.

Outro fator a ser considerado é um prazo para que essa etapa aconteça de forma que as pessoas consigam se planejar para manter a dedicação à mudança, sem considerá-la atividades não previstas, trazendo sobrecarga de trabalho e desgastes.

Algumas dicas valiosas para um plano de sustentação da mudança:
- Realize as lições aprendidas.

- Colete feedbacks.
- Reconheça as pessoas e os esforços que trouxeram a equipe até aqui.
- Valorize as vitórias e os sucessos.
- Crie ações corretivas.
- Estabeleça indicadores de performance.
- Dê continuidade ao patrocínio da mudança.

Sabemos que o processo de mudança é desafiador, porque mudar é difícil, mas, na minha opinião, o maior desafio está na compreensão das pessoas de que, para iniciar uma mudança, precisamos confiar no caminho a percorrer e entender que, em alguns momentos, principalmente no início, nossos sentimentos nos deixam inseguros e desconfiados.

Se não tivermos coragem para seguir em frente, podemos ser facilmente boicotados pelas nossas emoções. Em nosso processo de transição de um estado para o outro ("de/para"), é comum nos sentirmos descolados, sem padrão. E isso faz falta para um ser humano que precisa, ou está acostumado, a viver socialmente padronizado.

Por isso, ter um processo estruturado, guiado por lideranças e suportado pela organização, apoia no sucesso da mudança e na experiência transformadora que cada indivíduo terá na sua jornada.

Então, se entregue ao novo! Adapta-se! Encoraje-se e mude!

ANA LUIZA CHIABI iniciou sua carreira em gestão de mudança erganizacional em 2007. Ao longo de sua jornada trabalhou com diversas metodologias globais, incluindo certificações, em grandes consultorias e empresas multinacionais. Atuou e atua em diversos projetos de implementação de sistemas, transformação cultural, funsão e vendas de ativos em empresas privadas e públicas.

Tem vivência também na área de recursos humanos, nos processos de recrutamento e seleção, treinamento e desenvolvimento. Fundadora da consultoria All Change, especializada em treinamento, mentoria e consultoria de projetos para implementação de gestão de mudanças, com o propósito de alinhar estilo de vida, qualidade nos trabalhos de gestão de mudança e amor ao que faz!

CONECTE-SE A ELA

in https://www.linkedin.com/in/ana-luiza-chiabi-5722a516/

@allchangebr

IMPLEMENTANDO A GESTÃO ÁGIL

ANDY BARBOSA

"Quanto mais digital uma organização se torna, maior deve ser sua capacidade de adaptação, descobrir, experimentar e de responder às mudanças."

(negócio X) (impacto X)
(tecnologia X) (agilidade X)
(liderança X) (colaboração X)

Segundo Stephen Denning, em *The Age of Agile*, sem tradução no Brasil, "atuar com uma gestão ágil é trabalhar de maneira mais inteligente, em vez de mais difícil. Não se trata de fazer mais trabalho em menos tempo: é gerar mais valor com menos trabalho".[220]

Hoje, ao analisarmos o Manifesto Ágil para Desenvolvimento de Software, disponível em www.agilemanifesto.com, declarado por 17 signatários em 2001, e os seus desdobramentos e impactos positivos causados nos últimos 20 anos em organizações que adotaram práticas ágeis de gestão, temos plena certeza de que isso é possível e, de fato, uma realidade.

Quanto mais digital uma organização se torna, maior deve ser sua capacidade de adaptação e de descobrir, experimentar e responder às mudanças, sendo a gestão ágil o meio para se alcançar essa condição.

A transformação digital é o uso de ferramentas e tecnologias para criar – ou modificar – processos de negócios novos ou existentes, com o objetivo de otimizar e melhorar o relacionamento com o cliente, proporcionando uma experiência diferente, personalizada e única, de acordo com desejos e necessidades, aumentando sua satisfação e lealdade.

Normalmente, essa alteração transcende as funções tradicionais, como vendas, marketing e atendimento ao cliente. Em vez disso, a transformação digital começa, se move e termina com a maneira como você pensa e se relaciona com seus clientes e o mercado.

A postura digital e inovadora desse novo modelo de negócios torna o ambiente de negócios ainda mais complexo, pois exige alta capacidade de adaptação, flexibilidade, iniciativa, proximidade com os clientes, diálogo constante, rapidez e abertura às mudanças, práticas pouco comuns nos negócios analógicos ou não digitais.

Mas o que as organizações digitais fazem de diferente?
- São focadas no cliente (customer-centric);
- Decidem e gerenciam analisando os dados (cultura data-driven);
- Têm a tecnologia como aliada dos negócios (digital organizations);
- Entendem e dão a devida importância às pessoas;
- Tomam decisões rapidamente;
- Fazem tudo com agilidade.

---

220 | DENNING, Stephen. *The Age of Agile*: How Smart Companies Are Transforming the Way Work Gets Done. Amacom, 2018.

Uma organização digital torna-se mais suscetível aos impactos causados pelas mudanças do ambiente externo, pelo surgimento de novas necessidades e desejos de seus clientes, colaboradores e sociedade; pelas melhorias e inovações oferecidas pela concorrência; por atos regulatórios e, principalmente, pelo surgimento de tecnologias disruptivas e obsolescência de outras.

E a Gestão Ágil nesse contexto?!

Há muita confusão em torno dessa questão: alguns acreditam que são hábitos; alguns que são ferramentas; alguns que são apenas processos; e outros argumentam que é uma combinação disso tudo.

Meus quase 30 anos de carreira, nos quais, mais de dez atuando com gestão ágil, me permitem afirmar que ela depende 50% das pessoas e de seus comportamentos, e 50% dos processos em si.

De fato, não há certo ou errado. Existem diferentes pontos de vista, que são resultado do conhecimento e das experiências do interlocutor. Mas, por fim, a agilidade pode ser entendida por muitos prismas:

1. fazer as coisas rapidamente, com qualidade e assertividade;
2. decidir de forma rápida e assertiva;
3. aceitar e promover mudanças rapidamente;
4. gerenciar o fluxo de trabalho e eliminar desperdícios;
5. mudar de rumo de acordo com experiências, adversidades, resultados ou oportunidades.

No entanto, a agilidade nos negócios, ou Business Agility, depende de uma gestão ágil, de poucos desperdícios, foco nas pessoas e no cliente. Resume-se na capacidade e na rapidez com que uma organização interage com seu ambiente de negócios, colhe feedbacks e transforma ideias ou hipóteses em valor para seu mercado, traduzido por meio de inovações em seus produtos e serviços, o que gera diferenciais competitivos e mais receitas e lucro no caixa.

Por fim, agilidade é agir de maneira simples, produzir apenas o necessário, realmente entregar o que é valor para os clientes e para os negócios, da maneira mais rápida e colaborativa possível.

Para que a Gestão Ágil seja realidade é imprescindível:
- alinhar e aproximar a estratégia do negócio com a execução;
- ter foco na geração e entrega contínua de valor;

- estar aberto a mudanças (adaptabilidade);
- experimentar, avaliar, aprender e adaptar (Lean Startup Loop);
- colaborar, oferecer autonomia e suporte, e estimular a auto-organização;
- respeitar as pessoas e priorizar o diálogo e relações;
- trabalhar em ciclos (planos) iterativos e incrementais;
- proporcionar atos de liderança em todos os níveis;
- promover a melhoria/evolução contínua e inovação;
- garantir eficiência com eficácia;
- e muito mais...

Mas, como fazer isso acontecer?! Não parece ser algo fácil e descomplicado. Realmente, não é um dos desafios mais simples de se enfrentar. Mas, envolvendo todos na empreitada, a jornada pode tornar-se mais fácil.

Para que a gestão ágil possa ser uma realidade em sua organização, será necessário e imprescindível:

1. Adotar novas formas de pensar e agir

As novas formas de pensar e agir são as propostas pelo growth mindset, lean e agile thinking, visão sistêmica, além das filosofias DevOps e Kaizen.

Esses novos caminhos nos levam a:
- procurar desafios e ver as falhas como aprendizado;
- ver o esforço como o caminho para a excelência;
- desafiar para entregar o mais rápido e com a maior qualidade possível;
- trabalhar com equipes multifuncionais e auto-organizadas;
- colaborar em todos os níveis;
- manter o foco no cliente;
- respeitar as pessoas;
- eliminar desperdícios;
- promover a entrega contínua de valor;
- trabalhar com ciclos de inspeção e adaptação;
- estar aberto para mudanças;
- estimular a melhoria contínua;
- oferecer recompensas justas;
- gerar resultados melhores para os negócios.

2. Redefinir estratégias de produtos, serviços e negócios

Será necessário repensar as soluções:
- adaptar, substituir e adquirir novas ferramentas e tecnologias;
- repensar métodos de desenvolvimento e entrega;
- substituir meios e formas de oferta;
- entender a experiência do cliente e do usuário;
- entender as personas e partes interessadas;
- descobrir continuamente os desejos e, às vezes, criar necessidades;
- ampliar a visão do produto, serviço e mercado;
- produzir apenas o que realmente gera mais valor, no menor tempo possível para o cliente e o negócio.

Adotar uma gestão de portfólio eficaz, clara, transparente, frequentemente avaliada e priorizada pelos líderes do negócio, e totalmente alinhado às reais necessidades e estratégias, torna-se fundamental. E o foco do trabalho passa a ser não apenas o que satisfaz o cliente, mas o que ajuda a organização a atingir seus objetivos e alcançar sua visão estratégica.

3. Adotar novos modelos de gestão

As estruturas se tornam mais horizontais, enxutas, menos burocráticas, colaborativas, auto-organizadas, com menos regras e mais valores, com menos cargos e mais papéis, com ênfase em pessoas e relacionamentos, com foco no cliente, com poder descentralizado, auto-organização e maior foco nos resultados.

A gestão por resultados, proposta por Peter Drucker, é a abordagem mais aderente a esse novo modelo de gestão ágil, pois:

a. o foco está no resultado (o quê);
b. os processos ficam em segundo plano (como?);
c. todos são responsáveis;
d. a liderança é compartilhada e participativa;
e. depende da real integração e colaboração organizacional.

A gestão por resultados, aliada a gestão ágil, proporciona:

a. maior integração, colaboração e motivação;
b. maior transparência e melhor comunicação;
c. maior comprometimento e foco;

d. sentimento de pertencimento;
e. liberdade com responsabilidade.

Segundo John Doerr, autor do livro *Avalie o que importa*, "quando as pessoas têm prioridades conflitantes ou objetivos pouco claros, sem sentido ou que mudam arbitrariamente, tornam-se frustradas, cínicas e desmotivadas."[221] Por isso, na gestão ágil tornou-se comum o uso de sistemas de OKRs (sigla em inglês para *objectives and key results*), uma metodologia ou framework para gestão ágil de desempenho e resultados, iniciada na Intel, com Andrew Groove, que conta no livro *Administração de alta performance*, como funcionava a gestão de metas e de colaboradores na gigante tecnológica.[222]

Os OKRs são uma maneira ágil e descomplicada de se criar uma estrutura focada em resultados para organizações, equipes e indivíduos. Um sistema de OKRs adequado força a reavaliação de atividades de baixa prioridade ou sem valor agregado e a redução, automatização ou terceirização dessas atividades para que as pessoas e equipes possam se concentrar no que realmente importa.

4. Refinar as práticas de liderança e relacionamento

Os líderes ágeis precisam ser humildes, justos, ousados, inovadores e flexíveis. É crucial que sejam um exemplo.

Para isso, é necessário que essa pessoa seja inspiradora, empática, resiliente, comunicativa e criativa. O líder ágil deve atuar como treinador, mentor, facilitador, educador e atuar na coordenação, nunca esquecendo os resultados. Liderança situacional é, mais do que nunca, indispensável.

Segundo Brené Brown, autora do livro *A coragem para liderar*, "liderança não tem a ver com cargos, status ou poder. Um líder é qualquer pessoa que se responsabiliza por reconhecer o potencial nas pessoas e em suas ideias e tem a iniciativa de desenvolvê-lo."[223]

---

221 | DOERR, John. *Avalie o que importa* – Como o Google, Bono Vox e a Fundação Gates sacudiram o mundo com os OKRs. Rio de Janeiro: Altabooks, 2019.
222 | GROVE, Andrew S. *Gestão de Alta Performance*: Tudo o que um gestor precisa saber para gerenciar equipes e manter o foco em resultados. São Paulo: Benvirá, 2020.
223 | BROWN, Brené. *A coragem para liderar*: Trabalho duro, conversas difíceis, corações plenos. Rio de Janeiro: BestSeller, 2019.

5. Atualizar a cultura organizacional

As organizações ágeis buscam estabelecer uma cultura de:
- menos regras e mais valores,
- menos cargos e mais papéis,
- dignidade para todos,
- preocupação com o intangível,
- criatividade, experimentação e inovação,
- trabalho iterativo e incremental, remoto, interconectado e colaborativo,
- diálogo e relacionamento,
- inspeção e adaptação,
- liberdade com responsabilidade,
- melhoria contínua e resultados.

6. Adotar, combinar e praticar frameworks e métodos

Identifique, adapte, aplique e use frameworks e métodos em toda a organização. Frameworks como Scrum e métodos como Kanban, por exemplo, podem ser utilizados em larga escala para gerir os processos de trabalho. Desde que combinados com comportamentos adequados, vão ajudar a disseminar e sustentar a agilidade.

Por fim, uma Transformação Ágil, quando bem conduzida, oferece infinitas possibilidades, pois com ela tem-se a chance de:
- inovar e reinventar o negócio;
- colocar a pessoa certa no lugar certo;
- promover mais envolvimento (engagement) e comprometimento;
- gerar mais satisfação e produtividade;
- reduzir os desperdícios;
- oxigenar a organização com novos comportamentos, talentos, práticas, gerentes, líderes e clientes;
- romper os muros e integrar pessoas e equipes;
- melhorar a comunicação;
- aumentar a visibilidade e colaboração;
- dar significado e propósito aos negócios e pessoas;
- garantir o foco no cliente;
- promover a dignidade para todos;
- fazer mais com o mesmo;

- alcançar os melhores resultados.

Lembre-se da emblemática frase de Einstein, "insanidade é fazer sempre as mesmas coisas e esperar resultados diferentes". Por isso, se queremos melhores resultados, precisamos fazer algo diferente.

E veja que, segundo Peter Drucker, "o resultado vem do aproveitamento de oportunidades e não da solução de problemas. A resolução de problemas apenas restaura a normalidade. As oportunidades nos permitem explorar novos caminhos."

Transformação Ágil, primeiros passos!
1. Tenha um propósito (finalidade) claro e específico.
2. Promova o entendimento e o envolvimento do C-Level e das lideranças.
3. Sensibilize as pessoas envolvidas e interessadas.
4. Estimule a prática dos valores e princípios (lean agile).
5. Capacite as pessoas envolvidas.
6. Faça um diagnóstico e análise de contexto.
7. Proponha e realize pequenos planos de mudanças positivas.
8. Atue na redução de desperdícios.
9. Adote as boas práticas (Scrum, Kanban etc.).
10. Dê um passo de cada vez... (ciclos evolutivos).

Vamos disseminar a agilidade!!!

ANDY BARBOSA é profissional com mais de 28 anos de experiência em liderança e gestão e atua há mais de 10 anos com lean-agile. Mestre em administração, especialista em gestão estratégica, custos, controladoria, tecnologia da informação e MBA em gerenciamento de projetos, exerceu por mais de 15 anos a função de executivo nas maiores empresas de tecnologia e inovação do Brasil. Especializou-se em comportamento organizacional, e formou mais de 4 mil pessoas em seus cursos para agile coaching e leadership, as quais atuam nas principais iniciativas de transformação digital e ágil em organizações públicas e privadas pelo mundo. É fundador do Agile Institute Brazil, consultor do Coletivo Ação, escritor, palestrante, coach e mentor. Em seus livros *A essência do agile coach*, *O verdadeiro agile coach*, *A essência do agile leader*, *Strategic inception* e *Flaps model thinking*, compartilha sua experiência e visão clara e objetiva sobre gestão e liderança lean-agile.

CONECTE-SE A ELE

in https://www.linkedin.com/in/andybarbosa/

@andybarbosa.coach

www.andybarbosa.com.br

O RH ÁGIL

JP COUTINHO

"Precisamos sempre nos lembrar que no RH Ágil fazemos para o colaborador e com o colaborador. Acionamos as pessoas para entender a fundo suas necessidades com o objetivo de construir soluções muito mais eficientes e eficazes."

- agilidade X
- desafios X
- valores X
- conexões X
- ciclos X
- processos X

Profissionais de Recursos Humanos têm sido cada vez mais desafiados a terem uma atuação estratégica e que de fato entregue valor para as pessoas e para o negócio. Há muitos anos, os produtos, processos e entregas da área de Gente sofrem com questionamentos sobre a sua aderência à realidade organizacional, dos indivíduos, times e líderes.

O Movimento Ágil, iniciado em 2001 por 17 profissionais de tecnologia com a criação do Manifesto Ágil de Desenvolvimento de Software,[224] é um mindset que fomenta o trabalho em equipe, a colaboração e a entrega em ciclos curtos, com feedback constante, incluindo o cliente, no centro das construções. Diversos métodos, frameworks, ferramentas e práticas, como Scrum, Kanban, Design Thinking, Lean Inception e OKR, muito usados em empresas dos mais variados segmentos e tamanhos, conversam com o mindset ágil.

Em um ambiente cada vez mais volátil e incerto, times e líderes de RH precisarão adotar o pensamento e as práticas ágeis para superar os desafios e enfrentar obstáculos para lidar com novas formas de pensar e trabalhar, equipados com práticas de engajamento de pessoas mais humanísticas e baseadas em valores.

O Mindset Ágil no RH

Em 2014 o espanhol Carles Almagro, então business partner de RH na King, empresa sediada em Barcelona, na Espanha, que cria jogos para celular, como o famoso Candy Crush, percebeu a forte conexão entre as atividades de Recursos Humanos e o mindset ágil ao observar como os times trabalhavam com Scrum no dia a dia. Conversei com Carles quando preparava o meu livro *Repensando o RH: ágil, diverso e exponencial*,[225] que me contou que "viu o Scrum não apenas como uma estrutura, mas como um comportamento e uma atitude em vez de uma metodologia." Ali nascia o caminho que conduziria para a elaboração do Manifesto Ágil do RH.

Carles encontrou no apoio de amigos o incentivo necessário para seguir em frente para criar a versão de RH do Manifesto Ágil. Motiva-

---

224 | Manifesto Ágil de Desenvolvimento de Software. Disponível em: <https://agilemanifesto.org/iso/ptbr/manifesto.html>

225 | COUTINHO, JP. *Repensando o RH:* ágil, diverso e exponencial. Rio de Janeiro: Editora Caroli, 2022.

do, conectou-se a profissionais que já estudavam ou trabalhavam com perspectivas relacionadas à agilidade na gestão de pessoas, ainda que não fossem formalmente chamadas de "RH Ágil". O Manifesto Ágil do RH, inspirado no Manifesto Ágil original, começou a ser redigido por alguns dos mais importantes nomes da área de pessoas em todo o mundo, com o objetivo de apoiar profissionais de Gestão de Pessoas em suas transformações necessárias.

"O propósito principal da criação era ajudar outros profissionais de RH a impulsionar a mudança e obter uma melhor compreensão do que o Ágil significa para uma organização. Entender que 'ágil' não é uma metodologia ou um framework, mas uma forma de pensar e trabalhar", disse-me durante o nosso papo. O manifesto teve sua primeira versão lançada em 5 de maio de 2015 – após encontros presenciais, muitas trocas de e-mail e até atividades no Slack. O documento contou com 27 signatários de vários países. O grupo manteve as interações e melhorias e, dois anos depois, chegou à redação final,[226] uma versão em todos se sentiam confortáveis. Apresento agora para você o Manifesto que, desde então tem norteado a construção desse RH Ágil, que coloca o colaborador no centro, se conecta às suas necessidades e entrega valor para o negócio (Fig. 1).

FIGURA 1. Manifesto Ágil do RG

Estamos descobrindo melhores formas de desenvolver uma cultura envolvente no local de trabalho. Com isso, ajudamos os outros a fazê-lo também. E com esse tarbalho valorizamos:

MAIS	MENOS
REDES COLABORATIVAS	HIERARQUIA
TRANSPARÊNCIA	SIGILO
ADAPTABILIDADE	PRESCRIÇÃO
INSPIRAÇÃO E ENGAJAMENTO	GESTÃO E RETENÇÃO
MOTIVAÇÃO INTRÍNSECA	RECOMPENSAS EXTRÍNSECAS
AMBIÇÃO	OBRIGAÇÃO

---

226 | Manifesto Ágil do RH. Disponível em: <https://www.agilehrmanifesto.org/pt-manifesto-agile-hr>

PRINCÍPIOS
Apoie as pessoas a serem felizes, se engajagem e crescerem em seu local de trabalho.
Incentive as pessoas a receberem as mudanças e se adaptarem quando necessário.
Ajude a construir e apoiar redes de capacitação, equipes auto-organizadas e colaborativas.
Apoie e sustente a motivação e capacidades de times e pessoas.
Ajude-os a construir o ambiente de que necessitam e confie em que farão o trabalho.
Promova o crescimento profissional para aproveitar os diferentes talentos e potenciais de seus colaboradores.

Fonte: Agil HR Manifesto[227]

Em meu livro,[228] eu digo o seguinte: "RH Ágil significa adotarmos uma mentalidade de trabalho capaz de quebrar grandes tópicos de gestão de pessoas em fatias menores. Com menos complexidade, entregamos mais valor, ao passo que estamos mais conectados com as necessidades reais das pessoas e das empresas. O RH Ágil acontece quando conseguimos priorizar nossas atividades e processos baseados em valores, alinhamento e autonomia. Quando tomamos decisões ancoradas em dados e construímos uma comunicação honesta, clara e empática que coloca o colaborador no centro de todas as ações."

E continuo: "também é trabalharmos de forma incremental. Todo o valor é agregado por meio de pequenas mudanças que, novamente, são testadas, validadas e melhoradas. Mas esse mesmo valor agregado somente é descoberto e conquistado quando o usuário está, de fato, no centro das ações desenvolvidas. Precisamos sempre lembrar que, no RH Ágil, fazemos para o colaborador e com o colaborador. Acionamos as pessoas para entender a fundo suas necessidades com o objetivo de construir soluções muito mais eficientes e eficazes. Assim, desenhamos produtos e serviços muito mais aderentes às verdadeiras demandas e conseguimos obter melhores resultados em nossas entregas."

A importância do Design Organizacional para a Agilidade

Para que os valores descritos no Manifesto ganhem vida e um RH Ágil de fato possa existir no dia a dia, trabalhar o desenho organizacional certamente é uma das atividades mais importantes da área de Recursos Humanos. Esse desenho impacta de forma direta a atuação, conexão e

---

227 | Agile HR Manifesto : www.agilehrmanifesto.org. Último acesso: 25/04/2022.
228 | COUTINHO, JP. *Repensando o RH:* ágil, diverso e exponencial. Rio de Janeiro: Editora Caroli, 2022.

as relações entre indivíduos e times. E essa é uma premissa muitas vezes ignorada pelos profissionais de Gente. Design Organizacional é um dos temas mais importantes para que o Mindset Ágil e a forma ágil de trabalhar possam ser vivenciados por todos, todos os dias. Como nos estruturamos e distribuímos os colaboradores influencia muito a Cultura Organizacional, os comportamentos e a mensagem que queremos transmitir. Mas, perceba, não adianta uma estrutura flat ou trabalhar em squads se não existe confiança. É preciso confiar nas equipes e nas pessoas.

A 2ª edição da Pesquisa State of Agile HR[229] traz um panorama de como a agilidade é vivenciada na área de pessoas, e os desafios enfrentados nas organizações que navegam pela transformação ágil. Os respondentes disseram que uma estrutura organizacional flexível é um dos fatores de sucesso para adotar o RH Ágil, enquanto uma estrutura organizacional rígida é uma ameaça a essa vivência.

Segundo os participantes, são inúmeros os benefícios quando vivenciamos a Agilidade no dia a dia da área de pessoas, entre eles: clareza de papéis em RH, mais foco, mais flexibilidade da área, mais colaboradores engajados e apaixonados pelas suas atividades, além de uma capacidade maior de fomentar e apoiar as equipes multidisciplinares na organização.

Em seu livro *Uma nova (des)ordem organizacional*[230] e no ensaio "A visão complexa das organizações", Marco Ornellas reforça que "o desenho, a estrutura, a atribuição de papéis e responsabilidades dentro da organização dão a noção de ordem, de quem faz, o quê, por ordem de quem, quem diz a quem o que fazer, quando e porquê. É o componente que valida as relações interfuncionais. Mais do que bem desenhada, uma estrutura clara para todos é fator de eficácia."

Complemento dizendo que essa arquitetura, somada a processos bem estruturados, mas não engessados, uma comunicação efetiva e clara e um ambiente no qual as relações e conexões aconteçam de forma fluida, baseadas na confiança, são fatores fundamentais para uma organização que quer ser sustentável e sobreviver nesse mundo complexo. A área de pessoas pode construir esse ambiente a depender da forma como constrói seus processos e produtos, reforçando os valores e princípios ágeis na prática.

---

229 | State of Agile HR 2022. Disponível em: https://www.stateofagilehr.com. Último acesso: 07/02/2022.

230 | ORNELLAS, Marco. *Uma nova (des)ordem organizacional*. Colmeia Edições. São Paulo, 2020. Páginas 102-103

RH Ágil: primeiros passos

Percebo que a mentalidade ágil é um dos caminhos que podem corrigir grandes problemas da nossa atuação no RH tradicional que, por muito tempo, construiu estratégias complexas e dificilmente executáveis, além de estruturas rígidas que não conversam com a complexidade dos cenários e das relações. Ficamos focados em números, processos, sem mensurar se as entregas feitas atendem às necessidades do dia a dia. Um RH que só diz não e "cumpre tabela". Para podermos catalisar e apoiar a transformação necessária nas organizações, é mandatório que nos desapeguemos do passado. O que nos trouxe até aqui não vai nos levar para o futuro. A forma como trabalhamos até aqui não cabe mais no contexto atual. Chega de perder relevância e ser considerado uma área de apoio, que mais atrapalha do que ajuda, que só sabe controlar e dizer não.

Para orientar mudanças culturais e comportamentais, é necessário que o profissional de RH compreenda o design organizacional ágil, que tem como bases a experiência do colaborador. Esse é um tema no qual o RH pode agregar imenso valor ao negócio. Olhar para essa jornada do começo ao fim, ou seja, desde a marca empregadora até o off-boarding, é o primeiro passo para iniciar essa transformação. Ouvir as pessoas, entender suas percepções e sentimentos durante o seu ciclo de vida na empresa, nos traz insumos para construir produtos e entregas de Gestão de Pessoas que fomentem uma cultura envolvente no local de trabalho, como o Manifesto Ágil do RH nos propõe.

Nessa escuta, usar muito das ferramentas de Design Thinking, Gestão de Produtos e Marketing (aqui falamos de Mapa de Empatia, Personas, BluePrint de Serviço, Análise Swot, entre diversas outras possibilidades de ferramentas e práticas). Líderes e equipes precisam de parceiros confiáveis para ajudá-los a se transformar, e é fundamental que o design organizacional moderno seja conduzido de forma centrada nas pessoas. E, como vimos anteriormente, especialmente na Parte 4, não existe uma forma única para projetar essa empresa ágil; todos os modelos têm seus prós e contras. E transformar uma organização hierárquica em uma organização mais colaborativa é um trabalho de formiguinha, que depende não só da estrutura, mas da forma de pensar, trabalhar, organizar e se relacionar das pessoas que ali estão.

É preciso trabalhar no redesenho – não só da organização, mas também da própria área de RH. Em projetos de consultoria, tenho implementado times multidisciplinares de Gestão de Pessoas que trabalham nas entregas do "começo ao fim". Equipes formadas por profissionais de seleção, departamento pessoal, HRBPs, educação e desenvolvimento, remuneração, além de colaboradores de outras áreas, como financeiro, jurídico, marketing e tecnologia. Os resultados são extraordinários: produtos e serviços de Gente mais eficientes e eficazes, não elefantes brancos, como por tantos anos costumamos construir – afinal de contas, somos o RH, a área que sabe o que é melhor quando falamos de pessoas. Mas será mesmo?

Acredito que essa mudança deve acontecer, como prega o Agile Mindset, em entregas em ciclos curtos, colhendo feedback, melhorando continuamente, evoluindo. Mas o que isso significa na prática? Quero dizer que podemos iniciar essa transformação no nível de times, criando grupos multifuncionais e multidisciplinares para projetos organizacionais, como o exemplo dado no parágrafo anterior, com a participação de colaboradores de diferentes níveis, papéis e áreas. Assim, é possível perceber o modelo ideal, os aprendizados antes de escalar. Aqui está um erro que muitas organizações cometem: querer fazer a mudança toda de uma vez, ao invés de evoluir de pouquinho em pouquinho. Digo sempre que Ágil é evolução e não revolução. Ter sempre em mente que, em organizações ágeis, a estrutura deve ser fluida, no sentido de que deve ser capaz de se adaptar rapidamente se o contexto assim exigir. Mas que não existe um ponto de chegada. É uma jornada evolutiva onde vamos equilibrando estabilidade e sustentabilidade do negócio com adaptação para responder às necessidades dos clientes finais e do contexto.

O que de fato muda?

Foram várias as reflexões que fizemos neste texto, mas o que de fato muda de um RH tradicional para um RH Ágil? Vamos lembrar que agilidade é cultura e não é possível fazer uma mudança cultural sem trabalhar nos processos e métodos de trabalho. Gestão de Pessoas é historicamente uma área engessada, burocrática, com foco na criação de normas, regras e políticas a serem seguidas por todos na organização.

O novo RH deve promover inovação, flexibilidade e adaptabilidade para apoiar a experiência do colaborador. O objetivo é estar mais próximo das pessoas para apoiar o seu desenvolvimento e crescimento. Para isso, é necessário transformar a forma como a área atua no dia a dia e entrega seus produtos e serviços.

Abaixo, apresento de forma prática e direta exemplos do que muda quando vivenciamos o Ágil no RH.

De	Para
Trabalho em silos	Atuação com times multifuncionais por projeto/produto
Trabalho, muitas vezes, sem análise de demanda	Olhar mais amplo sobre as entregas e como elas geram valor para o negócio
Decisões tomadas apenas no nível de gestão	Colaboradores de todos os níveis são incluídos e ouvidos na tomada de decisão
Processo seletivo muito complexo, com muitas etapas	Processo mais enxuto, curto e simples
Sem visão de tudo que está fazendo	Uso do Kanban para melhorar seus processos e conseguir visualizar o trabalho em andamento em todos os temas
Foco em ações de desenvolvimento nos líderes	Cria uma cultura de aprendizagem com ações formais e informais para todos, independente de cargo
Aprendizado distante do trabalho (parar para aprender)	Workplace Learning, criação de rituais para o aprendizado no ambiente de trabalho
Fomento de estruturas organizacionais hierárquicas e rígidas	Incentivo à flexibilidade por meio de estruturas capazes de se adaptar de acordo com as necessidades e demandas
Construção para o colaborador	Construção para e COM o colaborador

RH Ágil é abandonar o tradicional, as melhores e boas práticas e entregar valor para as pessoas, com as pessoas, mostrando sua vulnerabilidade e o poder do construir junto. Somente quando conseguirmos viver essa forma de pensar, entendendo a fundo as necessidades dos clientes, vamos assumir que não sabemos tudo e que precisamos dos outros (áreas, líderes, parceiros).

Mas como começar essa jornada? Mergulhe no Manifesto Ágil do RH. Olhe para as práticas que a sua empresa faz hoje relacionadas a pessoas. O que está conectado com o Ágil? E o que ainda está ou vai continuar no tradicional? Conseguimos evoluir? Capacite a sua equipe para que todos conheçam e desenvolvam as competências que estão conectadas com o Mindset Ágil. Fale sobre Entrega de Valor e porque é necessário fazer essa mudança. Eles serão capazes de fazer diferente. Os resultados vão surgir, fazendo pouquinho, dando pequenos passos. Pode acreditar!

JP COUTINHO é palestrante, facilitador de treinamentos e workshops, especialista em aprendizagem colaborativa. Autor do livro *Repensando o RH: ágil, diverso e exponencial*, tem mais de 15 anos de experiência em pesquisa, desenvolvimento e aplicação de soluções de aprendizagem. Pioneiro, é referência em RH Ágil no Brasil. Trabalha temas comportamentais, desenvolvimento de lideranças, mindset ágil e transformação digital. Como profissional de recursos humanos, atuou em empresas de grande porte no mercado financeiro e no varejo, como Bradesco e Magazine Luiza, gerenciando diversas equipes e projetos ao longo da carreira. Hoje atua como consultor em projetos de transformação ágil na área de RH de diversas empresas brasileiras e multinacionais.

CONECTE-SE A ELE

- in https://www.linkedin.com/in/jpvcoutinho/
- @talksdojp e @repensandoorh
- www.jpcoutinho.com.br

O DESIGN NAS RELAÇÕES

/ COLABORAÇÃO PARA A RECONEXÃO HUMANA
/ PLURALIDADE NAS RELAÇÕES
/ AUTENTICIDADE E NARRATIVAS DIGITAIS

/ ANEXO: A JORNADA DO DESIGNER ORGANIZACIONAL

Chegamos à última parte dos *Ensaios por uma Organização Consciente* abordando os aspectos relacionais e suas implicações no contexto organizacional. Como o desenho dessas relações e, obviamente, a consciência de suas práticas eleva as iniciativas pautadas em colaboração, pluralidade e influência na transformação organizacional?

Começamos este bloco com a leveza e a inspiração da Debora Gaudencio, que nos convida a olhar para os modelos comportamentais que nos desconectam uns dos outros. Débora evidencia a lógica separatista em que estamos imersos a partir da forma como nos comunicamos, nos convidando a observar com atenção nossa postura em relação ao outro a partir da linguagem e das escolhas implícitas nela. Aponta a colaboração como possível saída para a reconexão humana, quando orientada para a redução de silos e a reconstrução dos modos de nos relacionar, desenvolvendo uma linguagem responsável, empática e autêntica. Débora traz a potência do ser social e relacional que existe em cada um de nós como ponto de partida para ressignificar os ambientes corporativos nas novas realidades organizacionais.

José Marcos da Silva fortalece a narrativa da colaboração na sequência com um ensaio provocador e muito bem sustentado, que amplia nosso olhar para a riqueza da pluralidade nas dinâmicas relacionais. José Marcos faz uma exposição necessária da desigualdade do país que se reflete nas estruturas corporativas, mesmo diante de uma enorme diversidade que é parte da nossa identidade e história. Em suas palavras: o Brasil já era plural antes mesmo de ser... Brasil. Nos chama a identificar o potencial característico do nosso povo e cultura na quebra das estruturas separatistas para a sustentação de empresas mais empáticas, diversas e inclusivas, pois são essas relações diversas e inclusivas que possibilitam gerar negócios conscientes e de impacto.

Olavo Pereira Oliveira nos ajuda a compreender as dinâmicas relacionais no contexto digital, em que as atenções são altamente disputadas e monetizadas, e onde somos todos influenciadores e influenciados. Escancara o poder nem sempre percebido na construção de novas narrativas, identidades, cenários e culturas. Seria o designer organizacional um influenciador? Essa pergunta nos guia para pensarmos em narrativas mais autênticas, mesmo que cheias de conflitos e dilemas, pois despertam a empatia e geram forte conexão emocional. Olavo nos orienta a buscar uma comunicação a partir da autopercepção, uma narrativa autêntica e conectada e, assim como Débora, nos convida a abraçar nossa condição humana tão impermanente e ambígua na busca por escolhas conscientes e significativas, elencando a empatia como última fronteira humana para tal.

Encerramos esta parte, e o próprio livro, com "A jornada do design organizacional", nos trazendo experiências vivas das construções autênticas e conscientes de três designers organizacionais. O olhar aprendiz de Camila Dantas nos conta como sua curiosidade a conduziu a uma jornada exploratória em busca de conhecimento e colaboração. Camila compartilha suas incertezas e inquietações como insumos de sua construção como designer organizacional. Daniella Bonança descreve com total clareza sua jornada de transformação, desde o que a motivou até os impactos dessa mudança em sua realidade organizacional, nos conduzindo pelas escolhas que fez em cada etapa do processo. Luciana Lessa nos preenche com uma narrativa visionária de quem acredita porque vive o potencial transformador do design em sua realidade organizacional. Ela nos convida a dar esse salto de fé em direção ao que é humano, verdadeiro e potente para construção de novas narrativas. Nos encoraja a olhar além e mergulhar sem medo, vislumbrando, ela mesma, um futuro próspero, colaborativo, desejável. E finaliza os ensaios desta obra traduzindo em manifesto sua experiência como designer:

Nós todos deveríamos ser designers! E por que não?
Seguimos com ela!

COLABORAÇÃO PARA A RECONEXÃO HUMANA

DEBORA GAUDENCIO

"Um processo de autoconhecimento e autoconsciência começa com a escuta sincera de si mesmo e transborda ao se expressar a partir desse nosso lugar único e consciente. Autenticidade na prática. Verdade e cuidado no diálogo."

(conexão X) (interação X)
(linguagem X) (cultura X)
(empatia X) (colaboração X)

"Não posso me encontrar com o outro ser humano sem, de alguma maneira, iniciar uma conversa com ele."
Emanuel Levinas[231]

"Pessoas são curadas tendo uma conexão autêntica com outro ser humano."
Martin Buber[232]

Segundo Martin Buber, criador da Filosofia do Diálogo, na esfera da vida entre os seres humanos a relação toma forma por meio da linguagem. A linguagem é o que sustenta e dá vida às relações. A violência, no entanto, pode desestruturar essa relação.

A violência surge no momento em que nos afastamos dos outros, vejam só, a partir dessa própria linguagem, quando ela se torna alienante da vida. Wendell Johnson, psicólogo americano especialista em distúrbios da fala e da escuta, nos diz que a nossa linguagem atual é animista, porque foca estabilidade e constâncias, normalidades e tipos, problemas simples e soluções definitivas.[233] Isso é violência a partir do momento que passo a não enxergar mais o ser humano nessa relação – e, sim, o rótulo, o julgamento, o preconceito que criei, formando uma barreira e, por vezes, até imagens de inimigos. Não há conexão humana em uma linguagem baseada nesses elementos.

E o que seria uma linguagem alienante alicerçada em violência?

Posso mencionar algumas, e todas são atitudes que geram separação entre eu e o outro. Por exemplo, negar a responsabilidade; isso ocorre quando não temos consciência de que cada um é responsável por seus atos, sentimentos e pensamentos.

Em *Eichmann em Jerusalém*, livro que documenta o julgamento do oficial nazista Adolph Eichmann por crimes de guerra, Hannah Arendt conta que ele e seus colegas davam um nome à linguagem de negação de responsabilidade que usavam. Chamavam-na de Amtssprache.[234] Se lhe perguntassem por que ele tomara certa atitude, a resposta poderia ser:

---

231 | MULLER, Jean Marie. *O princípio da não violência*. São Paulo: Editora Palas Athena, 1995.
232 | BUBER, Martin. *Eu e tu*. São Paulo: Editora Centauro, 2006.
233 | ROSENBERG, Marshall. *Comunicação não-violenta*. São Paulo: Editora Ágora, 2006
234 | ARENDT, Hannah. *Eichmann em Jerusalém*: Um relato sobre a banalidade do mal. São Paulo: Companhia das Letras, 1999.

- "Tive de fazer isso."
- "Foram ordens superiores."
- "A política institucional era essa."

Soa familiar?

Uma linguagem que implica ausência de escolhas.

Ao contrário, Gandhi, em sua luta não violenta, compartilhava com seus discípulos princípios como o Swaraj, que podemos aplicar ao diálogo. Seu significado é "Eu, rei de mim mesmo", isto é, eu tenho autorresponsabilidade, pelo que eu faço e pelo que eu falo, sejam ideias, sentimentos ou vontades. Eu sempre tenho escolha.

Uma linguagem alienante também é aquela que classifica as pessoas por meio de julgamentos moralizadores, colocando-as em caixas, comumente porque não agem de acordo com nossos valores ou expectativas. São elementos desse tipo de linguagem: culpa, insulto, depreciação, rotulação, crítica, comparação e diagnósticos. Essa linguagem não conecta, porque é impessoal e não revela o que de fato está vivo em nós. O foco é o que está errado no outro.

Dentro das organizações, vejo essa dinâmica de separação entre as pessoas acontecer o tempo todo. Silos não são criados somente por áreas diferentes, mas também dentro de uma mesma área. E, então, não surge espaço para a colaboração. Acostumamo-nos, por conta dessa violência quase sutil, arraigada em nossa cultura, a vestir uma "armadura", principalmente com aqueles identificados como "os outros", aqueles diagnosticados como "os errados". O cenário para a desconexão está montado.

Assim, nosso cérebro entra em um modo automático de ataque ou defesa, acionado pela glândula amígdala. Certa vez, uma gerente de uma indústria química me confidenciou: "Eu entro em uma reunião já me perguntando: quem está querendo puxar o meu tapete?". Embora a amígdala tenha como objetivo nos proteger do perigo, ela pode interferir em nosso funcionamento no mundo moderno, onde as ameaças, geralmente, são mais sutis por natureza. Quando você vê, ouve, toca ou saboreia algo, essa informação sensorial vai primeiro para o tálamo, que atua como estação de retransmissão do seu cérebro. A informação é repassada para o neocórtex (o "cérebro pensante") e, de lá, é enviada para a amígdala (o "cérebro emocional"), que produz a resposta emocional apropriada. No entanto, diante de uma situação ameaçadora, o tálamo envia informações sensoriais, tanto para a amígdala, quanto para o neocórtex. Se a amígdala sente o perigo, ela toma uma decisão em uma fração de segundo para iniciar a resposta de luta ou fuga, antes que o neocórtex, nossa parte mais consciente do cérebro, tenha tempo de anulá-la.

Essa cascata de eventos desencadeia a liberação dos hormônios do estresse, incluindo a epinefrina (também conhecida como adrenalina) e o cortisol. Esses hormônios preparam seu corpo para fugir ou lutar, aumentando sua frequência cardíaca, elevando sua pressão arterial e aumentando seus níveis de energia, entre outras coisas. Embora muitas das ameaças que enfrentamos hoje sejam simbólicas, evolutivamente nossos cérebros se desenvolveram para lidar com ameaças físicas à nossa sobrevivência, que exigiam uma resposta rápida. Como resultado, nosso corpo ainda responde com mudanças biológicas que nos preparam para lutar ou fugir, mesmo que não haja uma ameaça física real que tenhamos de enfrentar. Quando estamos em um ambiente com predominância de uma linguagem alienante, o cérebro enxerga o contexto como uma ameaça real a sua integridade, mesmo que seja somente aquela reunião com seus pares para definição do orçamento anual ou uma reunião de calibragem no fim do ciclo de desempenho.

O paradoxo é que, mesmo criando campos invisíveis de guerra, por meio da linguagem que rotula e classifica o outro como inimigo, nós somos criaturas sociais. Mesmo sem termos consciência disso, notamos o quanto precisamos ter conexão uns com os outros. "O ser humano é um ser social e por isso precisa de vínculos. Sentir-se sozinho ou excluído socialmente, mata mais do que o alcoolismo, obesidade e tabagismo. Quando sentimos fome ou sede há uma mudança fisiológica que nos leva a buscar água e comida. Quando nos sentimos sozinhos também há uma mudança fisiológica e o cérebro entra em modo de preservação. Estar em conexão humana é tão importante quanto comer ou beber", explica o neurocientista Facundo Manes, autor do livro *Ser Humanos, todo lo que necesitas saber sobre el cerebro*, sem tradução para o português.[235]

---

[235] | MANES, Facundo; NIRO, Mateo. *Ser Humanos, todo lo que necesitas saber sobre el cerebro*. Ed. Paidós, 2021

Então, no mundo complexo em que vivemos, precisamos de uma linguagem não violenta que expresse processos, mudanças, relações, aprendizado. Há um desencontro entre o nosso mundo dinâmico, sempre em mutação, e as formas estáticas de nossa linguagem atual. Precisamos de uma linguagem consciente, que nos afaste dos automatismos e nos prepare para uma genuína conexão. Nesse lugar mora a colaboração.

Um dos significados da palavra "comunicar" é fazer alguma coisa juntos, compartilhar. Em um diálogo genuíno, as pessoas não estão querendo impor ideias já conhecidas e, sim, aproveitar que estão juntas parar criar alguma coisa nova. E isso só poderá acontecer por meio de uma comunicação consciente, empática, concreta, assertiva e afetiva. O chamado é para cocriarmos novos espaços de fala e escuta, que respeitem a dinâmica da vida humana dentro e fora das organizações.

Compilei a seguir conceitos, experiências e exercícios em quatro tópicos, para apoiar a assimilação dessa linguagem, o desenvolvimento de uma rede de colaboração e o aumento da conexão nas organizações:

1. Autoconexão

Quando pensamos em comunicação, geralmente pensamos no verbo "falar". Todavia, vivenciando esse tema há tanto tempo, concluí que a base para essa comunicação consciente é o verbo "escutar".

Escuta é informação. São dados que vêm dos outros e que entram em nós. Para que isso ocorra, é necessário um espaço vazio em nós para acolher o que chega pelo outro. Se me ponho à disposição para ouvir o outro, mas minha mente está cheia, não conseguirei ouvi-lo. Por mais que eu tenha boa intenção, as minhas vozes internas falarão mais alto.

Quantas vezes você, tentando escutar o outro, se percebeu pensando se tinha em mãos todos os relatórios para a reunião das 14 horas? Ou se aquele e-mail que recebeu do seu líder já tinha sido respondido?

Por isso, é necessário que tenhamos um tempo para nos escutarmos. A busca, aqui, é por autoconexão. Parar tudo por um momento para escutar o que está vivo em você. E se quero escutar o outro, preciso primeiro me escutar. Gosto muito da metáfora da máscara de oxigênio nas instruções de segurança no avião: "Em caso de despressurização, máscaras de oxigênio cairão automaticamente, coloque uma em você e em seguida ajude a pessoa ao seu lado". Primeiro, dedique-se para escutar o que está acontecendo com você; só assim você terá espaço interno suficiente para escutar as informações do outro. E, mais, essa pausa para a autoescuta amplia sua autoconsciência e prepara você para uma expressão mais autêntica em seus diálogos.

Sugiro um exercício de escrita consciente ou um diário. É uma forma de pausar e desacelerar em um mundo tão agitado e, ainda, gerar aprendizado. Separe 10 minutos do seu tempo para se escutar. Procure um lugar tranquilo no qual você não terá interrupções. Leve caderno e caneta. Escreva no papel o que está vivo em você agora. O que está te preocupando? Quais suas ansiedades? O que está passando pela sua cabeça? Quais os dilemas? Quais são os desafios que você tem pela frente e como está pensando sobre eles? Respire. Se sentir necessidade, escreva mais. Deixe a escrita acontecer livremente, como se a caneta no papel fosse o seu instrumento de fala e autoexpressão.

2. Empatia

Empatia não é mais a palavra da moda; é a palavra de ordem em uma Organização Consciente. Indi Young, UX designer que escreveu o livro *Practical Empathy: For Collaboration and Creativity in Your Work*, ainda sem tradução no Brasil, nos provoca: "Por que você deveria tentar trazer empatia para dentro da sua organização? Uma das razões é que as próprias organizações continuam trabalhando de uma maneira que foi projetada para a era Industrial. Estamos em uma nova era. E a habilidade que pode trazer inovação e criatividade é a empatia."[236]

E, afinal, o que de fato é essa habilidade, a empatia?

Primeiramente, não oferecemos empatia. A empatia é construída por meio da vontade de dedicar tempo para descobrir os pensamentos e as reações profundas que fazem outra pessoa funcionar. E isso acontece na prática por meio de uma presença no processo de escuta do outro. Eu ofereço presença, e o que surge no diálogo é a conexão. É a essa conexão que eu dou o nome de empatia.

No diálogo, nesse momento, a busca é por compreensão. Ouvir com a intenção de se conectar com o outro. Escutar para mostrar a outra pessoa que eu me importo, porque dessa forma ela se sente vista, considerada,

---

236 | YOUNG, Indi. *Practical Empathy*: For Collaboration and Creativity in Your Work. Rosenfeld Media, 2015.

apreciada. Escutar para criar um espaço seguro. O outro pode trazer suas ideias, dúvidas e perspectivas. Escutar para despertar o melhor que existe no próximo. Para aprender. Para desenvolver a confiança. Para juntos cocriar soluções mais criativas e inovadoras.

Muitas vezes o que atrapalha o escutar é tudo o que eu acho que já sei sobre o outro. O julgamento é um mecanismo natural de defesa do nosso cérebro. Não conseguimos impedir sua existência. O que podemos fazer é criar consciência de que esses mecanismos existem e começar a gerenciar os julgamentos e vieses nos momentos de Autoconexão, antes dos momentos de escuta.

Isso é empatia na prática. E podemos escutar o outro sem interromper, pelo menos até ele terminar a sua linha de raciocínio. Geramos com a nossa presença e atenção plena empatia cognitiva: "Eu sei como você vê as coisas, posso entender suas perspectivas". Isso gera colaboração, vontade de construir juntos. Parceria.

> **O hábito de realizar multitarefas e essencialmente ignorar os outros corrói a atenção plena que pode levar à empatia.**
> *Daniel Goleman*[237]

Em um diálogo, tente deixar de lado as interrupções externas e internas. Deixe o celular, minimize as várias telas do computador e se concentre no outro. Crie esse espaço genuíno de escuta por meio da sua presença, primeiro, física e, logo depois, interna. Faça contato visual. Acompanhe com atenção o que o outro está dizendo. Não o interrompa, até ele concluir sua linha de raciocínio. Escute com curiosidade e abertura. Lembre-se que você não precisa formular uma resposta enquanto escuta; você precisa simplesmente estar presente. Esse é o grande desafio.

> **Uma escuta de cinco minutos pode ser um momento humano perfeitamente significativo.**
> *Edward Hallowell*[238]

---

237 | GOLEMAN, Daniel. *O cérebro e a inteligência emocional.* Editora Objetiva, 2011.
238 | "The Human Moment at Work". *Harvard Business Review,* Janeiro-Fevereiro de 1999. Disponível em: https://hbr.org/1999/01/the-human-moment-at-work. Último acesso: 08/03/2022.

3. Escutando além das palavras

> *Existem outras dimensões de escuta, além de simplesmente ouvir o que está sendo dito.*
> *Oscar Trimboli*[239]

Mais do que escutar as palavras, nesse momento buscamos significado. O que, de fato, essa pessoa está querendo me contar e o que isso significa para ela. "Ouvimos" nas entrelinhas, "ouvimos" o invisível, ouvimos o todo. Podemos ouvir não só com nossos ouvidos, mas também com nossos outros sentidos.

Podemos ouvir, por trás de simples palavras, os anseios, preocupações, vontades. O que será que ela está tentando dizer realmente? Aqui, a escuta é sistêmica. Começar a se conectar com o mundo do outro além das próprias palavras ditas. Ouvir não só as palavras, mas o contexto daquela situação. É ir além de se conectar a frases e sentenças, para buscar ouvir além do óbvio e começar a ouvir padrões, sentimentos, necessidades e novas perspectivas. O cérebro humano abriga diversos sistemas neuronais, não apenas para imitar ações, mas também para ler intenções, para extrair as implicações sociais do que alguém faz ou simplesmente para ler as emoções.

Há uma regra chamada 125/400. Pesquisas mostram que as pessoas falam em torno de 125 palavras por minuto, mas seu cérebro processa 400 palavras por minuto. Então há uma considerável brecha entre o que ela expressou e o que de fato ela quis dizer. Ouvir sistemicamente e com curiosidade busca também preencher essa lacuna de informações.

Quando estiver ouvindo alguém, preste atenção se consegue perceber seus sentimentos. Como está a postura da outra pessoa? Ela parece feliz? Desanimada? Frustrada? Preocupada? Como essa informação amplia o que você já está ouvindo dela? O que ela precisa? Você consegue conectar com outra situação que ela já expressou anteriormente?

Depois que ela concluir o raciocínio, você pode confirmar sua escuta, compartilhar o que ouviu, para que não caia no limbo simplesmente da sua interpretação.

---

239 | TRIMBOLI, Oscar. *Deep Listening*. Editora Kelly Irving, 2017

4. Expressão autêntica

Posso lidar com você me dizendo o que eu fiz ou deixei de fazer, e posso lidar com interpretações. Mas, por favor, não misture as duas coisas.
Marshall Rosenberg[240]

Às vezes, vejo pessoas comentando: "eu não tenho receio em me expressar, falo tudo mesmo, sou uma pessoa sincera". Quando presto mais atenção a um diálogo assim, a pessoa está falando, na verdade, de outra e não dela. Está, muitas vezes, expressando julgamentos e classificações, apontando o dedo, achando um culpado. Não é esse tipo de honestidade, que chamo de "sincericídio" que quero abordar, pois nesse espaço de sinceridade violenta não há lugar para a conexão humana.

Expressar-se autenticamente, em uma comunicação consciente, é expressar honestidade em relação ao que você está observando, sentindo, precisando e querendo, buscando conexão com o outro e tendo clareza da sua intenção no diálogo. Para acessar essas quatro dimensões é necessário coragem e vulnerabilidade. Um processo de autoconhecimento e autoconsciência que começa com a escuta sincera de si mesmo e transborda ao se expressar a partir desse nosso lugar único e consciente. Autenticidade na prática. Verdade e cuidado no diálogo.

Começamos a fazer isso quando prestamos atenção ao quanto misturamos o que podemos ver com a nossa opinião e interpretação. Separar o que estamos observando do que estamos interpretando cria pontes no diálogo e traz clareza para a situação em questão.

Podemos entrar em contato com a nossa vulnerabilidade ao compreender nossos sentimentos: o quanto estamos, por exemplo, sentindo frustração, preocupação ou ânimo com determinada situação. Comece a se relacionar melhor com o que está vivo em você. Os sentimentos são uma resposta biológica do nosso corpo; aceite-os e aprenda mais sobre você por meio deles. A clareza emocional nos permite entrar em acordo com a nossa consciência.

A autenticidade surge quando falamos sobre o que precisamos em vez de criticarmos os outros; quando falamos sobre os nossos valores e

---
240 | ROSENBERG, Marshall. *Comunicação Não-Violenta*. São Paulo: Editora Ágora, 2006.

necessidades, isto é, o quanto precisamos de mais apoio, reconhecimento, confiança ou autonomia. Fale sobre o que é muito importante para você nesse projeto, nessa decisão, nesse acordo.

Honestidade, de verdade, é quando expressamos o que realmente queremos, de forma concreta, dando aos outros a oportunidade de compreender o que esperamos deles, alinhar expectativas e, por que não, dizer "não" aos nossos pedidos, trazendo outras estratégias e soluções e ampliando a gama de possibilidades de ação.

Convite

O que percebo é que as pessoas têm receio dessa linguagem consciente. Elas acreditam que, para vivermos em um ambiente de não violência, com conexão humana, precisamos ser submissos, bonzinhos, passivos. Têm receio de, ao acolher e legitimar o outro, perder sua própria autenticidade, quando, vejam só que paradoxo, a sua autenticidade se perde quando há violência.

O convite da não violência é justamente estar disposto a acatar a nossa vulnerabilidade e a nossa autenticidade. Ter em nossos diálogos afetividade e ao mesmo tempo assertividade. E até mesmo acatar a nossa agressividade. Agressividade em sua etimologia é "manifestar-se diante do outro, caminhando ao seu encontro."[241] Não violência não é fuga de situações conflitantes; é um agir por meio de uma linguagem alinhada ao respeito por toda vida humana, inclusive a sua.

Quem me acompanha?

---

241 | MULLER, Jean Marie. *O princípio da não violência*. São Paulo: Editora Palas Athena, 1995.

DEBORA GAUDENCIO é uma pernambucana, com coração paulista, apaixonada pelas relações humanas. Primeira mulher brasileira treinadora certificada pelo Center for Nonviolent Communication. Pesquisa há 10 anos comunicação não violenta em diversas partes do mundo. Fez imersão em inteligência emocional pela Harvard Extension School e Neurociências pela PUC/RS. É cofundadora da Eight Diálogos Transformadores.

CONECTE-SE A ELA

in https://www.linkedin.com/in/deboragaudencio

PLURALIDADE NAS RELAÇÕES

JOSÉ MARCOS *DA SILVA*

"É preciso que os ambientes de trabalho sejam transformados em ambientes inclusivos, onde as diversidades são respeitadas e as pessoas, indistintamente, têm oportunidades iguais de desenvolvimento, de sucesso, de serem felizes."

- cultura X
- inclusão X
- negócio X
- liderança X
- tecnologia X
- empatia X

O Brasil é um país com uma enorme diversidade, resultado da formação de seus habitantes a partir da colonização pelos portugueses no século XVI e, a seguir, pela presença de europeus, africanos e indígenas, nossos povos originários. Aliás, antes da chegada dos colonizadores, havia mais de 3 milhões de indígenas, de mais de mil etnias diferentes. Ou seja, o Brasil já era plural antes de ser... Brasil. Essa variedade resultou em um grande mosaico de culturas, religiões e fenótipos.

Atualmente, a diversidade que debatemos em terras brasileiras está ligada, em essência, a essa formação do passado e, substancialmente, às injustiças e inequidades deixadas como legado. No que se refere à população negra, por exemplo, até hoje discutimos a chamada democracia racial, tratada na clássica obra de Gilberto Freyre *Casa-Grande e Senzala*,[242] em que o autor discorre sobre a polêmica matriz multiétnica de culturas. A diversidade cultural é citada também por Charles Taylor em seu livro *Multiculturalismo – Política de Reconhecimento*,[243] que trata da necessidade de se reconhecer e proteger os diferentes, principalmente as minorias.

Dessa forma, foram sendo criadas ao longo do tempo visões distintas sobre o tema e como ele afeta as relações e as interações em nossas vidas junto à família e aos amigos, e nas empresas onde trabalhamos. Com o processo da globalização, a questão da diversidade e da pluralidade das relações cresceu, junto com a intolerância e a negação. As perguntas mais comuns normalmente feitas a profissionais como eu, que trabalham com Diversidade, Equidade e Inclusão (DEI) nas organizações, são:

- Para que falar sobre pluralidade?
- Qual é a importância disso, se somos todos iguais?

Minha reação não é outra se não começar, instintivamente, a fazer o diagnóstico de maturidade desse tema. Respondo que sim, as pessoas são iguais formalmente, mas não são iguais materialmente. Ou seja, igualdade formal significa que todas as pessoas têm direito, sem distinção, à proteção, à cidadania e à garantia de direitos. No entanto, a igualdade material praticada não está alinhada à pretensa igualdade formal. Biologicamente, aliás, nenhuma pessoa é igual à outra: gêmeos univitelinos podem ter ca-

---

242 | FREYRE, Gilberto. *Casa-grande e Senzala*. Rio de Janeiro: José Olympio, 1981.
243 | TAYLOR, Charles. (Org.). *Multiculturalismo*. Lisboa: Instituto Piaget, 1998.

racterísticas físicas idênticas, mas certamente são diferentes na cognição, por exemplo.

Dados que não mentem

O Brasil é um dos 10 países mais desiguais do mundo e o 84º no Índice de Desenvolvimento Humano (IDH). Em 2020, nosso IDH foi de 0,765, ficando atrás de seus pares na América do Sul.[244] Se analisarmos dados sociais, então, temos um quadro assustador de injustiça, de desigualdade e de violência contra populações diversas:

a. R$ 27.744 é o rendimento médio mensal de 1% da população brasileira.[245]
b. R$ 820 é o rendimento dos 50% da população com os menores rendimentos.[246]
c. 59 anos é o tempo para equidade de gênero na América Latina.[247]
d. Tivemos + 420 mortes violentas da população LGBTQIA+ em 2018.[248]
e. 120 anos é o tempo para equidade racial nas empresas.[249]
f. Temos – de 1% = mulheres negras em cargos executivos.[250]

O protagonismo e a amplitude da pluralidade

Um grande erro de algumas lideranças empresariais é associar o tema da Diversidade como uma função da área de Recursos Humanos. No entanto, apesar da importância basilar de RH, a pessoa que ocupa a cadeira de CEO deve ser a principal protagonista desse que é, antes de tudo, um movimen-

---

244 | PNUD (Programa das Nações Unidas para Desenvolvimento) 2020, da ONU. Disponível em: https://www.br.undp.org/content/brazil/pt/home/library/relatorio-anual---2020.html?cq_ck=1636479917560. Último acesso: 19/04/2022.

245 | "Renda do trabalho do 1% mais rico é 34 vezes maior que da metade mais pobre". *Agência IBGE*, 16 de outubro de 2019. Disponível em: https://agenciadenoticias.ibge.gov.br/agencia-noticias/2012-agencia-de-noticias/noticias/25702-renda-do-trabalho-do-1-mais-rico-e-34-vezes-maior-que-da-metade-mais-pobre. Último acesso: 27/04/2022.

246 | Idem.

247 | Global Gender Gap Report 2020. *World Economic Forum*. Disponível em: https://www3.weforum.org/docs/WEF_GGGR_2020.pdf. Último acesso: 27/04/2022.

248 | "População LGBT Morta no Brasil". *Relatório GGB*, 2018. Disponível em: https://grupogaydabahia.files.wordpress.com/2019/01/relat%C3%B3rio-de-crimes-contra-lgbt-brasil--2018-grupo-gay-da-bahia.pdf. Último acesso: 27/04/2022.

249 | "Perfil Social, Racial e de Gênero das 500 maiores empresas do Brasil e suas ações afirmativas". *Instituto Ethos*, 10 de maio de 2022. Disponível em: https://www.ethos.org.br/cedoc/perfil-social-racial-e-de-genero-das-500-maiores-empresas-do-brasil-e-suas-acoes--afirmativas/#.WC9YnLIrKUs. Último acesso: 27/04/2022.

250 | Idem.

to de mudança para uma nova estratégia de pessoas e de cultura, sem abrir mão – obviamente – do desenvolvimento e da sustentação dos negócios hoje e no futuro. Para ilustrar a importância da pluralidade na estratégia de negócios, basta observar os dados abaixo sobre as pessoas minorizadas nas empresas brasileiras:

    a. A população negra movimenta aproximadamente R$ 1.7 trilhão/ano[251];

    b. O mercado LGBTI+ movimenta mais de R$ 420 bilhões/ano[252];

    c. Os moradores de comunidades e favelas movimentam R$ 119 bilhões/ano[253].

A importância da pluralidade nas empresas não se restringe ao potencial para ganhar maior fatia do mercado e aumentar receitas, sobretudo pelo potencial que as populações minorizadas têm para contribuir com os processos de inovação, de geração de novos negócios e de conhecimento de mercados ainda não alcançados, além de colaborar com opiniões diferentes na tomada de decisão. Na atual disputa por talentos, é notória a preferência de profissionais às empresas que implementam ou já possuem estratégias para diversificação de sua força de trabalho. Isso é corroborado por pesquisas de institutos e consultorias do mundo todo.

A Consultoria Deloitte realizou no Brasil, no segundo semestre de 2021, uma pesquisa[254] com mais de 200 empresas sobre diversidade e inclusão. A seguir, apresento um resumo da visão das organizações pesquisadas em relação aos impactos das ações de diversidade e inclusão:

- 87% ... trazem benefícios ao negócio

---

251 | "Empreendedores negros contam como é liderar no ecossistema de startups". *Startse*, 11 de setembro de 2019. Disponível em: https://www.startse.com/noticia/ecossistema/brasil/empreendedores-negros-contam-como-e-liderar-no-ecossistema-de-startups. Último acesso: 27/04/2022.

252 | "Público LGBT cada vez tem mais peso no mercado de consumo". *Grupo Ibes*, 19 de Janeiro de 01. Disponível em: https://www.ibes.med.br/publico-lgbt-cada-vez-tem-mais-peso-no-mercado-de-consumo/. Último acesso: 25/04/2022.

253 | "Moradores de favelas movimentam R$ 119,8 bilhões por ano." *Agência Brasil*, 27 de janeiro de 2020. Disponível em: https://agenciabrasil.ebc.com.br/geral/noticia/2020-01/moradores-de-favelas-movimentam-r-1198-bilhoes-por-ano. Último acesso: 27/04/2022.

254 | Pesquisa Diversidade, equidade e inclusão nas organizações. *Deloitte*. Disponível em: https://www2.deloitte.com/br/pt/pages/about-deloitte/articles/pesquisa-diversidade-inclusao-organizacoes.html?id=br:2sm:3li:4pesquisa%20diversidade%20e%20inclus%C3%A3o::6abt:20211116162746::5923217636:5&utm_source=li&utm_campaign=pesquisa%20diversidade%20e%20inclus%C3%A3o&utm_content=abt&utm_medium=social&linkId=140369377. Último acesso: 25/04/2022.

- 84% ... geram valor ao negócio
- 81% ... contribuem para a inovação
- 76% ... melhorar a qualidade da força de trabalho
- 69% ... aumentam a retenção de profissionais

Com o advento da pandemia do Covid-19, o debate sobre a importância da pluralidade e do respeito às diferenças explodiu, definitivamente, na sociedade e nas empresas em todo o mundo. As organizações se viram de frente a um "cisne negro", ou seja, a um fato inusitado e imprevisível, para o qual precisariam tomar ações imediatas para reagir à pandemia e, posteriormente, se organizar para retomar a chamada "normalidade". Entraram em cena, então, equipes multifuncionais responsáveis por administrar o caos e atender as pessoas – sobretudo as acometidas pelo Covid-19 ou mesmo apoiar aos familiares. Nesse cenário, o papel do RH foi fundamental para a orquestração das ações emergenciais durante esse período.

Todos sabemos, hoje, que o mundo do trabalho nunca mais será o mesmo. A forma como fazíamos negócios, como interagíamos com nossas equipes, parceiros e clientes mudou radicalmente. E o assunto que emerge a partir dessa nova realidade é o bem-estar e a saúde mental. Claro que esses dois temas são tratados há algum tempo, mas torna-se agora imperativo implementar mudanças e fazer com que as lideranças percebam a importância da conexão do desempenho organizacional com o bem-estar de sua força de trabalho. No mundo pré-pandemia, esta conexão era vista como antagônica.

O que está em jogo hoje é diferente, pois o bem-estar deve ser entendido como o desejo das pessoas de serem elas mesmas no ambiente de trabalho, de não mutilarem suas características como indivíduos, incluindo seus gostos, seus jeitos de ser e suas preferências. Passa, portanto, pelo respeito à pluralidade e pela forma como as relações dessa pluralidade é dada dentro de uma organização.

A pluralidade nas relações de trabalho

Para atender às necessidades latentes de um mundo pós-pandemia, as empresas precisarão ser cada vez mais empáticas e, consequentemente, diversas, maduras e inclusivas. A organização bem-sucedida do presente e do futuro é aquela que se estruturará de maneira a que a pluralidade tenha relevância para o negócio. A representatividade dessa pluralidade vai além dos grupos de afinidade atualmente organizados pelas empresas, que flutuam basicamente em gênero (maior representatividade de mulheres), raças e etnia, orientação sexual e pessoas com deficiência. É preciso entender também a pluralidade de culturas, de classes sociais, de religiões, crenças e gerações, dentre outros recortes, sem deixar de considerar as intersecções existentes entre esses recortes, como por exemplo "mulher, negra e com deficiência". Então, é preciso que os ambientes de trabalho sejam transformados em ambientes inclusivos, em que as diversidades são respeitadas e as pessoas, indistintamente, têm oportunidades iguais de desenvolvimento, de sucesso, de serem felizes.

Dessa forma, está sendo exigido das organizações ao redor do mundo que a convivência entre as pessoas que formam essa pluralidade seja a melhor possível, pois o ambiente de negócios cobrará aquelas que não tiveram esse entendimento e essa prática. Podemos incluir nesse mosaico mais um componente fundamental: a tecnologia e sua velocidade. Tida como vilã no passado pela questão do desemprego gerado em funções operacionais (especialmente na indústria), a tecnologia deve ser vista, atualmente, como uma aliada na composição de equipes que combinam a inteligência e a capacidade infinita do cérebro e da imaginação com a eficiência e a agilidade das máquinas. Essas "superequipes", denominação criada pela Deloitte em sua Pesquisa de Tendências de RH,[255] podem dar às empresas a chance de desenharem o trabalho de maneira mais humana, aproveitando a tecnologia para elevar a capacidade das equipes de aprender, criar e performar de novas maneiras para alcançar resultados ainda melhores.

Um exemplo de como a pluralidade pode ser aproveitada de forma positiva é a criação de equipes multigeracionais. O Brasil, largamente conhecido como um país jovem, tem 54 milhões de pessoas com mais de 50 anos, devido à diminuição do crescimento populacional e o gradual envelhecimento da população, mas ainda sofre com o etarismo, preconceito com as pessoas maduras. Se essas pessoas formassem um país, seria o 27º mais populoso do mundo.

---

255 | Tendências Globais de Capital Humano 2021. *Deloitte*. Disponível em: https://www2.deloitte.com/br/pt/pages/human-capital/articles/tendencias-capital-humano.html. Último acesso: 25/04/2022.

Então, como continuar ignorando esse tema se, segundo o IPEA, as projeções para 2040 apontam que aproximadamente 57% da população brasileira em idade ativa será composta por pessoas com mais de 45 anos[256]? A imagem formada das pessoas maduras é que elas já não têm mais disposição para o trabalho, não são inovadoras nem estão acostumadas com a tecnologia. Esse viés cai por terra quando acessamos o estudo realizado pelo MIT, em parceria com o US Census e a Northwestern University, que analisou 2,7 milhões de fundadores de empresas e atestou que as startups de crescimento mais rápido foram criadas por fundadores com idade média de 45 anos. Um ambiente de trabalho inclusivo é aquele no qual esses e outros benefícios são auferidos pela composição de equipes multigeracionais.

Voltando os olhos para a pluralidade de gênero, estudos mostram que empresas com maior número de mulheres em seus conselhos de administração são mais lucrativas. Se os dados comprovam que a igualdade faz bem para os negócios e se as mulheres representam mais de 50% das pessoas formadas nas universidades do Brasil desde 1999, por que ainda representam somente 14% dos quadros executivos e 11% dos conselhos de administração, 10% do congresso e das câmaras legislativas municipais e estaduais? Ainda: por que ganham menos do que os homens nas mesmas funções? Por que mulheres negras ganham menos do que os próprios homens negros?

Não há uma resposta única a essas perguntas, óbvio; uma certeza é a existência de estereótipos de gênero. Enquanto um homem é visto com características como competência, autonomia e racionalidade, a mulher é associada a sensibilidade e emoção quando enfrenta conflitos ou em momentos de estresse. Um ambiente de trabalho inclusivo é aquele no qual as mulheres têm oportunidades iguais de carreira, têm remuneração igual à dos homens em funções iguais e não são interrompidas quando estão falando ou expondo uma ideia. Acima de tudo, são lugares onde comportamentos não inclusivos, por quem quer que seja, como piadas, assédio moral ou sexual, não são aceitos e – mais do que isso – são repreendidos.

Entrando na questão das pessoas com deficiência (PCDs) no mercado de trabalho, segundo dados de 2016 do Ministério do Trabalho, 418,5 mil

---

256 | "Envelhecimento da população vai exigir adequações no mercado de trabalho." *Gaúcha ZH*, 14 de outubro de 2010. Disponível em: https://gauchazh.clicrbs.com.br/comportamento/noticia/2010/10/envelhecimento-da-populacao-vai-exigir-adequacoes-no-mercado-de--trabalho-3073343.html. Último acesso: 25/04/2022.

PCDs estavam empregadas no Brasil, número 3,8% maior do que o registrado em 2015. Esse contingente vem crescendo ano a ano, mas quem tem alguma deficiência ainda encontra muitas barreiras para conseguir trabalhar. Segundo o Instituto Brasileiro dos Direitos das Pessoas com Deficiência (IBDD), há preconceito, tanto da sociedade em geral, como das empresas, pois boa parte delas ainda não enxergam essas pessoas como profissionais qualificados. Ainda segundo o IBDD, os empresários dizem que faltam PCDs qualificadas, mas só no banco de currículos do IBDD, por exemplo, um terço dos cadastrados possui ensino superior completo.

O maior desafio para inclusão de pessoas com deficiência não é a acessibilidade, mas a consciência da sociedade quanto à inclusão verdadeira dessas pessoas na sociedade em geral e nas empresas. Por acessibilidade, entenda-se não somente rampas, elevadores ou transporte acessível; também os mais diversos programas de informática, closed caption, intérpretes da língua brasileira de sinais (Libras) e tantos outros itens. Um ambiente de trabalho inclusivo é aquele que investe em capacitação massiva sobre o tema, para que a força de trabalho comece a entender que as pessoas com deficiência podem desempenhar as chamadas "funções nobres" de uma empresa, não somente as repetitivas e operacionais, propiciando oportunidades iguais de desenvolvimento.

Discriminação no mercado de trabalho (visão global)
- Brasil: 68%
- Eslováquia: 63%
- Índia: 61%
- França: 41%
- Austrália: 50%

Não contratam LGBTQIA+: 33%
Trans sem oportunidades: 90%
Escondem sua orientação: 61%
- 51% não há necessidade
- 37% não fala sobre a vida pessoal
- 32% ninguém sabe sua orientação
- 22% medo de represália

12,2%

2,1+ milhões de LGBTQIA+ desempregados no Brasil

US$ 405+ bilhões por ano é o custo da homofobia para a economia brasileira
Baseado em produtividade, turnover e processos judiciais

>96% Top 50 das empresas da Fortune 500 implantaram políticas contra discriminação LGBTQIA+

6,5+ o crescimento de empresas que implantaram políticas LGBTQIA+
- Recruta e retém os melhores talentos
- Gera um ambiente + inovador
- Melhorou os serviços de atendimento à clientes
- Aumenta a produtividade
- Melhorou o ambiente de trabalho

>88% Top 50 das empresas da Fortune 500 estenderam os benefícios para parceiros(as) LGBTQIA+

Outro grupo que forma a pluralidade nas relações organizacionais é o LGBTQIAP+. Comecemos por analisar os dados abaixo, que se somam aos já apresentados. Na prática, o que tenho visto nas empresas é um profundo desconhecimento do impacto social que a população LGBTQIAP+ causa na economia. Isso fica explícito nas pesquisas e diagnósticos de DE&I, cujos resultados quantitativos geralmente são tímidos em relação a essas pessoas. As avaliações qualitativas, porém, em geral trazem informações preciosas que ajudam a entender o real cenário daquela empresa quanto ao tratamento dado às pessoas desse público.

Das populações minorizadas nas empresas, e de novo com base na minha experiência prática em várias delas, o grupo que mais sofre (essa é a palavra correta) é o das pessoas LGBTQIAP+. Na conversa do cafezinho pela manhã no escritório, numa segunda-feira, todos se sentem à vontade para contar como foi o final de semana com suas respectivas esposas, maridos, namorados e namoradas, amantes, amigos e amigas – menos elas. O cenário está mudando, felizmente, especialmente nas grandes cidades e nas grandes corporações, mas ainda existem muitas pessoas que não assumem sua orientação sexual por medo de represálias e por medo de não serem consideradas para eventuais promoções, para liderarem projetos ou mesmo para desenvolverem relacionamento com determinados clientes. Um ambiente inclusivo é aquele no qual há pluralidade de orientações sexuais. A relação de trabalho respeitosa e inclusiva, sobretudo pela liderança das empresas, proporciona resultados surpreendentes. Não deveria ser diferente, pois ter uma orientação sexual diferente de outra pessoa não afeta minha capacidade de entrega, meu desempenho, muito menos o meu valor como profissional em uma equipe.

Por fim, de forma intencional, chegamos à pluralidade racial. Já é sabido que o Brasil possui 56,1% de pessoas que se autodeclaram negras. E por "pessoa negra" uso a definição dada pelo Instituto Brasileiro de Geografia e Estatística (IBGE): "a população negra brasileira é formada por pessoas pretas e pardas".[257] A desigualdade social, econômica e de justiça no Brasil é histórica em relação às pessoas negras, fruto de um processo de escravização de mais de 350 anos e de exclusão por mais de 133 anos.

---

257 | IBGE Educa. Disponível em: https://educa.ibge.gov.br/jovens/conheca-o-brasil/populacao/18319-cor-ou-raca.html. Último acesso: 25/04/2022.

Algumas histórias que a História não conta sobre a população negra:
- 75% dos mais pobres são negros;[258]
- dos 10% com maior renda per capita, 70,6% são brancos;[259]
- 66% da população carcerária são pessoas negras;[260]
- é a parcela da população com menor escolaridade;[261]
- é a mais abordada pela polícia.[262]

No mercado de trabalho:
- as pessoas negras recebem menos que as pessoas brancas;[263]
- apenas 34% dos funcionários das maiores empresas são negros;[264]
- apenas 0,4% de mulheres negras nos cargos executivos das empresas.[265]

A ONU concluiu que o racismo no Brasil é "estrutural e institucionalizado", onde "hierarquias raciais são culturalmente aceitas" e "permeiam todas as áreas da vida".[266] Ou seja, o mito da democracia racial ainda existe

---

258 | "Desigualdades Sociais por Cor ou Raça no Brasil". IBGE, Estudos e Pesquisas, *Informação Demográfica e Socioeconômica*, nº 41. Disponível em: https://biblioteca.ibge.gov.br/visualizacao/livros/liv101681_informativo.pdf. Último acesso: 25/04/2022.

259 | Idem.

260 | "O sistema prisional em 2020-2021: entre a Covid-19, o atraso na vacinação e a continuidade dos problemas estruturais." 14º Anuário Brasileiro de Segurança Pública, Disponível em: https://forumseguranca.org.br/wp-content/uploads/2021/07/11-o-sistema-prisional-em-2020-2021-entre-a-Covid-19-o-atraso-na-vacinacao-e-a-continuidade-dos-problemas-estruturais.pdf. Último acesso: 25/04/2022.

261 | "Do Início ao Fim: População Negra Tem Menos Oportunidades Educacionais". *Todos pela Educação*, 19 de novembro de 2019. Disponível em: https://todospelaeducacao.org.br/noticias/do-inicio-ao-fim-populacao-negra-tem-menos-oportunidades-educacionais/. Último acesso: 25/04/2022.

262 | "Negros são os mais abordados pela polícia no Rio em qualquer situação, diz pesquisa". *Folha de S.Paulo*, 15 de fevereiro de 2022. Disponível em: https://www1.folha.uol.com.br/cotidiano/2022/02/negros-sao-os-mais-abordados-pela-policia-no-rio-em-qualquer-situacao-diz-pesquisa.shtml. Último acesso: 27/04/2022.

263 | Retrato das Desigualdades – Gênero – Raça, Ipea, Unifem. Disponível em: https://www.ipea.gov.br/retrato/pdf/primeiraedicao.pdf. Último acesso: 25/04/2022.

264 | Ibidem. Instituto Ethos – Perfil Social, Racial e de Gênero das 500 maiores empresas do Brasil e suas ações afirmativas, 2016.

265 | Idem.

266 | "ONU Direitos Humanos alerta para "racismo estrutural" após morte de afro-brasileiro no RS". Naciones Unidas Derechos Humanos – Oficina del Alto Consulado, 24 de novembro de 2020. Disponível em: https://acnudh.org/pt-br/onu-direitos-humanos-alerta-sobre-racismo-estrutural-apos-morte-de-afro-brasileiro-no-rs/. Último acesso: 25/04/2022.

na sociedade brasileira, e uma parte considerável da população simplesmente nega a existência do racismo.

Esse mesmo racismo estrutural passa a imagem de que as pessoas negras são inferiores, submissas, subalternas e não confiáveis. São incontáveis os vieses em relação à população negra. Além dos citados acima, o homem negro é viril, forte, mas não inteligente, não performando bem em trabalhos complexos, que exijam raciocínio lógico, pragmatismo ou liderança. Se falarmos da mulher negra, então, o cenário fica ainda mais injusto.

Um ambiente de trabalho inclusivo é aquele no qual todas as raças e etnias são respeitadas e os vieses são extintos. É um ambiente onde a liderança reconhece os seus vieses em relação às pessoas negras, que tenham processos de atração de talentos com completa isenção em relação a características físicas de cor e etnia, origem ou zona da cidade onde nasceram ou residem. É também um ambiente cuja liderança de RH se associa a empresas e consultorias especializadas, para criar um "pipeline" de talentos de pessoas negras, para qualquer posição hierárquica, sobretudo na gestão, sem se esquecer de gerar oportunidades para aquelas que já estão em seus quadros.

JOSÉ MARCOS DA SILVA é graduado em administração de empresas e pós-graduado em Gestão de Pessoas pela FGV. É fundador da JMS Consultoria em Gente, mentor de carreira e escritor. Há 26 anos atua na área de consultoria empresarial, 14 desses como diretor da consultoria Deloitte, onde ainda atua como diretor-líder dos serviços de diversidade, equidade e inclusão. Liderou grandes transformações organizacionais em projetos de tecnologia, cultura, liderança, fusões e aquisições, diversidade e inclusão, dentre outros. É coautor dos livros *Revolução 50+* e *Gestão de Mudanças Organizacionais na Prática*, especialista em liderança inclusiva e analista certificado nas ferramentas de tipos psicológicos MBTI e Hogan.

CONECTE-SE A ELE

- in https://www.linkedin.com/in/josé-marcos-da-silva/
- @jmsconsultoriaemgente
- josemsilva@consultoriaemgente.com.br
- (11) 95638-5026
- www.consultoriaemgente.com.br

AUTENTICIDADE E NARRATIVAS DIGITAIS

OLAVO PEREIRA OLIVEIRA

" Na era da informação desenfreada na internet, em que todo mundo posta tudo que está a fim, é no mínimo inteligente praticar uma postura empática, segurando a impulsividade e avaliando com critério cada história a ser contada."

- tecnologia X
- comunicação X
- conexão X
- narrativas X
- humano X
- empatia X

Seria o designer organizacional um influenciador?

As tecnologias, por um lado, dissiparam fronteiras, tornando-nos uma única grande comunidade global; por outro, a complexidade desse ambiente social, que também está mais horizontalizado e menos hierárquico, aumentou. Há benefícios, como a possibilidade de mais vozes serem ouvidas, mas no contexto de disputa por uma atenção que se tornou escassa, as que ganham mais relevância, muitas vezes, não são a dos megainfluenciadores com milhões de seguidores, e sim a dos microinfluenciadores, com alcance mais restrito.

Um estudo da AirStrip Group mostrou que perfis com base de até 20 mil seguidores são os que geram mais conteúdo, sendo responsáveis por 66% do volume total do que é publicado.[267] Dentro de uma organização, o designer organizacional tem poder de influência – aos olhos de uma rede social pode ser uma microinfluência, mas, aos olhos de uma organização, a depender de seu tamanho, pode ser mega.

O termo "influenciador" na sua acepção mais comum é associado a alguém que produz conteúdo e estimula a todo o momento conversas, por vezes com polêmicas, mas sempre com o intuito de aumentar sua base de seguidores e, assim, converter sua influência em um negócio. É hoje um papel desempenhado quase que exclusivamente por intermédio da internet e das redes sociais – e esse, sem dúvida, no mundo em que vivemos, passa a ser um dos principais campos de atuação também do designer organizacional. Afinal, a fronteira entre o que está dentro e fora das organizações é cada vez mais fluida e se expande para o que acontece nas plataformas digitais.

Por isso, é essencial começarmos essa conversa por um panorama de como foram desenhados e como operam os algoritmos por trás das redes sociais. Um mecanismo que precisa ser conhecido por profissionais que estão de olho no futuro e querem ter mais consciência sobre como deixar de ser apenas mais uma engrenagem de uma forma de comunicação e relacionamento distorcida, que, a meu ver, está na contramão do que se espera de um verdadeiro influenciador organizacional. Na essência dessa distorção estão comportamentos, atitudes e técnicas que surgem, a cada momento, como armas para uma escalada cada vez mais violenta, do ponto de vista comunicacional, pela atenção das pessoas.

---

267 | Estudo realizado em 2017 citado por GABRIEL, Martha. *Você, eu e os robôs: como se transformar no profissional digital do futuro*. São Paulo: Atlas, 2018.

As consequências da crescente briga por atenção

Se, por um lado, a quantidade de informação cresce exponencialmente no mundo, por outro, o nosso tempo disponível e a capacidade de atenção seguem com a mesma limitação de sempre. O dia continua tendo 24 horas, e a nossa capacidade biológica de processamento de informação evolui num ritmo infinitamente menor do que a explosão informacional. Se tempo e atenção não podem ser esticados para comportar mais coisas, a consequência acaba sendo o crescimento exponencial, no ritmo do volume de informações, da competição por atenção, um recurso bem escasso e valioso.

Por isso, vivemos o fenômeno da Economia da Atenção, observado pelos pesquisadores Thomas Davenport e John Beck, da Universidade da Califórnia: por não darmos conta da avalanche informacional diária, as pessoas precisam cada vez mais de bons filtros que as auxiliem a navegar nesse fluxo de informações. Os filtros podem ser tanto outros seres humanos (pais, mães, educadores, colegas de trabalho, jornalistas, influenciadores etc.), como sistemas e plataformas digitais (Waze, Foursquare, TripAdvisor, assistentes pessoais computacionais como Siri e Alexa etc.), o que reforça o vínculo e a dependência entre indivíduos e filtros. Isso traz profundas implicações a quem poderia fazer o papel de filtro em diferentes ambientes.[268]

Hoje em dia fica até difícil distinguir se os resultados de busca no Google representam uma consequência ou se são eles próprios as causas de nossas ações, uma vez que os sistemas de busca funcionam hoje como oráculos modernos. A crescente dependência dessas ferramentas pode estar minando nossa força de vontade para fazer análises e tomar decisões, gerando uma fadiga. Também provocam medo e angústia de estar por fora dos assuntos quando não conectados, atiçando comportamentos de vício e nos forçando a participar de coisas que nossos organismos não suportariam. Ou seja, desligamos a atenção para a nossa saúde e o que nos diz o corpo, para nos concentrarmos no que dizem os feeds do Twitter, Instagram e as mensagens de WhatsApp que apitam no celular a todo o momento.

No livro *A cultura da interface*, Steven Johnson discute se esse poder dos agentes digitais em nossas vidas não influencia tanto as nossas escolhas a ponto de distorcê-las.[269] Conforme os algoritmos filtram as informações

---

268 | DAVENPORT, Thomas e BECK, John. *A economia da atenção*. São Paulo: Campus, 2001.
269 | JOHNSON, Steven. *A cultura da interface*. Como o computador transforma nossa maneira de criar e comunicar. Rio de Janeiro: Zahar, 2001.

que chegam até nós, o processamento automático dessa seleção passa a trazer respostas e recomendações não necessariamente adequadas ao que realmente precisamos – e, sim, ao que quem está por trás dessas ferramentas quer que a gente precise. Em uma TEDTalk, o empreendedor e escritor Eli Pariser pede cautela com os "filtros-bolha online" que nos apresentam aquilo que "eles pensam que queremos ver" e não o que precisamos realmente encontrar.[270] Portanto, tomar consciência dessa mediação digital e do quanto isso pode moldar nossa percepção é fundamental para nossa atuação no mundo hoje. Temos uma tendência a acreditar que as tecnologias digitais ampliaram nosso poder de escolha e a nossa liberdade, mas será que no fundo isso ampliou o poder de quem detém a tecnologia de nos manipular para seus interesses, sejam financeiros ou mesmo políticos, como nos alertou o documentário *Privacidade Hackeada*[271]?

Logo, passa a ser fundamental que, em nossa comunicação, passemos a abraçar de vez a nossa condição humana de vivermos em contradição, buscando coerência, ainda que nem sempre conseguindo, errando mas aprendendo e buscando evoluir sempre. Essa é uma mentalidade que pode orientar o papel comunicador e influenciador de um designer organizacional: a busca pela autenticidade.

Autenticidade e conexão na comunicação

Um estudo sobre personalidade de indivíduos, realizado em 2014 na Universidade da Califórnia, comparou a precisão dos julgamentos de personalidade feita por humanos e sistemas computacionais, com base em suas pegadas digitais. Concluiu que os computadores foram mais precisos do que as percepções de pessoas próximas ou conhecidas dos estudados.[272]

O que isso quer dizer: que somos mais sinceros nas redes sociais, contando com a proteção da mediação digital para falar o que pensamos de verdade, enquanto omitimos nossos sentimentos e visões para as pessoas fisicamente mais próximas? Ou que a inteligência artificial tornou-se tão avançada a ponto de nos conhecer melhor do que nossos companheiros mais íntimos?

---

270 | TED2011 – "Beware online 'filter bubbles'. Disponível em: https://www.ted.com/talks/eli_pariser_beware_online_filter_bubbles. Último acesso: 16/05/2022.

271 | *Privacidade Hackeada* (The Great Hack), Netflix, 2019. Disponível em: https://www.netflix.com/search?q=privacidade%20hackeada&jbv=80117542. Último acesso: 02/05/2022.

272 | "Computer-based personality judgments are more accurate than those made by humans", pesquisa realizada por Wu Vouyou, Michael Kosinski e David Stillwell (dezembro/2014) disponível em http://www.pnas.org/content/112/4/1036. Último acesso: 16/05/2022.

Independentemente da resposta, essa constatação nos coloca no desafio de como o jeito de ser mais íntimo está acessível ao conhecimento de organizações, que podem utilizar essa informação para gerar conexões significativas ou nos manipular para seus interesses próprios. O que será mais provável?

Também podemos refletir sobre sinceridade e autenticidade. Será que são a mesma coisa? Ou uma pretensa sinceridade nas colocações nas redes sociais só reflete uma distorção de nossas personalidades? Uma forma de testar um pouco de como a nossa pegada digital fala mesmo sobre quem verdadeiramente somos é o famoso teste do nome completo "entre aspas" no Google. Faça isso e compare sua autopercepção com o que diz a ferramenta.

Eu fiz essa experiência diversas vezes. Em uma delas, busquei de fato me colocar no lugar de um observador externo de mim mesmo. Abri página atrás de página de resultados, indo muito além dos primeiros. Fui me dando conta de quantos textos iguais e prontos eu repetia em entrevistas e artigos. Palavras com as quais, naquele momento, eu não mais me identificava. E refleti o quanto eu não estava mais conectado com aquela história contada na internet; o quanto, se eu quisesse escrever uma história nova, precisava ser a primeira pessoa a me conectar com ela, antes de sair por aí publicando conteúdos. Mais do que isso, eu me dei conta de que o caminho para construir uma narrativa partia de uma habilidade que os algoritmos ainda não desenvolveram e que está na essência do que os designers organizacionais precisam para também construírem com seus pares novas narrativas em suas organizações.

O poder das perguntas

As plataformas digitais estão cada vez mais sensíveis a contextos (localização, personalização, dispositivos etc.) de forma que agentes computacionais passam a auxiliar cada vez mais o ser humano a tomar decisões e ter acesso a informações. Na medida em que a informação pode ser acessada de forma mais rápida, simples e eficiente, torna-se cada vez mais relevante saber como conectar e associar as informações. É muito mais do que oferecer aquilo que as pessoas buscam. Hoje, se você fala com alguém em um aplicativo sobre algo que está procurando, seja um produto, um serviço, um curso, logo ofertas começam a pipocar de todos os lados, pelo e-mail e feeds de rede sociais. Se digitar a busca no Google, então, nem se fala.

Conectar e associar informações em um nível mais profundo formam uma habilidade que as máquinas ainda não desenvolveram: fazer boas perguntas. É o caminho inverso dos algoritmos, desenvolvidos para trazer respostas como um possível ponto de chegada dessa busca. O humano precisa ser, cada vez mais, um melhor perguntador, para abrir novos pontos de partida. Nesse sentido, habilidades criativas, de questionamento e reflexão, para fazer as melhores associações, tornam-se cada vez mais essenciais. Não há mais necessidade de armazenar informação no cérebro – as máquinas nos superam de longe. A chave é fazer novas conexões neurais por meio de perguntas.

Por um lado, desenvolvemos o hábito de digitar dúvidas no Google todos os dias; por outro, temos uma ferramenta muito acessível, da qual toda essa profusão de informação na internet nos desconectou: é o poder de fazer uma pesquisa dentro da gente mesmo, em nosso "Google interno."

Para essa ferramenta, as perguntas vão além de dúvidas triviais sobre "como fazer um bolo de chocolate", com respostas logo na primeira página. Aqui, vamos usar o "Google Interno" para encontrar mensagens essenciais para a narrativa que queremos construir sempre que, em nosso papel de comunicador e influenciador, formos convocados a contar uma história importante para nós e para a organização para a qual servimos. Nesse caso, as respostas podem não aparecer de forma fácil e, muitas vezes, podem levar a outras perguntas – o que é bom. O ponto é que uma narrativa verdadeira não necessariamente é feita de frases bonitas, conceitos e slogans; precisamos, muitas vezes, de reflexões e perguntas que convidem nossos interlocutores a participar e a construir junto conosco as respostas.

Perguntas nos guiam para construirmos narrativas mais autênticas, cheias de conflitos e dilemas que despertam a empatia e geram forte conexão emocional com o público, fazendo com que as pessoas se conectem com a história e, até mesmo, se identifiquem com ela de alguma forma. Ao expor suas vulnerabilidades como protagonista de uma história, é possível fazer com que o público perceba valores e atitudes que identifica como sendo verdadeiros e compreensíveis do seu ponto de vista. Por isso, comece pela sua motivação, seu propósito.

A partir disso, pense não apenas em desenvolver o seu protagonismo, um termo já clichê nas organizações. Dedique-se a pensar no antagonismo, uma peça-chave de uma história, pois quanto mais forte são as forças contrárias ao seu movimento como protagonista, mais forte você precisará ser para conseguir encará-lo. E aí temos o elemento que justifica que uma história aconteça: o conflito.

O conflito é o que ajuda a despertar ainda mais a empatia do público, especialmente se for estabelecido a partir de situações reais, desafios enfrentados, dilemas, situações-limite, em que aquilo que o protagonista queria parecia não ser mais possível. É isso pode gerar mais conexão com as pessoas, muito mais do que apenas conceitos e ideias.

E, no fim, o que sobra para os humanos?

Conectando o poder de construção de uma narrativa autêntica com a nossa missão de comunicadores e influenciadores organizacionais, podemos pensar no uso das perguntas também para nos auxiliar como um filtro, seja no momento de checar uma narrativa criada antes de ser publicada, seja para a infinidade de outras histórias que chegam até nós e que precisam ser geridas e comunicadas.

Na era da informação desenfreada na internet, em que todo mundo posta tudo que está a fim, é no mínimo inteligente praticar uma postura empática, segurando a impulsividade e avaliando com critério cada história a ser contada.

De todas as habilidades humanas, a ética talvez seja a mais difícil de ser replicada em máquinas. Afinal, depende de todas as interações humanas, em diferentes contextos culturais, desenvolvidos ao longo de milênios. Essencialmente, baseia-se em realidades que só existem em nossos imaginários, em contratos que estabelecemos entre pessoas a partir de suas relações, algo que se situa no que Yuval Harari chama de "realidades imaginadas"[273], isto é, que só existem na imaginação coletiva, uma capacidade única de nossa espécie. Harari argumenta que jamais conseguiríamos hoje convencer um chimpanzé a nos dar algo – por exemplo, uma banana – em troca da promessa de que depois que ele morrer irá para o céu dos chimpanzés receber muito mais bananas pelos seus bons atos. Já alguns humanos... Considerando que a ética depende dessas narrativas construídas em nossas imaginações coletivas, é possível imaginar que, se em algum momento no futuro for possível replicar essa capacidade de

---

273 | HARARI, Yuval Noah. *Sapiens*: Uma breve história da humanidade. Porto Alegre: L&PM Editores, 2018.

imaginar e criar histórias para computadores, não haverá mais distinção entre humanos e máquinas.

A empatia, talvez, seja a última fronteira humana, já que não é apenas uma emoção que se baseia puramente em processos químicos, mas uma funcionalidade estrutural do cérebro humano. Quando a inteligência artificial atingir patamares mais elevados de evolução, eventualmente talvez desenvolva também, tal qual o ser humano, algum nível de empatia. No entanto, até lá, a empatia humana fará a diferença.

OLAVO PEREIRA OLIVEIRA é jornalista e cineasta, com mais de 15 anos de experiência em comunicação corporativa, criando narrativas que expressam a autenticidade de pessoas e empresas. Desde 2011, capacita líderes e equipes para construção e performance de narrativas em apresentações, reuniões e palestras, para centenas de empresas e instituições, trabalho realizado para CEOs de grandes companhias a empreendedores de startups. Em 2015, empreendeu a Narrative, onde vem desenvolvendo o método próprio de criação de storytelling, O Mapa da Narrativa, inspirado no design thinking e nos princípios da narrativas cinematográficas, origem profissional de Olavo, que já trabalhou como roteirista, diretor e montador de filmes. Desde então, desenvolve contadores de histórias por meio de palestras, cursos abertos e in company.

CONECTE-SE A ELE

O Mapa da Narrativa:
- www.narrative.com.br/o-metodo
- in https://www.linkedin.com/in/olavooliveira

ANEXO
A JORNADA DO DESIGN ORGANIZACIONAL

/ APRENDIZ DE DESIGN ORGANIZACIONAL

/ O DESIGN ORGANIZACIONAL CENTRADO NO HUMANO

/ NÓS TODOS DEVERÍAMOS SER DESIGNERS

APRENDIZ DE DESIGN ORGANIZACIONAL

CAMILA DANTAS

Foi lá em 2017 que eu percebi que as coisas não eram mais como antigamente no mundo das organizações. Comecei a me dar conta de que empresas das quais nunca tinha ouvido falar estavam revolucionando a forma de fazer as coisas dentro e fora dos seus domínios. Implementando novas formas de trabalhar e trazendo soluções inovadoras para seus clientes por meio da tecnologia.

Uma nova geração de profissionais que se juntava à força do trabalho preferia trabalhar com essas companhias e não mais com aquelas de renome, que prometiam desenvolvimento, carreira e remuneração. O que interessa para essas pessoas era fazer diferente, tanto para si mesmas como para o mundo, a partir de uma consciência de que não se poderia seguir atuando como as organizações ainda o fazem. Não estava claro na época, mas o modelo organizacional que construímos ao longo de décadas, desde a Revolução Industrial, estava com seus dias contados.

Dessa reflexão, eu me dei conta de que o que me trouxe até aqui não era o que me levaria adiante. E o mesmo eu via para a empresa em que trabalhava. O sucesso do passado não garantiria o sucesso do futuro. Precisávamos pensar diferente, e principalmente, SER diferentes para fazer diferente.

Nesse cenário, eu me perguntei diversas vezes: será que estou imaginando coisas? Alguém mais está vendo toda essa mudança ao nosso redor? Quando isso começou? Por que agora está tudo tão diferente? Eu precisava fazer alguma coisa, mas não sabia muito bem o quê, e muito menos por onde começar.

Fui então buscar conhecimento com quem já havia passado por situações semelhantes, fui atrás de literatura de negócios e cheguei a fazer um curso de transformação organizacional. Nada disso foi suficiente, pois o que eu aprendi é que cada uma dessas iniciativas me mostrava uma parte da história, mas era difícil ter uma noção do todo. Em vez de respostas, saía sempre com mais perguntas.

Foi no Programa de Design Organizacional que eu me senti acolhida a levar esse debate adiante. Confesso que, no início, eu não sabia muito bem o que era ser um designer organizacional, mas, a cada aula, as peças do meu quebra-cabeças foram se encaixando até eu ter uma visão geral do que eu poderia aprender e transformar em mim mesmo para ser uma nova profissional e impactar o mundo dos negócios.

Cada uma dessas peças era formada por pessoas que, assim como eu, enxergavam o mundo das organizações de maneira distinta e queriam fazer a diferença para essas organizações e, acima de tudo, para o mundo. Conheci uma série de pensadores e educadores que, dentro de sua área de atuação, nos convidavam a ter um olhar único para nossas experiências e a provocar uma nova realidade dentro das organizações. A partir de cada um deles, pude expandir o meu conhecimento e conhecer o ferramental para levar a cabo as mudanças necessárias. Com meus colegas de classe, pude trocar experiências sobre suas realidades e aprender e ajudar cada um deles nos seus desafios. A diversidade da turma contribuiu muito para não ficarmos no lugar-comum e expandirmos nossas mentes. Todos estes debates só confirmaram o que eu já suspeitava: era necessário mudar quem nós éramos e nossas organizações para viver e prosperar nesse novo mundo que emerge.

Com o tempo, passei a ser mais provocadora, questionando o *status quo*, ajudando as pessoas a imaginarem o futuro e, junto com elas, construindo o nosso destino. E, para mim, que tinha dúvidas do que significava ser designer organizacional, finalmente tudo se encaixou, como num passe de mágica. Eu me senti como uma diretora de teatro, com o compromisso de entregar uma história de entretenimento a um público. Nesse papel, tenho uma clara ideia do que vai ser o resultado, mas preciso trabalhar com a equipe para construir essa entrega. E, nisso, busco os melhores atores; um diretor(a) de fotografia, com um olhar único; um(a) iluminador(a), que captura o melhor da luz; um(a) operador(a) de som que conhece de música como ninguém; um(a) produtor(a), que traz os recursos necessários. Enfim, o diretor é quem sabe como tirar o melhor de todas estas peças, para entregar a melhor das experiências para os seus expectadores.

Assim eu vejo o meu papel de designer organizacional: alguém curioso, que faz mais perguntas do que traz respostas e que tem conforto com o não saber e, acima de tudo, que nunca quer parar de aprender. Alguém atento ao mundo interior das organizações, à cultura da empresa, sua história e sua influência no modo de agir atual. Alguém capaz de olhar para fora e ver um mundo em transformação em vários âmbitos, como o econômico, social, político, entre outros, que entende que vivemos em impermanência e, mesmo assim, trabalha para transformar a organização, sempre atento às mudanças do mundo. Alguém inconformado com o que fizemos como seres humanos à nossa sociedade, ao nosso meio ambiente, enfim, ao nosso planeta. Alguém que constrói uma visão de onde se quer chegar e influencia as pessoas nessa direção ao mesmo tempo que traz os recursos necessários para fazer acontecer. Alguém que cuida da organização, como falado anteriormente, e, acima de tudo, cuida das pessoas, escutando-as, incluindo-as na cocriação, dando protagonismo aos colaboradores e trazendo leveza a um ambiente já tão cheio de pressões por desempenho e resultados, para permitir que cada seja a melhor versão de si mesmo.

Ao final do programa, eu já não era mais a mesma pessoa que havia começado a jornada. Aprendi a me distanciar, para ter uma visão mais ampla do que se passa à minha volta. Aprendi a me aproximar para ajudar as pessoas a transformar a si próprias e ao seu ambiente do trabalho. Se no início eu tinha muitas perguntas e incertezas, posso afirmar hoje que, pelo menos, eu tenho uma clareza: em um mundo com tantas mudanças, novidades e incertezas, se quisermos construir organizações e um ambiente de negócio melhor para nós e para o planeta, precisamos sair do lugar comum e, assim como um designer organizacional, ser agentes dessa transformação.

CAMILA DANTAS é executiva de RH há 20 anos, tendo adquirido sua experiência atuando em todos os subsistemas de RH e em empresas nacionais e multinacionais em ambientes multiculturais. Seus projetos englobaram gestão de talentos e liderança, gestão de carreira e sucessão e cultura organizacional e diversidade & inclusão. Ela é formada em administração de empresas pela UFRJ e possui mestrado em gestão de recursos humanos internacional pela Universidade Cranfield.

CONECTE-SE A ELA

in https://www.linkedin.com/in/camiladantashr/

O DESIGN ORGANIZACIONAL CENTRADO NO HUMANO

DANIELLA BONANÇA

Motivações

Eu tinha um incômodo, uma vontade de exercitar reflexões que desafiassem as supostas garantias do passado e as necessidades de controle, ordem, padrão, estrutura e relações de trabalho, baseadas no comando, no medo e na escassez. Essa inquietude me motivou na busca para me tornar uma Designer Organizacional, trazendo um interesse em expandir conhecimentos e provocar insights que me permitissem questionar modelos mentais e paradigmas em organizações complexas.

Eu queria deixar de ser um "Recurso Humano" para fazer a diferença, trazendo minha humanidade como prerrogativa, usando o senso crítico e a criatividade para inovar e repensar as estruturas e os processos do presente, interpretando as necessidades do futuro e gerando (re)conexão.

Desafios

Por muitos anos, nós profissionais de RH, fomos treinados, desenvolvidos e reconhecidos pelas respostas e soluções que atendessem às necessidades dos colaboradores. Contudo, a verdade é que não temos essas respostas, pois as organizações são teias de relacionamentos e contextos voláteis.

Um dos maiores desafios é o de influenciar uma transformação cultural por meio de uma mudança de mindset centrado no humano, abandonando certezas antigas não aplicáveis mais ao presente e abrindo-se para a exploração e para a investigação, e se apaixonando pelo problema, encarando-o com curiosidade e interesse, buscando sentidos, nexos, razões e conexões, antes de encontrar uma solução.

Contudo, algumas pessoas ainda têm medo de escutar os seus interlocutores, os seus colaboradores e até os seus clientes. Medo de identificar problemas que não saberão resolver. No entanto, quem desenvolve o modelo mental de crescimento avalia essa possibilidade como um meio de evoluir.

Deparamo-nos, muitas vezes, com o desafio da resistência. Escutamos frases como: "se escolhermos explorar mais o problema, vamos perder muito tempo"; ou "se não oferecermos uma solução ou dermos uma resposta, vamos perder a nossa credibilidade como especialistas em RH". Contudo, "ignorar um problema não o faz desaparecer", assim como oferecer uma solução que não seja verdadeiramente relevante pode ser ainda mais prejudicial para a reputação e a credibilidade. Essa nova mentalidade exige coragem para sermos vulneráveis e nos abrirmos para a dúvida, para o desconhecido; exige disposição e capacidade de enxergar o risco e o novo como aprendizados.

O discurso pode parecer simples ou fácil, mas a prática exige resiliência para lidar com as frustrações ao longo da jornada (receber muitos nãos, errar); sensibilidade para compreender a intenção e o propósito de cada indivíduo com suas idiossincrasias (ajustar a abordagem e a comunicação para engajar os stakeholders da melhor forma); paciência para identificar o momento certo de agir, influenciar, desafiar e questionar (entendendo que as pessoas têm ritmos diferentes); persistência para acreditar no propósito e não desistir; flexibilidade para ceder com sabedoria quando preciso e adaptação para seguir aprendendo, desaprendendo e reaprendendo continuamente.

Como experiência pessoal, posso dizer que é uma aventura divertida, com lições, conquistas e olhar profundo para a autoconsciência.

Meios

Como Designer Organizacional, comecei a desenvolver uma visão sistêmica, questionando constantemente o que faz sentido para as pessoas e para o negócio; qual é a simbiose sustentável entre a performance dos colaboradores e o crescimento das corporações; ou qual o impacto social ("footprint humano") gerado nas pessoas, nas relações e na sociedade (conexão entre Employee Experience e ESG – governança ambiental, social e corporativa, em inglês).

Compreendi que devemos apoiar a liderança e as organizações a evoluir, unindo esforços, e acima de tudo, ouvindo mais, perguntando mais, cocriando mais, antes de oferecer quaisquer respostas, para não nos precipitarmos com planos de ação sofisticados.

Cada vez mais busco entender o momento e o pulso da organização, abrindo espaço para o diálogo. Isso pode ser feito ao envolver as pessoas e as partes interessadas nas discussões, nas decisões e nas entregas das soluções de gestão de pessoas, seja por meio de pesquisas, entrevistas, focus group ou outras metodologias e ferramentas.

Afinal, como o negócio é feito por seres humanos, todas as decisões de RH impactam o negócio. A experiência do colaborador está diretamente ligada à experiência do cliente. Independentemente do setor de atuação da empresa, o produto, o serviço ou solução é entregue por meio de pessoas, para pessoas.

Precisamos, intencionalmente, sair da nossa bolha e da zona de conforto de ter todas as respostas e nos abrir para aprender continuamente sobre necessidades, aspirações e anseios humanos. Ao ampliar perspectivas, desaprendemos conceitos limitantes de certezas e controle, já não mais aplicáveis ao contexto e à sociedade em que vivemos, e reaprendemos novas formas de pensar, de agir e de tomar decisões, além de novos princípios e formas de trabalho e de relacionamento, mais descentralizados e fluídos.

Para isso, utilizo alguns princípios:
- O primeiro deles é colocar os colaboradores no centro das decisões, vendo-os como seres humanos e não como recursos ou ativos. Isso significa impulsionar a performance individual e dos times, contribuindo para que cada um possa atingir seus objetivos, trazendo o melhor de si para colaborar com o todo;
- O segundo princípio é o da individualização, que aplica o design de serviço para entender e planejar ações e usa o design thinking para construir personas e mapear jornadas etc.;
- O terceiro princípio é o do mindset de crescimento que traz a diversidade e a vulnerabilidade como fortalezas, acreditando que

podemos continuar a aprender ao enxergar os erros como oportunidades de desenvolvimento.

A forma como tenho experimentado na prática esses princípios é por meio do modelo mental ágil, utilizando fatos e dados para cocriar; testar; colaborar; medir; pensando grande, mas começando pequeno; falhando, porém rapidamente; e melhorando de forma contínua, tratando tudo como um protótipo, com responsabilidade e sem medo de errar.

Impactos

O maior impacto para mim e para a organização é a importância da escuta ativa e contínua como parte da compreensão sistêmica, sobre o que precisa ser mudado para cumprir a estratégia de negócio e desenvolver o melhor das pessoas.

Precisamos ter resiliência e sensibilidade para compreender as necessidades e os receios dos nossos interlocutores também a fim de que possamos juntos desenvolver uma proposta de valor coerente para os colaboradores. Se não unirmos esforços e não tivermos essa abertura, não conseguiremos construir uma estratégia consistente, que entregue valor paras as pessoas e para o negócio.

Para isso, é necessário fomentar mudanças de comportamento: aprender a fazer mais perguntas do que dar respostas; dizer mais "nãos" ao que não estava alinhado ao propósito e às prioridades; ficar confortável com o desconforto e com a incerteza; compartilhar a visão e o propósito para engajar e mobilizar as pessoas; testar e medir o sucesso com métricas claras; colaborar mais e competir menos; comunicar com transparência; quebrar regras invisíveis desnecessárias; e criar senso de autorresponsabilidade, ampliando a consciência sobre o que se faz e os resultados alcançados.

DANIELLA BONANÇA é paulista, curiosa, possui uma alma inquisitiva, é uma líder entusiasmada e adora colaborar em equipe. Como designer organizacional, traz um sólido histórico de construção e gerenciamento de equipes de alto desempenho, turnarounds e liderança de projetos regionais e globais. Hoje atua como head global de employee experience na Syngenta Seeds, contando com mais de 15 anos de carreira profissional em RH de grandes empresas multinacionais. Tem ainda em sua bagagem experiências em áreas como talent acquisition, employee experience, employer branding, diversidade & inclusão, desenvolvimento de liderança, treinamento, cultura, gestão de projetos & mudanças, workforce planning e gestão de talentos e sucessões. Também é coach de marca pessoal para mulheres e coautora do livro: *Experiência do Colaborador, na teoria e muita prática* (https://www.livroex.com.br/).

CONECTE-SE A ELA

in https://www.linkedin.com/in/daniellabonanca/

NÓS TODOS DEVERÍAMOS SER DESIGNERS

LUCIANA LESSA

Vivemos uma transição em que a competição econômica é intensificada e acelerada pela tecnologia. Vemos as organizações se adequarem a uma nova lógica e acelerar seus processos de transformação digital, frente a uma realidade de crescente digitalização, desmaterialização, desmonetização, disrupção e democratização do acesso aos produtos, em que se torna fundamental estabelecer uma jornada de transformação sólida e assertiva.[274]

As empresas investem em inovação para desenvolver negócios escaláveis. Em meio a tantas mudanças tecnológicas, paradoxalmente, o valor da essência humana cresce e as companhias humanizadas, como as empresas do Sistema B,[275] se destacam como aquelas que atraem os melhores talentos e obtêm uma cultura mais aberta à colaboração, à atuação em rede e à inovação. Vemos surgir novos movimentos, como o Imperativo 21,[276] adotado pela bolsa de tecnologia Nasdaq, declarando que o nosso sistema econômico ruiu e que é hora de redefini-lo. No Brasil, o pesquisador Pedro Paro lidera o movimento das Humanizadas criando a pesquisa Melhores para o Brasil, em um movimento sinérgico

---

274 | "The "Coronami" And The Reboot Of Humanity". *OBR Global*, 8 de abril de 2020. Disponível em: https://obr.global/coronavirus-reboot-of-humanity/. Último acesso: 13/10/2020.
275 | Sistema B: https://www.sistemabbrasil.org/. Último acesso: 18/04/2022.
276 | Imperativo 21: https://www.imperative21.co/. Último acesso: 18/04/2022.

com o Sistema B, no qual se evidencia que, na nova economia, os stakeholders redefinem a gestão.[277]

A inovação e a transformação digital não são algo pelo qual as empresas, hoje, têm que dar o máximo de atenção para continuarem vivas. Muitas vezes, elas se atêm apenas à digitalização, por acreditar que este é o caminho tecnologicamente habilitador para o novo modelo estabelecido. Deparam-se, ao realizar o primeiro dever de casa de implantar tecnologias habilitadoras da transformação (Big Data, IOT, IA, realidade aumentada, realidade virtual etc.), com o desafio de ter profissionais preparados, não apenas para operacionalizar as tecnologias, mas principalmente para aderir a um novo mindset em que as pessoas estão no centro. O "comando e controle" cede lugar, portanto, à autonomia, ao propósito e ao protagonismo. É fundamental que essa jornada da transformação considere uma camada substancial de gestão cultural e desenvolvimento de líderes capazes de mobilizar a todos para uma nova direção, para que o processo de inovação contínuo possa ser bem estabelecido e consolidado.

Nesse cenário, a área de Recursos Humanos, Gente e Gestão, Pessoas e Cultura, ou como quer que seja nomeada, precisa de novos profissionais que se arrisquem como designers organizacionais. Isso não é tarefa simples e fácil – precisa ser escolha e decisão, considerando todas as implicações. Trata-se de uma verdadeira missão para aqueles que se conectam genuinamente a um propósito maior de transformação. O chamamento está aberto a todos os profissionais da área.

Ouvi, certa vez, que tenho muita fé nas pessoas. Trata-se mesmo de um exercício de fé na vida, fé no homem e fé no que virá. Uma força maior que nós e que vem da convicção de que é possível e necessário contribuir com a evolução de nossa realidade a partir das organizações, uma vez que nossa vida e o mundo giram, ainda hoje, em torno do trabalho e do capital. Em um Brasil que vive uma das sociedades mais adoecidas e ansiosas do mundo, não há transformação que não perpasse por uma nova visão do trabalho, que vá além do "tripalium", visão de sacrifício herdada de nossa origem latina e católica. É preciso enxergar e trabalhar para uma nova ordem, em que o trabalho seja o caminho de evolução e cura. Sim, caro lei-

---

[277] | Melhores Para o Brasil: https://humanizadas.com/premiacao-melhores-para-o-brasil-reconhece-as-organizacoes-com-melhor-performance-na-qualidade-das-relacoes/. Último acesso: 18/04/2022.

tor, acreditamos que é possível atuar para que nossas organizações sejam ambientes de cura e regeneração.

Acreditamos em um novo mundo do trabalho em que o egocentrismo é substituído pelo ecocentrismo, com relações abertas e mediadas pelo mercado, mas isso não acontece sem uma dedicação intencional que demanda *skin in the game*, pois toda mudança envolve riscos e, sem assumi-los, não é possível liderar qualquer transformação. Ela se dá pela forma como pensamos e, consequentemente, pela forma como atuamos, demandando o famoso desaprender para reaprender que o futurista Alvin Toffler nos ensinou.

Só assim é possível um novo posicionamento profissional e pessoal em que assumir o risco de protagonizar um novo direcionamento nas organizações, com as pessoas no centro e o valor do negócio não restrito ao lucro para os acionistas. Buscar uma mudança para atuação de impacto social e contribuição real para todas as partes interessadas de forma intencional, e não como mecanismo de compensação por um impacto negativo gerado, é pura ousadia. Não se trata de gerar somente "créditos de carbono", mas de entender e acreditar que a *gig economy* implica em relações colaborativas de "ganha-ganha", com a prosperidade compartilhada. Nessa nova economia se mantém como relevantes os profissionais e as organizações que migram do olhar de escassez para o de abundância, sem considerar a economia um jogo de soma zero, isto é, para algumas pessoas ficarem ricas necessariamente outras precisam ficar pobres.[278] Assim, o sucesso do passado não prediz o do futuro, que parte da premissa da abundância e de que a economia é, na verdade, um jogo de saldo positivo e expansivo.

Organizações que curam, nascem, evoluem ou renascem para um propósito maior são ambientes desafiadores por si só. Promover isso em empresas brasileiras e familiares exige, principalmente, uma boa dose de apetite por risco e ousadia. O papel desafiador de um designer organizacional é contribuir para que as companhias não vivam somente de excesso de presente, por meio do vício em "comando e controle" e a falsa sensação de segurança advindas das burocracias institucionalizadas. Exige disposição para que as pessoas nas organizações estejam dispostas a

---

278 | DIAMANDIS, Peter H; KOTLER, Steven. *Abundância* – O futuro é melhor do que você imagina. Rio de Janeiro: Alta Books, 2018

reduzir os silos entre as áreas, modificar seus processos e simplificar suas práticas ao mesmo tempo que olham além, projetando futuros desejáveis por meio de ecossistemas colaborativos. É um exercício de influenciar para a mudança, respeitando e, ao mesmo tempo, rompendo com o que já está instituído, acostumado, entranhado.

Ser um designer demanda apetite por risco ao promover mudanças e discussões capazes de fazer empresários, mesmo em negócios muito bem-sucedidos e com boas margens, apostar no desconhecido e investir na incerteza da inovação, tendo somente a certeza de que sem isso, caminham para sua obsolescência e, aos poucos, abreviam a sua existência. Comprovadamente, as organizações hoje padecem, não por errar ao arriscar algo novo, mas por fazer o certo e a mesma coisa por tempo demais, sem conhecer ou estimar quando e por quem seu tipo de negócio sofrerá disrupção.

A dor da área de pessoas é, muitas vezes, lidar com a cultura do imediatismo ou do excesso de planejamento, e se convencer do que parece óbvio para promover uma mudança de mindset. Ao longo desse caminho, amadurecemos sobre como equilibrar e gerir o hoje e o amanhã, mas isso não acontece sem um choque inicial, gerando em alguns momentos desconexão e reflexão sobre o nosso propósito e atuação profissional. O que nos instiga e nos faz persistir é saber que somos aqueles por quem esperávamos e temos nas mãos a faca e o queijo para apoiar as organizações a fazer a sua transformação cultural, pensando em uma nova economia, em novas relações de trabalho e em um novo RH.

As velhas formas de ser e existir de RH ruíram e, com isso, uma nova abordagem é necessária. Um RH que apenas busca trabalhar para trazer rentabilidade e retorno financeiro para o negócio não se sustenta no longo prazo. Por outro lado, geração de valor é um aspecto cada vez mais necessário na abordagem e posicionamento das organizações. Esse é um reposicionamento que precisa ser discutido e liderado por todos, principalmente pelos profissionais de RH com a visão das pessoas e do impacto dessa nova abordagem. O RH processual, centrado apenas na performance e no retorno financeiro, chora quando perde seus talentos para as organizações com propósito e impacto social, voltadas à prosperidade compartilhada. Pois ser visto como Recurso Humano é brutal e esvazia as pessoas de sentido, como diria o mestre Roberto Trajan no livro *O menino e o velho* no trecho:

Estranhava ser chamado de MÃO DE OBRA, como que sugerindo um não pensar, não criar, não sonhar, apenas produzir e render. Algumas vezes, referiam-se a ele como RECURSO HUMANO, a ser equiparado com desvantagens a outros, como os físicos ou financeiros. Pior, ainda, foi descobrir que não passava de um ITEM DE CUSTO, incluído na folha de pagamentos, a influir sobre os resultados da empresa.

E, portanto, o que pode parecer somente uma mera nomenclatura arrasta toda uma carga de sua representatividade histórica.

Por vezes, é natural surgir um desânimo e até pensar em desistir. Fiz transições por não caber mais em lugares e verdades que não acreditava, não conseguindo "vender" mais a organização para as pessoas. Migrei de segmento, de empresa e senti medo, só que aprendi na prática que, se o mindset de crescimento é fundamental para a capacidade adaptativa das pessoas e organizações, o mindset fixo é um limite que define negativamente o delta de mudança da cultura e, portanto, também da capacidade de um profissional de RH de contribuir para o crescimento e o reposicionamento do negócio.

Não temos o poder de transformar negócios, em que o empregador permanece confortável financeiramente com um modelo ruído. Tampouco temos o poder de transformar negócios com margens muito confortáveis, com os proprietários entendendo que fazer o básico é suficiente, sem necessidade de ir nada além. É preciso queimar a roupa de Mulher-Maravilha e escolher novos horizontes habitáveis, com um futuro desejável e passível de ser construído.

Conheci, nessa caminhada, novas formas de ser e existir profissionalmente que igualmente me realizam. Hoje distribuo de forma mais equânime as moedas da minha realização profissional. Aprendi, com a experiência, que construir jornadas dos colaboradores e employer branding de fachada pode ser mais danoso do que manter funcionando o bom e afetivo arroz com feijão tradicional.

Ainda existem muitas empresas por aí criando ambientes coloridos e pessoas cinzentas, elevando o índice de adoecimento mental nas organizações. No fim das contas, a gente aprende a garimpar mais para encontrar terreno fértil para construção.

Aprendemos a nos reconstruir e a fazer novas conexões que nos levam a construir novas formas de existir e contribuir profissionalmente, com realização, relevância, reconhecimento. Recuperamos o fôlego, redirecionamos o foco e seguimos em frente. E o fato é que a gente só consegue ver o quanto construiu quando alguém nos para e pergunta: "Estou vendo o que você fez, você viu também? Pode me contar como foi?"

Esta foi a pergunta que Ornellas me fez em 2019 no case que construímos juntos logo no início da pandemia e que nos trouxe até aqui. Obrigada por tanto, Ornellas, JP Coutinho, Piazza, Andy, Rosa Alegria, Ian Macdonald, Pedro Paro, Debora Gaudencio, Olavo Pereira, Cida Bessa, Liliana Loureiro, Lorena Garcia e todos os mestres, colegas e organizações que fizeram e fazem parte até aqui desta grandiosa jornada!

Respire fundo e mergulhe: há muitas descobertas pela frente e, no final de tudo, vai valer a pena!

LUCIANA LESSA é uma profissional com sólida carreira em gestão de pessoas, com experiência em desenvolvimento humano e organizacional nos principais subsistemas de RH e em empresas de diferentes segmentos (tecnologia, consultoria, indústrias, serviços, varejo, financeira, construção civil e transportes). Responsável por gestão da cultura, gestão de mudanças, desenvolvimento de lideranças, reconhecimento total, desenho da jornada do colaborador, employee experience, engajamento e bem-estar, estruturação da educação corporativa, trilhas de carreira e de desenvolvimento, carreira e sucessão, implementação de sistemas. Agile, executive e career coach, tem formação também como mineradora de propósito com cases de implementação, bem como em gamificação e RH Ágil.

CONECTE-SE A ELA

in www.linkedin.com/inhttps://www.linkedin.com/in/luciana-lessa-rhágil/

/ CONCLUSÃO

PARA MUDAR O RUMO DESSA PROSA

Prestes a encerrar esta jornada, quero levar você a uma última viagem – dessa vez, a um passado recente: 1º de março de 2021. Boa parte do mundo ainda estava em lockdown. O vírus SARS-CoV-2 continuava a ganhar velocidade, provocando uma curva ascendente de mortes. Até então, haviam sido registrados, desde janeiro de 2020, mais de 2,6 milhões de óbitos no mundo. Esse volume duplicaria nos oito meses seguintes.[279]

Naquela segunda-feira, mais de 1 mil cientistas e futuristas de várias partes do mundo tinham um compromisso: debruçar-se sobre perspectivas e estudos de centros de pesquisa, universidades e think tanks de 65 países. Na pauta, os desafios do presente que moldam o nosso futuro.

Apesar da insegurança provocada pela Covid, ventos otimistas sopravam sobre o mundo – afinal, a ciência tinha sido capaz de produzir, em tempo recorde, vacinas contra o coronavírus. Em março de 2021, elas já eram realidade em vários países, inclusive no Brasil, ainda que de forma desproporcional e em um ritmo muito lento.

Naquele encontro, porém, o céu fechou. Para aquele grupo, não faltavam evidências de que a sobrevivência humana está em jogo. "Falar sobre o risco de extinção da espécie humana parece, a princípio, um exagero típico de romances e filmes de ficção científica", comentou em artigo o

---

[279] Coronavirus Total Death. *Worldmeter*. Disponível em: https://www.worldometers.info/coronavirus/coronavirus-death-toll/. Último Acesso: 02/06/2022.

professor do Instituto Universitário de Investigação em Estudos Latino-americanos (IELAT) Héctor Casanueva.[280]

Tendo a concordar com ele, mas sou lembrado diariamente pelo noticiário de que o impossível é mais possível do que concebemos. Ou você imaginaria, em pleno século 21, que uma pandemia pararia as principais cidades do mundo? E o que você me diz, então, da guerra da Ucrânia? Acompanhamos em tempo real um conflito militar e cibernético, que destrói cidades, gera uma onda de refugiados e de prisioneiros e cria uma série de desdobramentos geopolíticos e econômicos, não só no Leste Europeu, mas até do outro lado do Atlântico. A Fundação Getúlio Vargas não descarta um impacto direto no nosso Produto Interno Bruto (PIB), isto é, aumento do custo de vida para o brasileiro, que paga mais caro vários produtos, da gasolina a alimentos, pelo que acontece a mais de 14 mil quilômetros da sua fronteira.[281] Isso não é muito louco?

Como destaca Casanueva, o risco de extinção da espécie humana está há muito tempo na pauta das principais universidades e think tanks do mundo, como o conhecido *The Millennium Project*, formado por mais de 4 mil especialistas, incluindo Rosa Alegria, representante no Brasil da maior rede de pesquisas sobre o futuro. A nossa sobrevivência também vem sendo abordada, de diversos ângulos, pelos mais diferentes especialistas, incluindo as Nações Unidas, o Fórum Econômico Mundial e empresários como Bill Gates.

Os alertas vão desde a iminente insegurança alimentar aos impactos das mudanças climáticas até o risco de mais crises sanitárias e ameaças tecnológicas. "Agora, mais do que antes", diz o professor do instituto espanhol, "a tensão entre o urgente e o importante, o curto e o longo prazo, o local e o global, adquire total relevância para a tomada de decisões."

Muitas obras de ficção alertam que qualquer semelhança com a realidade é mera coincidência. Pois vale reforçar que, ao contrário do que acontece nos filmes de catástrofes, a solução não está na mão de um único mocinho, tampouco de um grupo de heróis.

---

280 | "El riesgo de extinción humana no es una ficción". *Diario Estrategia*, 10 de setembro de 2021. Disponível em http://www.diarioestrategia.cl/texto-diario/mostrar/3155042/riesgo--extincion-humana-no-ficcion. Último Acesso: 01/06/2022.

281 | "Guerra na Ucrânia pode causar prejuízos ao PIB brasileiro, indica FGV". *CNN*, 28/02/2022. Disponível em: https://www.cnnbrasil.com.br/business/guerra-na-ucrania--pode-causar-prejuizos-ao-pib-brasileiro/. Último Acesso: 02/062022.

Vivemos um momento único na humanidade, pois temos recursos e capacidade para demonstrar nossa maturidade, isto é, o quanto evoluímos desde que o gênero *Homo* começou a explorar, com as poucas ferramentas que tinha, como pedras e ossos de animais, as possibilidades da vida neste planeta. "O *Homo sapiens* tem sido capaz de revisar seu comportamento rapidamente de acordo com necessidades em constante transformação", ressalta Yuval Harari em *Sapiens*[282].

Há cerca de 70 mil anos, o homem resolveu, literalmente, colocar fogo no parquinho e iniciar diferentes revoluções, guiado pelos mais diversos motivos. Desenhou inúmeras mudanças e melhorias e, ainda que tenha tomado décadas ou até séculos para concretizá-las, transformou o mundo muito além do imaginado. O impacto dessas revoluções, seja ele positivo ou negativo, foi descoberto gradualmente. Em muitos casos, pequenas modificações provocaram resultados significativos e profundos. Com o avanço da tecnologia, o "efeito borboleta" passou a fazer parte da nossa rotina, criando em nós a impressão de uma consecutiva e infindável (des)ordem, que passou a afetar nossas organizações e vidas.

Abri o meu segundo livro com uma frase do dramaturgo Tom Stoppard. Na peça *Arcadia*, encenada pela primeira vez em 1993, em Londres, um dos personagens, o estudante de biomatemática Valentine, diz:

> O futuro é desordem.
> Uma porta como esta se abriu apenas cinco ou seis vezes
> desde que nos tornamos *Homo erectus*.
> É o melhor tempo possível para estar vivo, quando quase
> tudo o que você pensou que sabia está errado.[283]

Pois acredito, piamente, que estamos diante de um portal, cuja travessia nos obriga a nos despir de certezas, opiniões e crenças, a ser a "metamorfose ambulante" cantada por Raul Seixas, não só em nome da sobrevivência do planeta, mas da nossa própria existência.

Entre a ficção e a realidade

No meu primeiro livro, abordei essa travessia a que estamos sendo convidados, por inspiração de um dos meus mestres, o biólogo chileno

---

282 | HARARI, Yuval Noah. *Sapiens*: Uma Breve História da Humanidade. L&PM.
283 | Arcadia. Wikipedia. Disponível em: https://en.wikipedia.org/wiki/Arcadia_(play). Último Acesso: 02/06/2022.

Humberto Maturana. Como atento observador das relações e da convivência humana, ele sempre defendeu que a mudança cultural deve se dar pela "alteração na configuração do atuar e do emocionar".[284]

Como Raj Sisodia ressaltou, aprendemos a valorizar a guerra, a competição, a luta, as hierarquias, a autoridade, o poder, a procriação, o crescimento, a dominação dos outros através da apropriação da verdade. Assim, é natural que nossas vidas estejam centradas em exigências de trabalho, de êxito, de produção e de eficácia. Dentro dessa configuração de cultura, fomentamos uma divisão de gênero, que impõe características e comportamentos a meninos e meninas desde a mais tenra idade.

Ao lado de Ximena Dávila Yánez, Maturana jogou luz sobre as transformações psíquicas da humanidade ao longo do tempo e ampliou nosso entendimento sobre como a cultura influencia como vivemos, para onde caminhamos e como convivemos – não só conosco mesmos, mas também com essa "casa" que habitamos.[285] Nós já atravessamos cinco eras e estamos justamente em um momento doído e delicado: prestes a deixar para trás o período pós-moderno, marcado por certezas fundadas nas coerências de um mundo já conhecido, para mergulhar no pós-pós-moderno, que privilegia o bem-estar e a harmonia entre a biosfera e a antroposfera. Isso implica a substituição da crença na verdade única, do fanatismo e da alienação ideológica, ainda tão arraigados na nossa sociedade, pela ampliação de consciência que preza pela autonomia reflexiva e ativa do ser.

Em outras palavras, vivemos um período de transição, repleto de muitos questionamentos, caos e, inevitavelmente, dores. Compare, por exemplo, a sua vida com a dos seus avós: as escolhas e decisões não são mais feitas exclusivamente pelo Governo, pelo chefe ou pelo parceiro, cabendo ao cidadão, ao funcionário e ao cônjuge somente obedecer. Temos a oportunidade, hoje, de questionar, de refletir e de agir de acordo com propósitos e valores próprios. Essa autonomia gera transformações que começam no indivíduo e reverberam muito além dele e do seu círculo.

Essa nova era exige de cada um de nós mais coragem e mais ação; em contrapartida, nos oferece também mais vantagens e, principalmente, realização. Daniela Garcia não poderia ter sido mais certeira em seu

---

284 | MATURANA, Humberto R. *Amar e brincar*: fundamentos esquecidos do humano do patriarcado à democracia. São Paulo, Palas Athena Editora. 2004.
285 | MATURANA, Humberto; YÁNEZ, Ximena D'Ávila. *Habitar humano em seis ensaios de biologia-cultural*. São Paulo, Editora Futura, 2000.

prefácio: "Quando mudamos de patamar de consciência, acessamos uma parte de nós incrivelmente cheia de entusiasmo e de energia, capaz de mudar tudo. E mudamos vida, trabalho, carreira e empresas, claro."

É por isso que, como deve ter percebido ao longo deste livro, não existe uma única solução ou uma fórmula pronta a ser aplicada, como ocorria na era psíquica pós-moderna. A travessia desse portal nos lança para fora da zona de conforto, instigando-nos a investigar nossos propósitos, a levantar hipóteses e a questionar resultados. Já não dá mais para idealizar um mundo perfeito; é preciso entender que fazemos parte de um sistema vivo, que se atualiza e se transforma o tempo todo, impactando e influenciando de diferentes maneiras as pessoas.

Quer um exemplo?

Até 2020, o trabalho remoto parecia impossível. Ainda que não tenha atingido a todos, foi largamente assumido na pandemia, gerando experiências e opiniões, além de preocupações, diferentes entre aqueles que puderam ou ainda podem usufruir dessa nova forma de trabalho.

De um lado, há quem considere esse modelo completamente contraproducente, como parece ser o caso de Elon Musk, que teria exigido a volta compulsória ao escritório dos funcionários da Tesla, sob ameaça de demissão.[286] De outro lado, há quem tenha se adaptado tão bem que resolveu ampliar a mudança e trocar os grandes centros por cidades litorâneas ou do interior.

O que não dá para negar é que o trabalho híbrido entrou na pauta de discussão da diretoria das empresas. Parte delas, seja por necessidade, seja por exigência, decidiu fazer um incremento significativo em plataformas de trabalho, em treinamentos e em ações de engajamento para atender a demanda dos colaboradores por mais flexibilidade.

Ora, como tudo na vida, o home office tem um lado luz e um lado sombra; alavanca riscos e, claro, oportunidades. Basta ver o crescimento do número de startups oferecendo soluções das mais diferentes naturezas – de segurança cibernética à segurança psicológica do time. Um novo cargo, também, surgiu no organograma: o Chief Remote Officer, com a função de desenhar uma estrutura, de sistemas à cultura, capaz

---

[286] | "Elon Musk tells Tesla workers to return to the office full time or resign". *CNBC*, 1 de junho de 2022. Disponível em: https://www.cnbc.com/2022/06/01/elon-musk-reportedly-tells-tesla-workers-to-be-in-office-full-time-or-resign.html. Último Acesso: 03/06/2022.

de suportar o trabalho remoto para um público diverso em identidade, necessidades e funções.

Diante desse horizonte de incertezas e hipóteses, a única regra é a necessidade de tomar consciência sobre o momento atual, a fim de perceber amarras e paradigmas, driblar a paralisia e testar caminhos de presente viáveis e futuros possíveis. "Para algumas pessoas, a noção de que a sociedade pode mudar para outra visão de mundo, e de que, a partir desta, é possível criar um tipo de organização radicalmente novo, pode parecer uma ilusão. No entanto, foi precisamente isso que aconteceu várias vezes na história da humanidade, e há elementos sugerindo que outra mudança de mentalidade – e, portanto, outro modelo organizacional – pode estar logo ali",[287] destaca Frederic Laloux, apontado em 2021 como um dos 50 pensadores[288] mais importantes do mundo.

Em seu livro *Reinventando as organizações,* ele faz um mapeamento dos principais estágios do desenvolvimento da consciência humana e dos modelos organizacionais correspondentes, deixando claro o impacto na sociedade, na economia e nas estruturas de poder. Esse trabalho, que pode ajudar empresas e líderes a identificar o seu próprio grau de consciência, impulsionando a reinvenção do seu sistema, foi traduzido pela Regenera, comunidade voltada ao fomento de organizações regenerativas, da seguinte forma:

Fonte: Regenera[289]

---

287 | LALOUX, Frederic. *Reinventando as organizações*: um guia para criar organizações inspiradas no próximo estágio da consciência humana. Curitiba: Voo, 2017.

288 | Thinkers50: https://thinkers50.com/biographies/frederic-laloux/. Último Acesso: 03/06/2022.

289 | Regenera- Mapa de Estudo: http://regenera.site/mapa-evolutivo/. Último Acesso: 03/06/2022.

Como já deve imaginar, os futuristas são pontes importantes nesse processo contínuo de ajuste de lentes. "As tendências nos convidam a considerar resultados alternativos daqueles que imaginávamos anteriormente. Elas também liberam algo inestimável em cada um de nós: a capacidade de re-perceber a realidade", explicou a CEO do Future Today Institute Amy Webb ao cofundador da plataforma O Dia Depois de Amanhã (ODDA) Alexandre Teixeira.[290] "O ato de 're-percepção' desperta para a possibilidade de um futuro diferente do das suas expectativas atuais. Isso ajuda a entender que você não pode saber todas as coisas em todos os momentos e deve ser curioso, em vez de absolutamente certo, sobre o que percebe no presente."

Foi isso, também, que os ensaístas deste livro fizeram, com suas provocações e ilustrações. Em *O design centrado no ser humano,* **Denise** nos convida a romper as correntes do apego e refletir sobre o que ainda faz sentido nesse mundo veloz e mutante: "E o que é ainda pior: nem nos damos conta de que há uma história por trás de tudo, mesmo que obsoleta ou inconsistente. Isso gera automatismos e desconexão com o trabalho em si. Como sabemos, o ser humano tem necessidades físicas, sociais e de significado". **Liliana** aponta um remédio simples e de baixo custo para regenerar nossas relações e sistemas: "Pôr as emoções e as relações no centro da conversa é o ativismo que precisa surgir nas rígidas estruturas tradicionais, sendo luz na escuridão do automatismo e individualismo contemporâneos." **Simone** nos ajuda a desenvolver esse olhar do designer para fazer os movimentos necessários exigidos por este mundo complexo: "Como um funil, a partir de escolhas conscientes e deliberadas, os contornos do que precisa ganhar definição se acentuam e se tornam mais nítidos. Se da expansão vem a ideia de tornar o processo sutil, multifacetado e com limites quase pueris, da redução se opera com o concreto, a pressão e os "pés no chão"."

Em *O futuro presente,* **Rosa** nos provoca à ação aqui e agora: "Líderes proativos são criadores de futuros, os que se antecipam às mudanças, os que criam novos mercados, que buscam reaprender e desaprender por estarem atentos aos sinais, vendo o que os outros não veem. Assim como valorizam boas respostas, valorizam também boas perguntas." Já **Piazza**

---

290 | Edição #89 da ODDA. Disponível em: https://mailchi.mp/30c9311f56c9/oddda3-11814464?e=e1072e0b4c. Último Acesso: 03/06/2022.

nos ajuda a fazer as pazes com a tecnologia: "Reforço: humanos e máquinas têm funções diferentes, não se deve confundir uma coisa com outra, ao mesmo tempo que marca o ciclo de compreensão da atividade humana no Planeta Terra. *Tech* & *Touch*. Androrítmos e algoritmos." **Gui**, enfim, acalma nossa cérebro reptiliano ao destacar o nosso protagonismo diante das inevitáveis mudanças: "Quando avaliamos se o Metaverso faz sentido para a construção da jornada das nossas organizações – e que tipo de Metaverso faz sentido para cada uma delas – é necessário questionar se ele vai agir como um facilitador dos valores humanos que nos definem ou vai se tornar uma barreira para eles, para que possamos atuar como protagonistas na construção e implementação de uma visão que esteja alinhada com esses valores. O Metaverso é inevitável. Mas a forma com que ele vai se manifestar nas nossas organizações está para ser construída."

Em *Navegando por sistemas complexos,* **Ravi** cria um mapa do momento em que vivemos, derrubando mitos e destacando como lidar com as bifurcações e interligações: "A minha esperança é que, ao ler este ensaio, os leitores tomem consciência da natureza complexa dos sistemas sociais que habitamos e comecem a buscar soluções que levam em consideração essa complexidade. A natureza é a nossa mentora, a nossa medida e o nosso modelo quando queremos desenhar soluções para ambientes complexos. E quase sempre essas soluções são compostas de poucos princípios e regras muito simples." **Ian** completa esse pensamento com uma pergunta simples e poderosa: "Como podemos ser agentes na evolução da forma com que interagimos uns com os outros e na restauração de maior equilíbrio e saúde em nossas organizações e, talvez, até nosso planeta?"

Em *Por dentro das organizações,* reforço que "a visão sistêmica pressupõe a percepção do quadro global, a identificação de contextos, a suposição e a investigação do que está além, a exploração do desafio ou problema, a liberdade para pensar fora das fronteiras, o atalho por novos caminhos, a expansão de limites e a integração de diferentes disciplinas, além da troca e da cooperação. A visão linear e o olhar de perto pressupõem o olhar dos detalhes, a visão de curto prazo, o espírito analítico, de comparação e afinidades, a noção de classificação e prioridades, o sentido de síntese e de redução. Distanciar-se e aproximar-se é um movimento, em princípio, sequencial e, em seguida, simultâneo. Na caminhada, ele se traduz num balé contínuo e interessante, necessário e útil para vivermos em um mundo complexo." **Gilberto** vai além e lista quatro ideias para começar já essa transformação: "Mudanças nos principais comportamentos – tangíveis, acionáveis, repetíveis, observáveis e mensuráveis — são, portanto, um bom ponto de partida." **Fabiana** nos recorda de que o design de estruturas está totalmente relacionado com a cultura, a performance e o momento da organização. Esclarece, ainda, os riscos e vantagens desse processo: "Um desenho mal elaborado, sem estratégia e foco no resultado pode promover um ambiente confuso, com perda de energia, retrabalhos e falta de engajamento. Já um desenho bem estruturado e conectado aos objetivos estratégicos pode mover o negócio, sinalizar transformações, clarear propósitos, engajar o time e gerar vantagens competitivas únicas para a organização."

Em *Novos modelos para novos humanos,* **Piazza** apresenta os três Rs e a possibilidade de criação, ao nosso alcance, do outro lado desse portal: "Em um pensamento *moonshot*, largamente usado no Vale do Silício, tem-se o entendimento de que, se tivermos que fazer algo que dependa de uma determinada tecnologia não disponível, não tem problema – crie uma. Isso denota necessidade de extrema curiosidade, criatividade, visão de futuro e coragem para acelerar a degeneração, ser visionário para criar a regeneração possível e ainda dar sentido, novos significados e novas crenças para construir um mundo abundante e mais próprio para a vida de uma maneira geral." **Graziela**, em uma narrativa lúdica, segue nessa linha, deixando claras as vantagens de um novo sistema em detrimento das profundas mazelas perpetuadas pelo atual: "O Novo Capitalismo defende a alta performance para que as riquezas possam estar a serviço de circular no sistema socioeconômico, no qual a saúde, a educação e a moradia sejam para todos. E, assim, alta performance pode ser um lugar de equilíbrio entre desempenho e humanidade. Onde impacto positivo supera lucros insaciáveis. Onde a livre troca entre talento e capital nos faça reconhecer que cada potência humana é fundamental para sustentar o Novo Capitalismo." **Pedro** injeta motivação ao mostrar evidências e exemplos de que essa travessia já está acontecendo: "Para os céticos, reforço que as Humanizadas também possuem rentabilidade financeira maior no médio e longo prazo. Ao fazer uma comparação das oito empresas de capital aberto entre as organizações de destaque na pesquisa (Natura, Magalu, Localiza, Cielo e outras quatro que não temos autorização para citar) com o histórico da B3 (Bolsa de Valores do Brasil), em um período de 32 anos, é possível afirmar que, mesmo passando por diversas crises políticas e econômicas, passando até mesmo pela pandemia da Covid-19, as Humanizadas tiveram uma performance financeira acumulada 5,52 vezes superior à média da B3 (674% versus 122%)." **Davi** nos recorda de que essa jornada é um trabalho de formiguinha: "As motivações são as mais diversas, mas todas buscam de uma forma ou de outra enfraquecer o 'poder sobre' e fortalecer o 'poder com'. A transição de uma organização para a autogestão não é um processo simples, mas é uma jornada possível. Mesmo que você não consiga trazer esse universo todo para a sua empresa, um passo nessa direção já é uma evolução." **Patrick**, enfim, finaliza com um gol de placa: "Pessoas e empresas podem se unir para romper com uma lógica econômica ultrapassada, com líderes e liderados ocupando ambientes distintos dentro da sociedade. Nessa nova economia que se insurge, na qual gerar impacto ganha uma relevância maior do que somente comercializar produtos e soluções, o líder que se engaja ao seu time possui uma carreira mais longeva dentro do mercado."

Nessa *Construção do novo,* **Ana Luiza**, especialista em gestão de mudanças, alivia a tensão que uma mudança, que pode parecer um salto no escuro, acarreta: "A reflexão que eu gostaria de trazer é que qualquer iniciativa de mudança requer um olhar humano para tal. E se faz necessária a aplicação de um modelo estruturado para guiar a sua condução, com o objetivo de facilitar o processo humano da mudança." **Andy** emenda com uma lista de benefícios de uma transformação ágil nas empresas: "Resume-se na capacidade e rapidez que uma organização interage com o seu ambiente de negócios, colhe feedbacks e transforma ideias ou hipóteses em valor para seu mercado, traduzido por meio de inovações em seus produtos e serviços, o que gera diferenciais competitivos e mais receitas e lucro no caixa". **JP** reforça o papel de uma da áreas mais estratégicas em qualquer companhia: "RH Ágil é abandonar o tradicional, as melhores e boas práticas, e entregar valor para as pessoas, com as pessoas, mostrando a nossa vulnerabilidade e o poder do construir junto. Somente quando conseguirmos viver essa forma de pensar, entendendo a fundo as necessidades dos clientes, vamos assumir que não sabemos tudo e que precisamos dos outros (áreas, líderes, parceiros)."

Quando falamos de *Design das relações,* nós precisamos de uma comunicação que nos ajude a desatar nós cada vez mais cegos. E **Débora** joga luz sobre isso: "O convite da não violência é justamente estar disposto a acatar a nossa vulnerabilidade e a nossa autenticidade. Ter em nossos diálogos afetividade e ao mesmo tempo assertividade. E até mesmo acatar a nossa agressividade. Agressividade em sua etimologia é 'manifestar-se diante do outro, caminhando ao seu encontro'.[291] Não violência não é fuga de situações conflitantes; é um agir por meio de uma linguagem alinhada ao respeito por toda vida humana, inclusive a sua." **José Marcos** ilustra essa sociedade plural da qual fazemos parte: "Atualmente, a diversidade que debatemos em terras brasileiras está ligada, em essência, a essa formação do passado e, substancialmente, às injustiças e inequidades deixadas como legado. No que se refere à população negra, por exemplo, até hoje discutimos a chamada democracia racial, tratada na clássica obra de Gilberto Freyre *Casa-Grande e Senzala*, em que o autor discorre sobre a polêmica matriz multiétnica de culturas. A diversidade cultural é citada também por Charles Taylor em seu livro *Multiculturalismo – Política de Reconhecimento*,[292] que trata da necessidade de se reconhecer e proteger os diferentes, principalmente as minorias." **Olavo** nos ensina a ressignificar a divergência: "O conflito é o que ajuda a despertar ainda mais a empatia do público, especialmente se for estabelecido a partir de situações reais, desafios enfrentados, dilemas, situações-limite, em que aquilo que o protagonista queria parecia não ser mais possível. É isso pode gerar mais conexão com as pessoas, muito mais do que apenas conceitos e ideias." **Camila** reforça a importância de se renovar ininterruptamente: "Em um mundo com tantas mudanças, novidades e incertezas, se quisermos construir organizações e um ambiente de negócio melhor para nós e para o planeta, precisamos sair do lugar comum e, assim como um designer organizacional, ser agentes desta transformação." **Daniella** sugere atitudes a serem adotadas já: "Para isso, é necessário fomentar mudanças de comportamento: aprender a fazer mais perguntas do que dar respostas; dizer mais 'nãos' ao que não estava alinhado ao propósito e às prioridades; ficar confortável com o desconforto e com a incerteza; compartilhar a visão e o propósito para engajar e mobilizar as pessoas; testar e medir o sucesso com métricas claras; colaborar mais e competir menos; comunicar com transparência; quebrar regras invisíveis desnecessárias; e criar senso de autorresponsabilidade,

---

291 | MULLER, Jean Marie. *O princípio da não violência*. São Paulo: Editora Palas Athena, 1995.
292 | TAYLOR, Charles. (Org.). *Multiculturalismo*. Lisboa: Instituto Piaget, 1998.

ampliando a consciência sobre o que se faz e os resultados alcançados."
Luciana, por fim, faz o copo transbordar: "O que nos instiga e nos faz persistir é saber que somos aqueles por quem esperávamos e temos nas mãos a faca e o queijo para apoiar as organizações a fazer a sua transformação cultural, pensando em uma nova economia, em novas relações de trabalho e em um novo RH."

Ela tem razão. Dentro desse momento de transição, o RH, assim como toda e qualquer liderança, ganha um papel fundamental: criar o ambiente para a degeneração e a regeneração, como disse Piazza. Para isso, não é preciso ter respostas, como no passado. É preciso se desapegar dessa ilusão, se doar a essa gestão ininterrupta do futuro, descobrir com os times os caminhos possíveis no presente e fomentar a disrupção contínua desta nova consciência.

Reforço: a mudança é urgente, o momento é único.

Nunca estivemos tão preparados, não só para mudar o rumo da história, mas para fazer História.

Avante, Humanos!

Do ensaio à prática

Este é um guia (in)completo pois, como amplamente discutido nesta obra, estamos em permanente mudança e qualquer ideia linear de começo, meio e fim fugiria da narrativa que o livro propõe. Imagine você que, nesse exato momento, um novo conceito, teoria ou ferramenta pode estar sendo descoberta. E que esse novo saber será disruptivo na sua – e na nossa – jornada como designers e líderes.
Considerando a impermanência e a aceleração do mundo como o conhecemos hoje, abrimos um espaço digital para que toda atualização possa ser compartilhada e estar acessível a você. Um repositório acurado que pode ser acessado a qualquer momento como fonte de conhecimento e inspiração! Esta será mais uma forma de dar continuidade ao trabalho, às reflexões e provocações trazidas aqui em diversos formatos.
Um convite ao enriquecimento dos temas, mas, também, ao fortalecimento de uma comunidade de designers organizacionais e lideranças preocupadas em transformar a partir da consciência.

FAÇA PARTE DA NOSSA REDE

#organizacoesconscientes
@organizacoesconscientes

Ornellas Consulting

Somos uma **rede** de pessoas com propósito de transformar as pessoas, as organizações e o mundo.

Aprendemos que tudo é sobre **pessoas** e que gestão é uma **arte**.

Com 30 anos no mercado de consultoria, aprendemos ao longo dessa jornada que os novos desafios que uma sociedade complexa, como a nossa nos propõe, só serão ultrapassados com aprendizado contínuo e diversidade de pensamento.

Em um ambiente altamente tecnológico, as pessoas (e a gestão delas) serão o diferencial das organizações.

Somos rating A+ Humanizadas na Pesquisa Melhores para o Brasil, um time de parceiros e profissionais referência no mercado.

Temos soluções em:
- Cultura Organizacional.
- Desenvolvimento de Líderes.
- Jornadas de Aprendizagem.
- Formação de Profissionais de RH.
- Coaching e Assessment Executivo.
- Desenvolvimento de Equipes.

Ornellas Academy e Community

Uma biblioteca viva e atual de artigos, ensaios, entrevistas, vídeos, e muito referencial para sustentar a jornada de desenvolvimento e design organizacional, apoiando uma academia com cursos diferenciados para profissionais de RH, Inovação e Mudança Organizacional.

Formação em Design Organizacional

A reinvenção da área de RH começa com uma profunda reflexão estratégica, passa pela construção de um novo modelo de atendimento com base na metodologia do *Design* de Serviço e se objetiva na construção e condução de uma jornada de desenvolvimento de "*designers* organizacionais".

Conheça a Ornellas Consulting

Este livro foi composto com as fontes Utopia Std e Gill Sans MT
e impresso em julho de 2022 pela gráfica Expressão & Arte
em papel Polén Natural (miolo) e cartão Supremo (capa).